亚马逊跨境电商运营宝典

老魏 著

電子工業出版社
Publishing House of Electronics Industry
北京•BEIJING

内 容 简 介

《亚马逊跨境电商运营宝典》详细讲解亚马逊的平台知识和运营技巧，内容围绕亚马逊卖家的日常工作，系统讲解亚马逊账号注册、后台操作、选品、产品发布、Listing 优化、站内广告、FBA 发货、VAT 税务等内容，并且通过大量的案例分析，用生动翔实的案例为读者传递运营中必备的操作技巧和运营方法。

本书内容针对性强，讲解的知识、技巧和方法都充分考虑到易学、易懂、易操作、易落地执行，是跨境电商从业者不可或缺的运营指导书。

本书适合电子商务专业学生、跨境电商从业者和创业者使用。

图书在版编目（CIP）数据

亚马逊跨境电商运营宝典 / 老魏著. —北京：电子工业出版社，2018.6
ISBN 978-7-121-34285-1

Ⅰ. ①亚…　Ⅱ. ①老…　Ⅲ. ①电子商务－商业企业管理－经验－美国　Ⅳ. ①F737.124.6

中国版本图书馆 CIP 数据核字（2018）第 108513 号

策划编辑：张彦红
责任编辑：张彦红
印　　刷：北京七彩京通数码快印有限公司
装　　订：北京七彩京通数码快印有限公司
出版发行：电子工业出版社
　　　　　北京市海淀区万寿路 173 信箱　邮编：100036
开　　本：720×1000　1/16　印张：18　字数：331 千字
版　　次：2018 年 6 月第 1 版
印　　次：2024 年 5 月第 23 次印刷
印　　数：65501～66000 册　定价：69.00 元

凡所购买电子工业出版社图书有缺损问题，请向购买书店调换。若书店售缺，请与本社发行部联系，联系及邮购电话：（010）88254888，88258888。

质量投诉请发邮件至 zlts@phei.com.cn，盗版侵权举报请发邮件至 dbqq@phei.com.cn。

本书咨询联系方式：（010）51260888-819，faq@phei.com.cn。

序言

写在前面的话

按照亚马逊官方于2017年12月6日在厦门召开的年度卖家峰会上公布的数据，2017年亚马逊全球12个站点新增的卖家数量约为100万个，其中美国站有30多万个新卖家入驻。据亚马逊官方在峰会上公布的数据显示，在所有的亚马逊卖家中，约有14万个卖家的年销售金额超过10万美元。与之对应的是，亚马逊平台延续高速增长的趋势，2017年亚马逊FBA（Fulfillment by Amazon，亚马逊完成代发货的服务）在全球的发货数量达数十亿件，亚马逊市值飙涨，超过6000亿美元，而亚马逊创始人兼首席执行官（CEO）杰夫·贝索斯（Jeff Bezos）的身家高达1090亿美元……这些数据都在向我们展现着亚马逊平台的蓬勃生机。也正是由于这些因素的刺激，中国的跨境电商创业者们都纷纷把亚马逊作为创业的首选和主营战场，期望能够获得一份满意的答卷。

跨境电商出口行业一片生机，而亚马逊凭借其整体体量大、平台规则规范、目标消费群体高端、销售和润率高等优势，成为众多跨境电商创业者们的首选。

与众多创业者蜂拥而至相对应的是，很多卖家入驻以后，因为不熟悉平台规则、不懂亚马逊的运营技巧，要么触犯平台红线而导致账号受限，损失了资金，信心也受到打击，要么几番辛苦却长进甚微，白白浪费了很多时间，贻误了时机。

看到众多中小卖家在运营中遭遇挫折，我真的觉得很心疼。创业不易，如果能有相对系统的指导，必然可以让大家在前行路上少走很多弯路。

带着分享的心态，在过去三年里，我先后撰写了900余篇关于亚马逊运营方面的文章。因为文章多数都围绕亚马逊的运营展开，且坚持“从运营中来，到运营中去”的原则，凭借着较强的实操性，很多读者在阅读中受益。不少卖家在我分享的文章陪伴和指导下，一步步成长起来，在亚马逊运营中取得了不菲的业绩。

虽然日常的文章帮助了很多卖家成长，我也收到了不少感谢和掌声，但与此同时，我也听到了一些亚马逊卖家的反馈，因为日常文章谈及的话题随机性很大，虽然有用，但对新入门者来说，未必能够应用得恰到好处。

这也引起了我的深思。是的，在我们的运营路上，要想走得快，要想走得稳，只有系统性的指导才更有意义。由此，我萌生了写一本系统性的亚马逊运营实操指导书的念头，也就有了您现在读到的这本书。

没有指导的摸索是一件很辛苦的事，而您正在苦苦求索的很多内容，可能别人早已经历，且已经总结出了可以遵循和复制的方法。对于正处在摸索中的人们来说，之所以取得的成效甚微，不是自己不努力，也不是自己不够用心，也许仅仅是因为没有找寻到对自己有帮助的信息而已。

我希望您手中的这本书能够帮您解决运营中信息缺失的问题，成为您在亚马逊运营路上的帮手和助手，为您提供实操性的指导和方向性的指引，为您的亚马逊运营节省时间和精力，让您在充满憧憬的亚马逊运营路上更轻松一些。

在本书中，我将讲解亚马逊平台的基本规则、实际操作中的技巧、做好运营的思路和方法等内容，我将站在一个亚马逊操盘手的角度，详细讲解关于亚马逊账号注册和账号布局、卖家中心后台操作、运营中的选品思路和方法、Listing（产品）的发布和优化、日常客户沟通的技巧和注意事项、站内广告的设置和投放技巧、运营中爆款打造的思路和方法、FBA发货相关操作和注意事项、VAT（Value Added Tax，指在欧美国家销售中的增值税）相关事项等诸多运营细节和干货技巧。

在本书中，我将尽可能做到既突出运营中的重点，又事无巨细囊括运营细节，以便您在阅读之后能够在实际运营中有的放矢、学以致用。

出口跨境电商行业风口正劲，面对日益激烈的竞争，每一个跨境电商创业者在接触亚马逊平台的第一时间，都仿佛站在一个虫洞的入口，如何探究未知，一次系统性的学习显得尤为重要，而您捧读的这本书，正是为了给您提供这样一个视角。

愿这本书伴您，在跨境电商路上，走得越来越好。

是为序。

目　录

第 1 章

亚马逊，不容错过的跨境电商平台

本章要点：

■ 各大跨境电商平台对比

■ 亚马逊平台的优势

在当前实体产业升级、成本结构增高的情况下，传统外贸行业的成本优势正逐步消失，与此同时，传统外贸还遭遇着贸易壁垒、贸易保护主义抬头等不利因素的影响。在整个传统外贸行业逐步下滑的大背景下，随着国家“一带一路”倡议和对外贸转型升级的大力支持，跨境电商出口成为外贸产业中的“黑马”，异军突起，再加上跨境电商行业赚钱效应的驱动，越来越多的外贸从业者和外向型制造工厂开始进入跨境电商行业。

而对应的是，像易贝（eBay）、亚马逊（Amazon）、速卖通（AliExpress）、Wish等跨境电商平台的竞相传播，很多打算进入跨境电商行业的人们，甚至已经身处其中的跨境电商卖家们都开始迷茫和困惑，究竟哪个平台更适合自己呢？

多平台百花争艳固然是好事，可对于时间、精力和资金都有限的跨境电商卖家们来说，选择一个规则公平、利润率高、发展空间大的平台更便于助推自己的成长。跨境电商虽然是风口，但只有在水草最丰美的地方，才能长得膘肥体壮。我们总说“选择大于努力”，选择合适的平台才能发展得更长远，站在跨境电商行业的门槛处，我们不得不思考：当前这么多跨境电商平台中，哪一个更适合跨境电商卖家们选择呢？

1.1 各大跨境电商平台对比

1.1.1 易贝（eBay）

eBay 作为和中国卖家最有渊源的外贸 B2C 零售平台，早在“跨境电商”这个词诞生之前已经被众多跨境电商从业者们所熟悉。当前，我们耳熟能详的跨境电商大卖家，如环球易购、棒谷、通拓、有棵树、赛维等公司，起家的第一桶金都是从 eBay 获得的。毫无疑问，eBay 是中国跨境电商卖家发源之“根”的事实必将是中国跨境电商发展史上最浓墨重彩的一笔。

但就像我们经常说的那样，在这个世界上，唯一不变的就是变化，时移世易，随着时间的流逝，当越来越多的跨境电商平台崛起，原本专注于 eBay 的卖家开始将业务拓展向其他平台。

当前的 eBay 虽然仍保持着总销售额逐年增长的势头，总体体量依然庞大，但面临着严峻的挑战。

1.1.2　亚马逊（Amazon）

和 eBay 相同，亚马逊创立于第一波互联网浪潮兴起的 1995 年，但和 eBay 不同的是，亚马逊创立之初以打造最大的网上书店为目标，运营模式则是当时不被人看好的重资产自营模式。在被诟病 20 年后，亚马逊凭借其独特的运营模式所构筑的护城河，形成了一个完整的电商生态链。

随着体量的增长，亚马逊平台开始向第三方卖家开放。在当前的亚马逊平台上，自营和第三方卖家并存，为消费者提供了丰富的商品选择，而亚马逊也由此成长为全世界网购平台的翘首。而第三方卖家们呢，借着亚马逊平台的开放和壮大，接触到了更多的消费者，获得了掘金的机会，其中优秀的卖家，比如 Anker（安克创新旗下品牌），还成长为北美市场便携充电器行业的领导品牌。

当前，亚马逊已经成长为北美、欧洲、日本等多个国家和地区排名第一的网上购物平台，其流量不容小觑。作为北美最大的电商平台，多年来，亚马逊平台总销售额持续保持年均 20%以上的增长，其高速的增长让平台上众多卖家看到了宏大的发展愿景。

亚马逊成立以来，一直贯彻“世界上最以客户为中心的公司”（The World's Most Customer-Centric Company）理念，在其决策过程中始终坚持以让用户满意为原则，深得用户的认可和赞誉，高满意度的消费者们为亚马逊带来了丰厚的回报，高频的重复购买率和超高的用户年度消费总额等指标都成为平台快速发展的重要推动力，庞大的市场体量、高速的年均增长速度、高质量的客户群体、快捷高效的 FBA 发货系统、完善的售后客户服务体系等因素，都成为卖家们入驻亚马逊平台的重要动力。

1.1.3　速卖通（AliExpress）

在众多跨境电商平台中，速卖通是唯一有着中国基因的平台，依托于阿里巴巴系庞大的流量和用户基础，成立于 2010 年的速卖通虽然起步较晚，但发展迅猛。速卖通成立之后，凭借着得天独厚地对中国商家的熟悉，在重视消费者端推广的同时，更重视卖家群体的培养，通过宽松的入驻条件、较低的佣金费率等措施，吸引了大量卖家入驻。

速卖通用“火箭般”的速度累积起庞大的卖家群体，然后，通过政策鼓励卖家多发布产品，利用丰富的产品资源和便宜的价格，吸引世界各地的消费者。

在战略层面，作为起步较晚的跨境电商平台，速卖通避开 eBay、亚马逊等占绝对优势的欧美市场，选择以巴西、俄罗斯等新兴市场国家作为切入口。差异化的市场战略让速卖通快速成长，迈出了发展中的重要一步，赢得在世界电商平台中竞争的门票。

随着自身规模的增长，速卖通逐步把改善用户满意度提上日程。为了确保消费者能够在购物过程中享有满意的产品和服务，速卖通平台提高卖家准入门槛，同时，在发货时效、售后客户服务水准等方面对卖家提出严格的要求。新的标准让不少卖家不适应，但历史总在告诉我们，只有适应发展的要求，才能笑到最后。我们有理由相信，经过“洗牌”之后，存活下来的速卖通卖家必然会迎来更大的发展契机。

1.1.4 Wish

Wish 平台起步最晚，成立于 2011 年，转型为购物平台并为中国卖家关注是在 2014 年。

虽然起步晚，但自从开始转型为购物平台，Wish 就以把自己打造成移动端购物门户 APP 为目标，和其他平台的发展套路、流量来源以及客户购物方式都有明显的区别。Wish 平台的实际销售数据也正好印证了这一目标，在 Wish 平台的成交总额（GMV）中，有 95%以上的订单来自移动端。

虽然移动端购物为大势所趋，Wish 也正好抢得先机，但因为发展太快后续服务跟不上，Wish 平台缺少主动营销的空间。

当前，Wish 平台正在通过不断优化自己的物流系统等措施寻求对卖家公平和让消费者满意之间的平衡点。

通过以上分析，我们不难看出，虽然每个跨境电商平台都各有优劣，也都有不少取得斐然成绩的成功卖家案例，但抛开各平台的客观因素不谈，每个跨境电商卖家在选择运营平台时，都有必要结合自己的经验、偏好、资金和资源优势等要素，选择最适合的平台。

由于每个平台所针对的市场有差别，目标客户群体也有差异，平台要求的标准不同，需要具备的运营要求也大相径庭，如果卖家想“一口吃成个胖子”，所有平台同时抓，其难度会非常大。

作为一名有丰富跨境电商行业经验的人，我有幸经历过上述所有平台的运营，过往的经验和成绩，以及身边成功的跨境电商卖家案例都生动地告诉我，在当前的发展状况下，亚马逊平台是最适合卖家入驻，也是最有可能做大的平台。

1.2　亚马逊平台优势

1.2.1　亚马逊平台体量最大

正如我在前文所讲到的，亚马逊平台覆盖的市场是跨境卖家所面向的最核心市场，如美国、加拿大、英国、法国、德国、意大利、西班牙和日本等，在这些体量大、消费层次高的主流市场上，亚马逊都是最大的网上购物平台。

健忘的消费者永远只记得第一而不顾其他，亚马逊凭借在这些市场的绝对垄断地位占领了消费者网上购物心智中最核心的部分。可以这么说，在这些国家，购物就上亚马逊几乎是每个消费者的共识。

消费者的认知如此，作为跨境电商卖家，要想在这些全球最发达的市场抢得市场份额，选择在亚马逊上运营自然是不二之选。

1.2.2　亚马逊平台客户最优

成立 20 多年来，亚马逊一直坚持深耕细作，每一步的发展都紧紧围绕着“以用户为中心”的理念。虽然许多公司都以类似这样的语言作为公司的核心经营理念，但纵观全球，能够真正把这句标语落到实处并且做得踏实的，亚马逊当属翘首。

用户都是理性的，在享受亚马逊高品质服务的同时，用户对亚马逊平台产生了信任和依赖。当前，亚马逊针对重度用户推出的 Prime（Prime 是亚马逊会员的称谓，一般理解为亚马逊的高级会员）吸纳约 8500 万个会员（会员数量非亚马逊官方公布，来自外媒评估）。

以亚马逊美国站为例，当前，用户只需支付 99 美元的年费就可以成为亚马逊 Prime。在一年的会员期内，可以享受在亚马逊网站购物时免派送费和 2 天到货的服务。除此之外，亚马逊还为 Prime 提供多项福利政策，比如免费的音乐、电子书和电影等，这些服务再加上免费派送一起，成为可以高度黏合用户的利器。

这些 Prime 是各个国家的中产阶级核心力量，他们有消费需求，同时又具有消费能力，是网购人群中非常重要的群体，他们网购消费频率高、对价格敏感度低，正是这样的一个群体，促成了亚马逊人均 1200 美元的年消费值。庞大的高黏度用户群体和如此高的单客消费值，都是其他电商平台望尘莫及的。

1.2.3 亚马逊平台规则最规范

亚马逊平台规则规范，这是几乎所有从事过亚马逊运营的卖家都认可的观点。

我们历来讲“不患寡而患不均”，亚马逊以平等、公平和规范的卖家管理原则，对所有卖家一视同仁，大家站在同样的起跑线上，只要你用心，你就可以跑得快，只要你足够用心，你就可以超越其他卖家，而从另一层面来看，也只有你足够用心经营，才能够在亚马逊上生存下来。在卖家公平这一原则上，亚马逊深谙西方的哲理，人人生而平等，给予每个卖家同样的机会，自己努力创造结果。

除此之外，在日常运营中，亚马逊虽然也经常会对平台规则小幅调整，但都是基于原有框架对漏洞的修复而已。相比有些跨境电商平台每年（甚至每月）政策不断变化且自相矛盾的情况来说，亚马逊平台一直秉持的公平规则让卖家放心，更坚定了他们在平台上的运营。

亚马逊规范的平台规则让买家放心，让卖家安心。平台给出尺度量衡，卖家依照规则经营，所有卖家在公平透明的规则下竞争，深得卖家的认可。

从这一点上，亚马逊和 Google（谷歌）“Do No Evil（不作恶）”的公司理念有异曲同工之妙。

1.2.4 亚马逊平台平均利润率最高

跨境电商行业的市场竞争激烈已是不争的事实，而且不会停止，必将越来越激烈。原本的蓝海市场变成了一片红海，一路奔着血海而去。

竞争激烈，运营成本上涨，利润空间被稀薄，利润率越来越低，很多产品都成了鸡肋，“食之无味，弃之可惜”。在这样的大背景下，亚马逊平台上较高的利润率犹如一泓清泉，成为跨境电商卖家优先关注的平台。

基于亚马逊独特的平台属性和消费群体较高的消费能力，用户在亚马逊平台上购物的过程中对商品价格敏感度低、缺少比价的动力，大部分消费者更在意商品本身的评价。一个商品拥有好的评价更容易得到系统的推荐，也更容易获得用户的青睐，而在系统推荐的权重核算中，价格并非首要因素，与此同时，习惯了亚马逊购物的消费者同样也不会把价格作为最重要的衡量因素，所以，对亚马逊平台的卖家来说，只要产品品质足够好，就可以以较高的价格销售，获取较高的利润率，这是其他跨境电商平台不可比拟的。

从我日常接触的亚马逊卖家群体来看，对于一个好产品，卖家通常可以很轻易地达到 30%以上的利润率，如果产品独特，利润率甚至可以达到 100%以上。

通过以上的对比分析，我们不难发现，跨境电商作为一个正处在风口的行业，市场潜力巨大、发展空间无限，是正在寻找业务新通道的实体工厂和正在寻求转型的传统外贸企业理应考虑的一个方向，同时跨境电商行业由于门槛低、发展快，也适合正在寻求机会的创业者们考虑。

我们一直说“站在风口才能飞得更高”，大家又说“选择大于努力”，在对跨境电商平台的选择上，无论从市场规模、平台规范、发展空间，还是从卖家所追求的利润率和利润空间来看，亚马逊都是值得跨境电商卖家优先关注的平台。

在接下来的章节里，我们将围绕亚马逊运营的内容，为读者系统性地提供从账号注册、基础操作到运营思维和方法技巧等全方位的分析讲解。

第2章

亚马逊账号概述和注册流程

本章要点：

- 账号概述
- 注册流程
- 账号安全
- 平台收费
- 收款账号

2.1 概述

亚马逊平台自 1995 年创立以来，现在已经发展成为在世界多个国家拥有众多分站点的全球最大的网上购物平台之一。

在亚马逊平台上，平台自营和第三方卖家共存，不同的卖家形态从不同的业务模块丰富了平台上的产品线，极大满足了消费者的需求。在当前亚马逊平台的整体销售额中，平台自营销售业务和第三方卖家业务各占一半左右的市场份额。

亚马逊平台虽然分站点众多，但一些站点当前还只是亚马逊自营状态，未对第三方卖家开放。

对于打算在亚马逊上经营的中国卖家来说，目前可以注册账号并销售的站点包括美国、加拿大、墨西哥、英国、德国、法国、西班牙、意大利、日本、澳大利亚以及中国十一个站点。中国站的运营不属于跨境电商范畴，不作为本书讲解的内容；美国、加拿大和墨西哥三个站点，一次申请，账号注册通过后会同时开通；欧洲站五国（英国、德国、法国、意大利和西班牙），一次申请，通过后同时开通；日本站需要单独申请、单独开通；澳大利亚站是亚马逊新开通的站点，2017 年 12 月刚开始对中国卖家开放，目前还是邀请制。

本书以美国站为例作讲解分析，其他站点的注意事项会在文中相关位置做针对性的说明。

2.1.1 账号类型介绍

当前，中国卖家用来在亚马逊平台销售的账号，大概分为三个类型：个人自注册账号、公司全球开店账号和美国本地公司账号。

个人自注册账号是以个人身份在亚马逊平台上注册的卖家账号（美国、加拿大、墨西哥和日本四个站点可以通过个人资料自注册申请，其他站点不可申请，但在本书出版之际，个人注册已经有收紧趋势）。个人自注册账号的注册流程简单，所需资料也很简单，在注册过程中，需要提供个人身份证和个人的双币信用卡（卡面带有 VISA 或 MasterCard 标识的信用卡）即可注册。

公司全球开店账号是亚马逊根据发展需要针对中国卖家群体推出的一项卖家招

募计划。卖家可以用中国内地公司、中国香港公司和新加坡公司进行申请注册，在申请阶段，有亚马逊中国招商团队的专门客服对接指导，协助完成账号申请和前期的基本操作指导。公司全球开店账号必需的核心资料包括注册所用公司的营业执照、双币信用卡（最好是法人的）、护照（欧洲站注册需要用到，如果没有，可以用户口本+身份证代替）、地址证明（水费、电费、煤气费等公共事业单位的对账单），以及公司对公账号的银行对账单（欧洲站需要，美国站、日本站不需要）。

美国本地公司账号是以美国本地公司为主体注册的账号，需要有美国本地公司、双币信用卡等。

虽然卖家在注册账号时，注册的方式不同，但注册完成的账号，并没有因为注册方式不同而有所区别。卖家账号被分为两个级别：个人卖家账号和专业卖家账号。

个人卖家（Individual 级别）账号在实际运营中没有批量操作的功能，不能下载订单数据报表，不能使用站内的各项促销工具，所发布的产品没有购物车（Buy Box），不能使用亚马逊的 FBA。虽然亚马逊不会收取个人卖家的店铺月租，但个人卖家发布一条产品亚马逊会收取 0.99 美元的产品刊登费。

专业卖家（Professional 级别）账号在实际运营中可以对店铺的产品和订单批量操作，能够下载订单数据报表、收付款明细报表、店铺流量数据报表等，在运营中可以使用平台提供的站内广告、促销、秒杀等促销工具。专业卖家可以主动出击，通过各种促销工具和手法促进店铺的销量增加。另外，专业卖家店铺里的产品可以凭产品的表现获得系统自动分配的购物车。有数据显示，亚马逊平台 87%以上的销售额都是经由黄金购物车产生的订单，所以，其意义不言而喻。

但个人卖家账号和专业卖家账号不是固定的，亚马逊为平台卖家提供了自动切换的权限，卖家可以在卖家中心后台自行切换。但从经验来看，专业卖家账号降级为个人卖家账号简单，而从个人卖家账号升级为专业卖家账号，系统则有可能要求重新提供有效的账号注册所用到的相关资料进行审核，所以，一般不建议卖家随意降低自己的店铺级别。

通过上述个人卖家账号和专业卖家账号的对比，我们可以看出，两者最大的区别就是是否缴纳平台店铺月租，不同的级别影响着运营中是否可以享有更多的重要工具和功能。如果想在亚马逊平台上掘金，获取更多的利润，得到更大的发展，专业卖家账号是必然的选择。

同时，鉴于亚马逊账号注册和审核收紧的情况，很多卖家在账号注册过程中会因为资料不齐全而被拒，建议卖家注册账号时提前准备相关资料，联系亚马逊中国的招商团队，以全球开店的形式，经由招商团队所发的邀请链接注册为宜。

2.1.2　公司全球开店账号注册所需资料

（1）公司营业执照；

（2）电脑（未注册或登录使用过亚马逊账号的）；

（3）网线；

（4）电子邮箱；

（5）地址证明（水费单、电费单、煤气费单等公共事业类单据）；

（6）电话（固定电话或手机均可，手机推荐使用移动号码）；

（7）双币信用卡（卡面带有 VISA 或 MasterCard 标识，信用卡需要是激活状态，信用卡用来激活卖家账号，扣店铺月租、广告费或者账号余额不足以抵扣其他费用时的扣费等）；

（8）法人身份证和护照（欧洲站申请时需要）；

（9）公司对公账号银行对账单（欧洲站申请时需要）。

2.2　全球开店注册流程

（1）联系亚马逊招商经理，扫描二维码，进行卖家基本资料登记；

（2）招商经理初审后发送通知邮件到卖家邮箱；

（3）卖家按照招商经理的要求，准备并提交相关资料给招商经理审核；

（4）审核通过，招商经理给卖家发邀请注册链接；

（5）卖家按照注册流程注册。

2.3　账号注册步骤详解

（1）以美国站为例，打开亚马逊官网 www.amazon.com，在页面顶部搜索框下面，点击 Sell 按钮，如图 2-1 所示，或者在页面底部点击 Sell on Amazon（在亚马逊上销售）按钮，如图 2-2 所示。

图 2-1

图 2-2

（2）点击 Start selling（开始销售）按钮，开始注册账号的流程。需要注意的是，在 Start selling 按钮的下面，有一行小字提示亚马逊店铺月租是 39.99 美元/月，如图 2-3 所示。

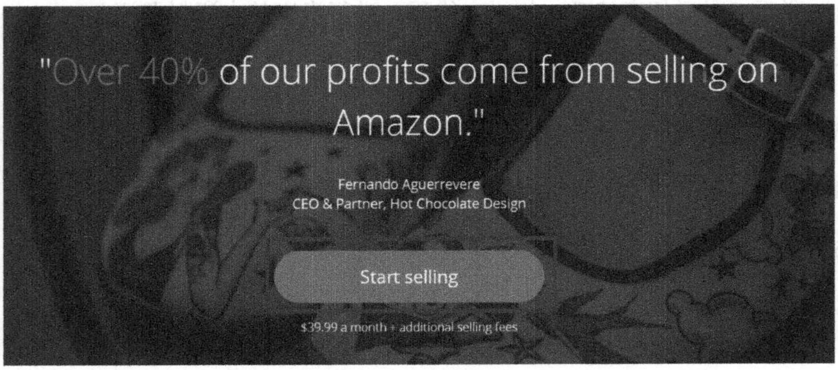

图 2-3

（3）进入注册账号页面，如图 2-4 所示。

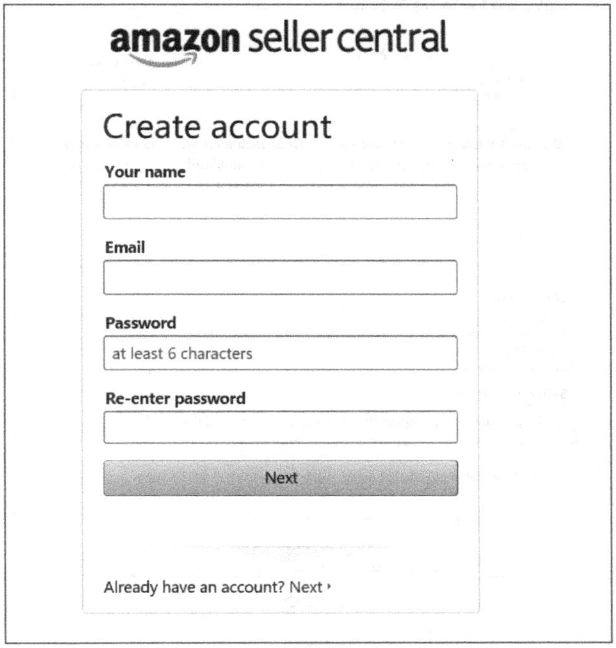

图 2-4

依次填写真实的注册信息，包括 Your name（姓名）、Email（邮箱）、Password（账号密码）、Re-enter password（重复输入账号密码）等信息，如图 2-4 所示。填写完成后，点击 Next（下一步）按钮，进入下一个页面。

需要提醒的是，为了减少不必要的麻烦，注册中所填写的姓名、信用卡持卡人姓名等信息最好和公司法人为同一人，要填写真实姓名的汉语拼音拼写，不要使用自己日常工作中使用的非身份证上的英文名字。

（4）在 Legal name（法定姓名）页面，如果是个人注册，输入个人全名，如果是公司注册，输入公司名称-法人姓名（全球开店渠道只能以公司名义注册），填写并勾选同意卖家协议，然后点击 Next 按钮，如图 2-5 所示。

关于 Legal name 的填写，亚马逊给出解释和举例，即以公司名义注册的账号，在 Legal Name 处填写的应该是“公司名称-法人姓名”，如图 2-6 所示。

（5）进入 Seller Information（卖家信息）页面，如图 2-7 所示。

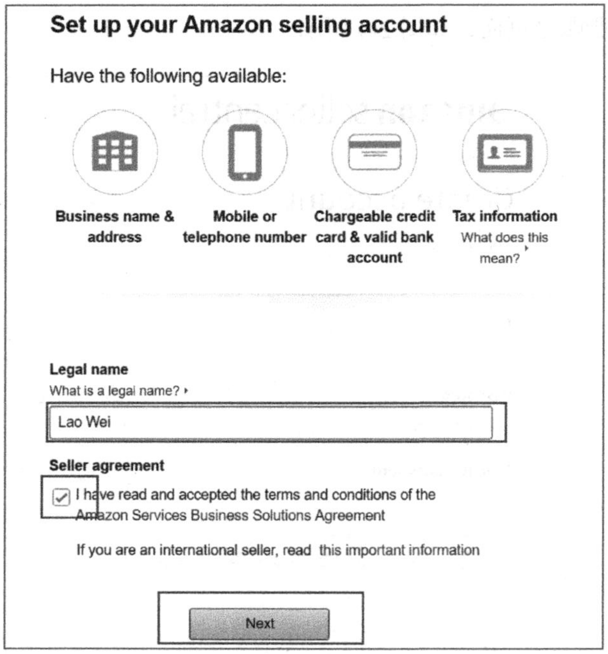
Set up your Amazon selling account
Have the following available:
Business name & address
Mobile or telephone number
Chargeable credit card & valid bank account
Tax information
What does this mean?
Legal name
What is a legal name?
Lao Wei
Seller agreement
I have read and accepted the terms and conditions of the Amazon Services Business Solutions Agreement
If you are an international seller, read this important information
Next

图 2-5

What is a legal name?
If registering as an individual seller, enter your full name. If registering as a business, enter the business' registered name AND your full name (e.g. Seller Inc - John Smith).
Legal name
What is a legal name?
Seller agreement
I have read and accepted the terms and conditions of the Amazon Services Business Solutions Agreement

图 2-6

Display name:
Check availability
Address:
Address line 2:
City/Town:
Shenzhen
State/Province/Region:
Guangdong
Postal/ZIP code:
518000
Country:
China
Phone number:
Add extension

图 2-7

Display name：店铺名称。填写打算使用的店铺名字，可以和品牌一致，也可以另外取名字，比如 Anker（亚马逊平台上最大的中国卖家，在本书后面篇章里，我会多次以 Anker 为案例讲述亚马逊运营的细节和技巧）的店铺名称是 Anker Direct；店铺名称填写之后系统会自动识别名称是否可用；店铺名称不需要和注册姓名或公司名称相同，但卖家要考虑所取的店铺名称不能涉及侵权；店铺名称可以在后期运营中修改。

Address：详细地址信息。因为英文地址是倒叙的形式，所以地址顺序应从小到大，本栏可以填写包括房间号、小区、街道方面的信息，保持和地址账单上的信息一致。

Address line 2：地址信息。可以填写地址中区、县、地级市（如果有）等方面的信息，保持和地址账单上的信息一致。

City/Town：所在城市。

State/Province/Region：所在省份。

Postal/ZIP code：邮政编码。

Country：所在国家。从下拉菜单选择 China（中国），这个非常重要，很多卖家注册时没有选择中国，系统就会反复提示邮编信息不对。

Phone number：电话号码。用于账号注册过程中身份确认和后期运营中与平台客服、客户沟通时使用，同样的，在下拉菜单选择 China。

页面填写完，点击 Save & Continue（保存并继续）按钮，进入下一个页面，进行身份确认。系统会发一条带有四位数字 PIN 码的短信到手机上，同时弹出一个填写 PIN 码验证的页面，如图 2-8 所示。

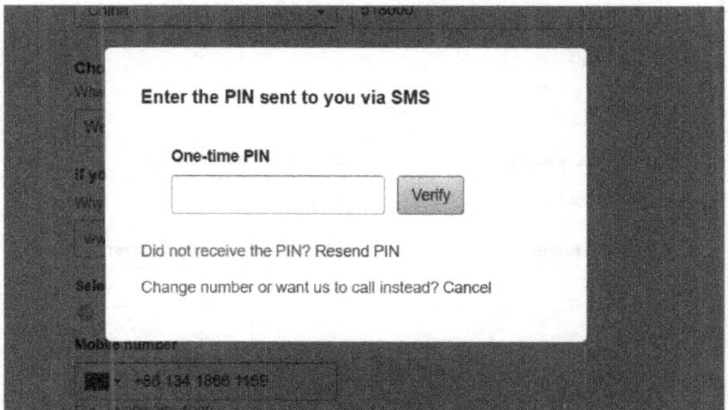

图 2-8

输入收到的短信验证码，验证通过，系统切换到图 2-9 所示页面，点击 Next 按钮，进入填 Billing/Deposit 页面。

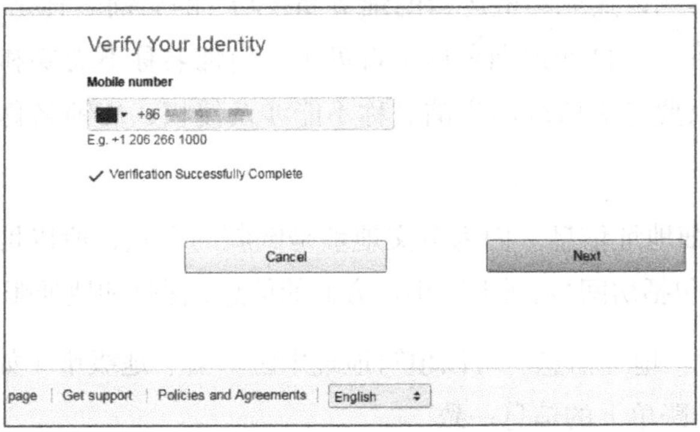

图 2-9

（6）Billing/Deposit 页面如图 2-10 所示。

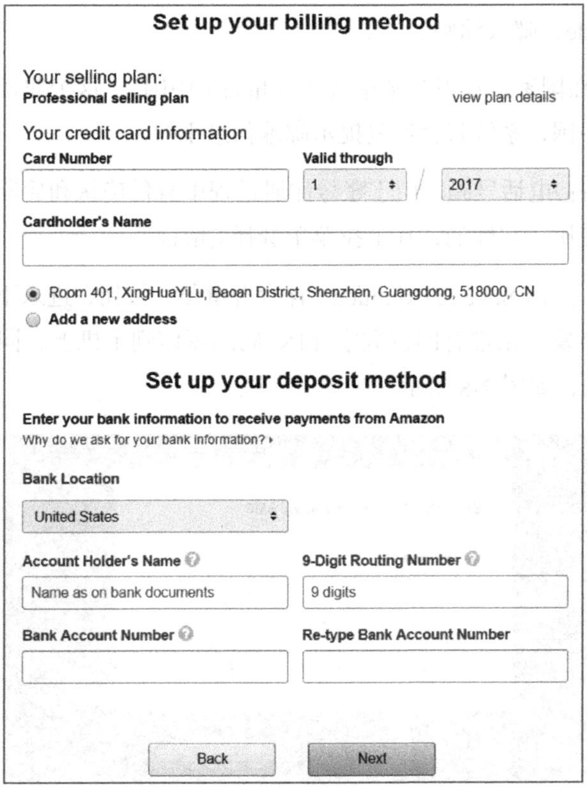

图 2-10

在 Billing/Deposit 页面，需要完成扣款信用卡信息和收款银行账号两方面内容的填写。

（7）Set up your billing method 栏目。

Card Number：信用卡卡号。填写用于扣款和验证的信用卡卡号，信用卡需要是带有 VISA 或 MasterCard 标识的双币信用卡，信用卡需要是激活状态，卡内可用额度需要大于 1 美元。

Valid through：信用卡到期日。

Cardholder's Name：持卡人姓名。

（8）Set up your deposit method 栏目。

Bank Location：收款账号的实际国家。即正在注册的亚马逊站点所在国，注意不是 China。

Account Holder's Name：收款账号名称。这里的名称最好和账号注册信息名称相同，但如果通过第三方收款工具（PingPong、Payoneer、World First 等会在后面收款篇章里详细讲解）进行收款的卖家，具体填写方式可以询问收款工具方的客服。

9-Digit Routing Number：9 位数的收款路径号码。登录收款工具官网，在账号后台可以查询。

Bank Account Number：收款账号号码。

Re-type Bank Account Number：重复填写收款账号号码。

根据最新的亚马逊账号注册流程，在注册过程中收款账号添加是必需的步骤，所以卖家可以在注册亚马逊账号前，提前申请收款账号，以免影响账号注册进程。关于收款账号相关问题，卖家可以查看本书关于收款账号篇章的内容。

（9）填写完收款信息页面，系统进入 Tax Information Interview 页面，如图 2-11 所示。

按照美国现行法律，非美国公民在亚马逊上运营是免税的。但按照亚马逊的注册流程，税务申报必须填写。

在税务申报页面，卖家可以直接选择 No（不是），Type of beneficial owner（受益人类型）按照实际信息填写即可。

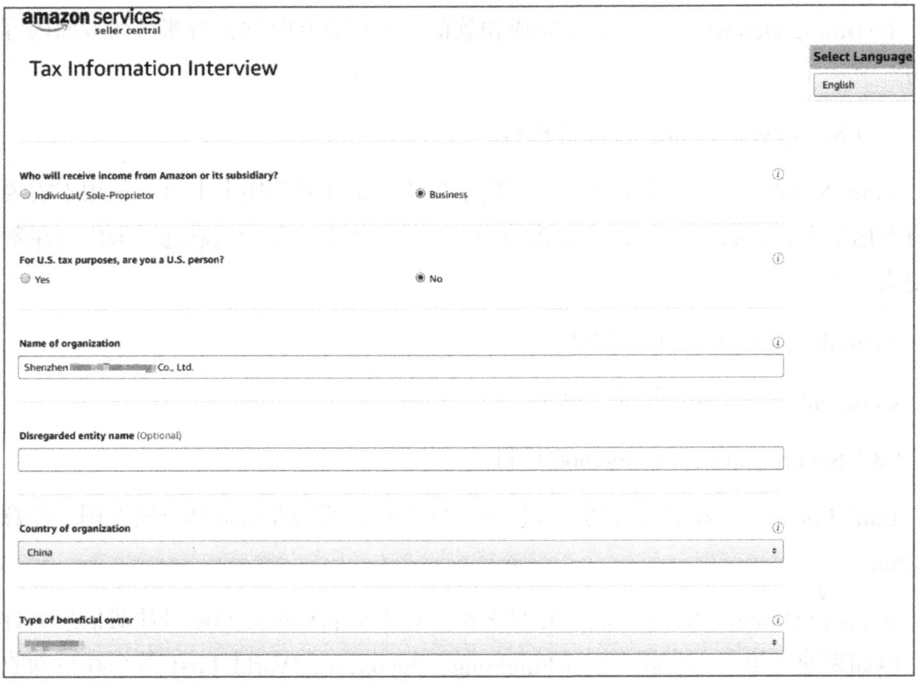

图 2-11

在 Mailing address（收件地址）处，可以选择 Same as permanent address（和永久地址相同），然后点击 Save and continue（保存并继续）按钮，进入下一步，如图 2-12 所示。

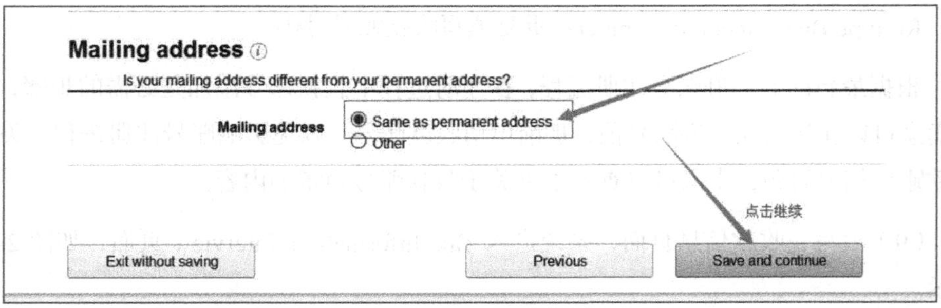

图 2-12

在税务申报页面，填写法人姓名，如图 2-13 所示，然后点击 Submit（提交）按钮。

进入下一个页面后，点击 Exit interview（退出申报）按钮，税务申报完成，如图 2-14 所示。

图 2-13

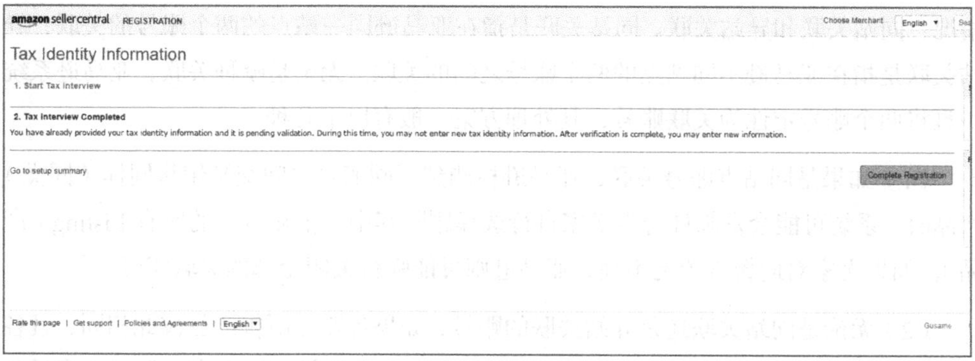

图 2-14

点击 Complete Registration（完成注册）按钮，账号注册完成。

2.4 如何防止账号关联和确保账号安全

账号注册完成并不意味着就万事大吉了，亚马逊卖家在运营中还要随时做好防范，防止账号之间的关联。那么，什么是账号关联？账号关联可能造成的后果是什么？账号关联的判定因素有哪些？以及在运营中该如何防止账号之间的关联呢？下面我们将一一展开。

1. 什么是账号关联

根据亚马逊官方的规定，一个人或一家公司在未经许可的情况下，原则上只能拥有并经营一个亚马逊账号，基于这一原则，亚马逊会通过技术手段和各种交易数据的检测比对，识别在亚马逊平台上运营账号之间的关联性，如果通过各种因素的配对，系统识别到 2 个（或 2 个以上）的卖家账号为同一卖家主体所拥有，这些账号就会被判定为关联账号。对关联账号，亚马逊会根据实际情况给予一定的处罚。

2. 账号关联可能导致的后果

卖家需要了解的是，账号关联并不意味着账号会立即受到处置，对于不同状态的账号，亚马逊的处理方案也会有差异，但毫无疑问的是，如果多个关联账号中的某一个因为某些原因被移除了销售权限，则可能导致其他的关联账号也因此而受限，所以，卖家在运营中应尽量避免账号之间的关联，以降低账号被关闭的风险。

因为亚马逊账号是分不同站点注册并分别投入运营的，所以，账号关联也分两种情况：同站关联和异站关联。同站关联是指在亚马逊同一站点的两个账号的关联；异站关联是指在亚马逊不同站点的两个账号之间的关联。无论是哪种关联，亚马逊系统一旦将两个账号定性为关联账号，其处理方案一般有以下几种。

（1）如果是同站点账号关联，亚马逊检测到不同账号之间交叉销售同样（同类）产品时，系统可能会发邮件警告卖家自行选择删除其中一个账号上的所有 Listing（产品），如果卖家对此警告置之不理，亚马逊则可能强行关闭全部的关联账号。

（2）无论是同站关联还是异站关联的账号，如果各账号所售产品彼此相同，且各账号表现良好，那么亚马逊系统可能并不会告知你，关联被记录在案，但所有账号各自正常运营。

（3）无论是同站关联还是异站关联，如果某一个账号已经被关闭，那么其他账号可能会因为受到牵连而随时被亚马逊系统关闭，但关闭时间并不确定。

3. 判定账号关联的因素

（1）电脑：主要指硬盘信息。

（2）网线：主要指外网 IP 地址，由于国内 IP 多是浮动 IP，难免会出现多个账号 IP 相同的情况，所以，IP 地址仅仅是判定关联的一个因素而非唯一因素。

（3）网卡 MAC 地址：有些卖家，基于成本的考虑，在一个账号被关闭后，把电脑格式化，重装系统后登入新的账号，如果电脑网卡是集成的，没有禁用网卡和更换为新的网卡，同样容易导致关联。

（4）路由器：路由器中的物理地址容易被亚马逊系统记录并导致账号关联。

（5）浏览器指纹：比如插件、Cookies、系统字体、操作系统版本、打字方式和习惯、打字速度等。

（6）账号信息：注册人姓名、信用卡持卡人姓名、收款账号信息、邮箱地址、账号所填的地址信息、电话号码、密码设置等都是判定的要素，所以卖家在注册时要尽可能做到互不相同，且无规律可循。

（7）店铺产品信息：两个或多个店铺之间产品重复，使用相同的图片和产品描述等，对于同时运营多个店铺的卖家，建议各店铺之间产品重复信息不要超过店铺所有产品的 30%，同时，每个店铺的产品要分别使用不同的产品图片，撰写不同的产品描述信息。

4. 如何防止账号关联

如果因为运营的需要，卖家需要注册多个账号，那么在注册账号的过程中，卖家要确保使用不同的邮箱、新的电脑、新的系统、新的浏览器、新的路由器、独立的网线、全新的电话号码、不同人的信用卡、不同的收款账号，并且不同账号之间发布不同的产品，以物理上的绝缘和账号信息、产品信息的明显不同避免被亚马逊系统抓取到彼此账号之间的相似（相关）因素。虽然账号关联的判定是系统基于对多个因素的综合判定，单一因素未必会直接导致判定账号关联，但如果存在多个因素的高度相似，必然增大了被判定为关联账号的风险，卖家要尽量避免。

需要注意的是，亚马逊账号关联是没有任何提醒的，没有邮件通知，没有客服联系，没有后台警告，总之，是否关联只能凭卖家自己判断，而且，账号关联是不可逆的，一旦系统判定为账号关联，就没有任何退出关联名录的机会。

2.5 账号的风险防范与规避

当前，亚马逊在中国的招商力度很大，对于想要在亚马逊平台上经营的卖家来说，申请注册一个亚马逊账号不再是难事，但有了账号之后，如何长期稳定地经营依然是众多亚马逊卖家非常关心的问题。据 2017 年亚马逊卖家峰会上亚马逊官方公布的数据，2017 年亚马逊平台新增卖家数量超过 100 万个，但进入实际运营并存活下来的卖家数量只有总数量的 30%左右。由此可见，存活下来并有所作为并不是一件容易的事。

作为亚马逊卖家，只有了解了影响账号安全的潜在因素，并采取有效的应对措施，才有可能避免账号受限等情况的发生，才能够生存下来，再谋发展。那么，影响账号安全的因素究竟有哪些呢？

账号关联：在前文中已经做了详细的分析，在此就不再赘述。

产品上架速度和销售增长速度：由于亚马逊平台放款周期的特殊性（每个账号都有基本固定的放款日，14 天为一个放款周期），基于对卖家风控方面的考虑，平台会对新账号的产品上架速度和销售速度格外关注，如果一个新账号产品上架数量过多，短时间内销售增长速度过快，都可能导致账号被审核。

虽然账号遭遇再审核时，如果卖家资料真实齐全，按照平台的要求提交审核，一般来说对账号的安全影响并不大，但从运营的层面看，卖家运营的节奏被打乱，并不利于账号的发展。比如审核中可能会被要求提供各种采购单据、发票、产品授权书等，这就足够很多卖家忙碌和烦恼，另外，如果卖家已经投入资金和精力打造某个 Listing（产品），在审核期间可能会因为被平台暂停销售而导致 Listing 的曝光、流量和排名下降，造成前期推广费用浪费。同时，账号中其他原本较小的问题也可能会因为账号审核而被波及。

一般而言，账号开始运营的前三个月为平台的重点考核期，建议卖家在开始运营的前三个月内，尽量做好产品发布数量和销量两个维度的把控，既把握好产品上架速度不要过快，又要控制好销售增长速度不要过猛，避免账号发生大起大落、大幅波动的情况。

延迟发货和超前发货：按照亚马逊平台的订单处理规则，所有订单需要在 72 小时之内完成发货，如果卖家因为自身原因造成客户下单后 72 小时内没能按时将订单确认为发货状态并且及时发货，该订单就会被计入延迟发货的订单中，账号中延迟发货的订单数量过多，延迟发货率超过 4%，就会收到亚马逊系统的警告，情节严重的可能会被移除销售权限，导致账号受限。

除了订单的延迟发货率之外，亚马逊对卖家超前发货和虚假发货也是明令禁止的。部分卖家由于操作失误，填写了错误的追踪单号，如果系统检测到卖家所填追踪单号在订单下达之前已有追踪信息，就会判定卖家有超前发货行为。对于超前发货，没有固定的百分比指标，但被系统检测出任何一个订单有超前发货行为，都可能直接导致账号受限。

追踪单号可查询率：亚马逊要求 95%以上的订单需要使用可查询追踪记录的发货方式，建议卖家追踪单号可查询率一定要达到此比例要求，否则同样可能触发账号受限，销售权限被移除。

运输问题：根据平台规则，发货地为中国的物品，一般要求物品在下单后 17 ~ 28 个工作日到达客户手中，如果物品到客户手中的时间过长，也容易导致账号被审查或受限。

侵权：如果卖家销售的产品涉嫌侵权，容易导致账号被审查或被移除销售权限。这是目前最容易引起账号受限的因素，卖家在发布产品的过程中一定要慎重，避免因为侵权导致账号受限而影响运营计划。

侵权一般分为四种：商标侵权、专利侵权（发明专利、实用专利和外观专利）、版权侵权和盗图。从某种层面上讲，侵权问题是亚马逊平台运营中的红线，卖家一定要小心对待。

违反销售政策：卖家销售平台禁止销售的物品，或者以平台禁止销售的方式销售，都有可能导致账号被审核或受限。

账号表现差：亚马逊要求卖家要为买家提供优质的产品和服务，如果账号表现差，ODR（Order Defective Rate，订单缺陷率）超标，会导致账号被审核或受限。在卖家绩效表现中，ODR 指标的考核包含三个方面：店铺 1 ~ 2 星的负面评价、A-to-Z 担保索赔纠纷和信用卡拒付，这都是卖家维护店铺绩效表现时需要重点关注的指标。

分析了以上影响账号安全的潜在因素，作为卖家，在实际运营中一定要充分理解亚马逊规则，在遵守规则的前提下，做好风险防控方面的工作，认真运营，打造出可以长期持续经营的店铺。

2.6 平台收费

亚马逊平台的收费模式比较简单，就专业卖家来说，包括店铺月租、销售佣金、FBA 费用和站内 CPC（Cost-per-Click，亚马逊平台为卖家提供的按点击付费的广告形式）广告费用等。

店铺月租：亚马逊店铺没有级别区分，店铺月租费用对所有卖家是统一的，美国站店铺月租费为 39.99 美元/月，英国站店铺月租费为 25 英镑/月，日本站店铺月租费为 4900 日元/月，澳大利亚站店铺月租费为 49.95 澳元/月。

销售佣金：平台销售佣金是指在产品售出之后亚马逊根据产品的实际销售价格收取的平台分成。根据产品类目的不同，亚马逊收取的佣金比例各不相同，但佣金费率基本上分布在实际售价总金额（售价+运费）的 8%～15%。其中，亚马逊自有产品 Kindle 系列周边配件的佣金费率为 40%。针对低单价的产品，亚马逊指定了最低佣金额，一般类目产品的单个产品最低佣金额为 1 美元，珠宝手表类目的最低佣金额为 2 美元。针对高价值的产品，亚马逊设置了分段费率，比如 3C 电子配件类目的产品，对于售价低于 100 美元的部分，亚马逊的佣金费率为 15%，而对于售价高于 100 美元的部分，佣金费率则降至 8%；根据最新公布的费率标准，珠宝类目在售价低于 250 美元部分的佣金费率为 20%，高于 250 美元部分的费率为 5%。卖家可以在亚马逊卖家中心后台查询详细的销售佣金费率表。

FBA 费用：对于卖家选择使用亚马逊 FBA 发货的产品，在产品入库、仓储和售出后，亚马逊会收取相应的 FBA 费用，FBA 费用包括订单处理费、称重费和运费三部分。卖家可以通过亚马逊卖家中心后台查询详细的 FBA 费率表。

站内 CPC 广告费用：此费用是指部分投放了亚马逊站内 CPC 广告的卖家所产生的费用。亚马逊为卖家提供了站内 CPC 广告的方式推广自己的产品，卖家可以自行选择投放与否，自行选择投放广告的产品，对于投放了广告的产品，卖家可以自行设置广告关键词，自行决定单次点击出价，系统根据卖家的出价和竞争对手出价为广告排序，基于广告扣费的规则，按照实际点击扣取广告费用，只曝光没点击则不收费，关于亚马逊站内广告的扣费规则，请参考第 6 章的内容。

2.7　收款账号

对卖家来说，产品售出只是交易的第一步，收到买家的货款才算交易初步完成。在亚马逊上，中国卖家接收亚马逊款项的收款账号通常有美国银行账号、中国香港银行账号、PingPong 账号（中文名呼嘭，简称 PP 卡）、Payoneer 账号（中文名派安盈，简称 P 卡）和 World First 账号（简称 WF 卡）等。

以下就上述收款方式的开户、费率、功能和账号安全性等方面做详细讲解。

1. 开户方式

（1）美国银行账号：需要本人或找中介公司代理注册美国公司，然后以美国公司的资料在美国本地开立银行账号。整个开户过程通常需要一个月以上，开户费用为 1.5 万～3 万元人民币。

（2）中国香港银行账号：需要以香港公司或内地个人身份到香港开立银行账号。随着中国资金监管和外汇政策的收紧，当前香港各银行已开始严控内地个人在港开户，同时还会对所开账号做出各种账号预留资金方面的要求，整个开户过程通常需要一个月左右，费用为几千元人民币。

（3）PingPong 账号：开户简单，直接在 PingPong 官网申请即可，个人开户只需要个人身份证，公司开户需提交公司营业执照。PingPong 账号开户快，一般需要 1～2 天，开户全免费，在账号没有收到款之前，不会产生任何费用。

（4）Payoneer 账号：开户简单，可开个人账号和企业账号。Payoneer 账号可以同时开通一张万事达实体卡（可选，实体卡收年费 25 美元/年），开户需要 2～3 天，如果注册账号的同时申请了实体卡邮寄过来通常需要 1～2 周，开户过程全免费。

（5）World First 账号：开户简单，持个人身份证以及地址证明即可开通个人账号，公司开户需提交公司营业执照，开户过程一般需要 5 天左右，开户过程全免费。

2. 费率对比

（1）美国银行账号：接收美国站的款项时，无任何费用，但是接收加拿大和欧洲五国等站点的款项时，亚马逊会先将本地货币转换为美元入账，这个过程会有 3.5%左右的汇损。

（2）中国香港银行账号：在收款过程中，亚马逊会先将接收货币转换为港币入账，因此接收任何站点的款项都会有 2.5%左右的汇损。虽然费用较高，但由于很多内地公司希望做出口退税，因此需要中国香港银行向内地银行汇款转账的流水记录，另外，部分商家有海外生意，会通过中国香港银行账号向海外公司支付货款，也会使用到中国香港银行账号，所以虽然开户不太方便，但还是有部分卖家会选择用中国香港银行账号接收亚马逊平台的款项。

（3）PingPong 账号：PingPong 是一家由中国人创办的拥有美国支付牌照和欧洲支付牌照的金融解决方案公司，其口号是“全球收款，唯一之选”。作为一家在中国、美国和欧盟金融机构监管下的新兴金融支付公司，PingPong 凭借其超低费率、安全稳定、快速高效的亚马逊收款解决方案，打破了境外金融机构对中国跨境收款的垄断，一经推出就发展迅猛，接收亚马逊款项的费率仅为 1%手续费，支持包括美元、日元、欧元等币种的收款。

（4）Payoneer 账号：Payoneer 账号的公开费率是 1.2%，目前 Payoneer 账号支持的收款币种包括美元、欧元和日元等。

（5）World First 账号：World First 账号的统一费率是 1%，目前支持美元、欧元、英镑和日元等。

3．功能

（1）从亚马逊运营的角度看，美国银行账号和中国香港银行账号功能比较单一，只能添加单一店铺收款，如果同一银行账号添加多个亚马逊店铺，会导致店铺关联。

（2）采用虚拟银行账号的 PingPong、Payoneer、World First 账号都可以申请多个子账号，用子账号分别绑定不同的亚马逊店铺。因为各个子账号不重复，不会导致亚马逊账号的关联。因为 PingPong 是中国本地公司，其客服系统响应敏捷，客服水平高，可以根据客户需求和平台要求为用户提供更有针对性的支持和协助。

4．安全性

（1）银行账号：多数人习惯相信传统银行，认为使用自己的银行账号收款最安全，但美国和中国香港都对个人银行账号监管严格，如果账号长期有大金额入账，银行会认为该银行账号存在风险而审核、冻结或关闭该账号，所以，对亚马逊卖家来说，银行账号并非首选。

（2）虚拟银行卡：PingPong 受中国、美国和欧盟金融机构监管，在美国和欧盟持有支付牌照，在国内和中国工商银行、中国农业银行、中国银行、中国建设银行合作，接受中国、美国和欧盟的多边监管，相对来说，安全性较高。作为一家中国本土公司，其在客服沟通方面便捷，受到大多数亚马逊卖家的青睐。

Payoneer 是起源于美国的一家支付金融公司，受美国政府监管，目前在深圳设有办事处。

World First 是一家起源于英国的支付金融公司，受英国和中国香港政府监管，目前 World First 的中国用户由 World First 中国香港公司负责。

除了以上收款工具外，当前还有不少新近出现的收款公司，甚至某些公司会用超低费率招揽用户，作为一名长期在运营一线的亚马逊卖家，我的建议是在收款方面安全性是第一要素，服务和时效第二，之后才是费率，建议卖家不要仅仅凭费率盲目选择收款工具。

可以关注跨境电商行业的导航门户——赛乐跨境导航（www.seller123.net）获取更多的收款工具及收款的相关资讯。

第3章

卖家中心后台实操

本章要点：

- 卖家中心后台登录
- 卖家中心功能介绍
- 后台基本设置

卖家中心（Seller Central）是亚马逊卖家日常运营的主战场，从账号信息设置、产品发布、订单处理，到邮件回复、绩效查询、广告投放等所有运营中需要进行的事项，都需要在卖家中心完成。接下来，我们就开始看看卖家中心有哪些是运营中必须关注和重视的内容。

3.1　卖家中心后台登录

打开亚马逊官网首页 www.amazon.com，点击 Sign in（登录）按钮下面的 Your Account（你的账号），直接进入卖家账号，如图 3-1 所示。

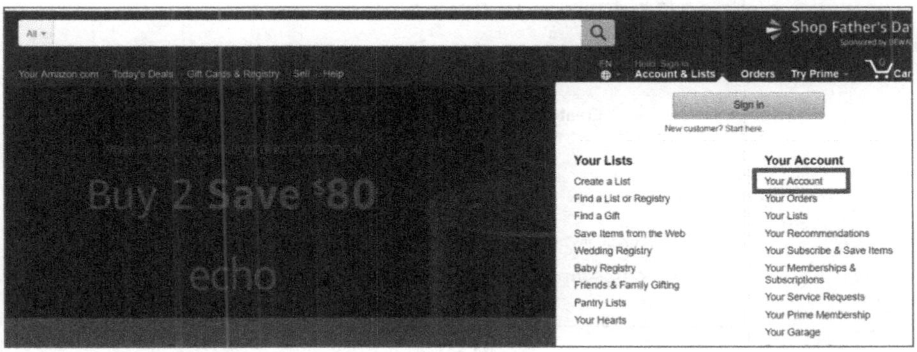

图 3-1

（1）在 Your Account 页面下方，亚马逊提供了多种账号的登录选择。作为卖家，选择 Seller（卖家）类型登录，如图 3-2 所示。

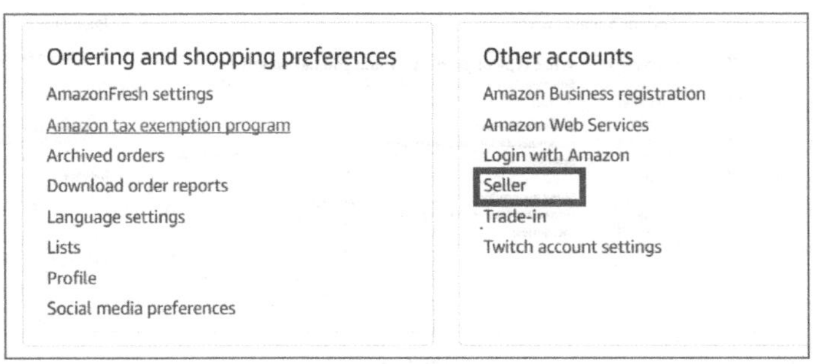

图 3-2

（2）进入登录页面，输入用户名和密码登录，如图 3-3 所示。

（3）登录账号后，进入卖家中心，页面如图 3-4 所示。

图 3-3

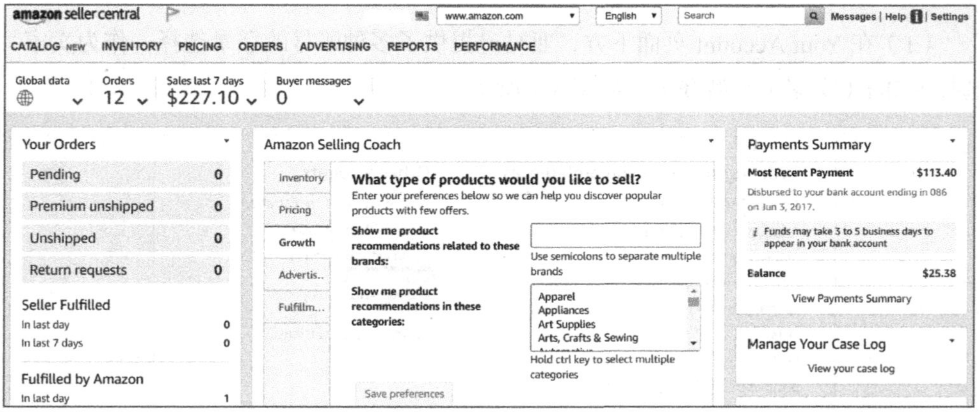

图 3-4

对于英文应用不熟练的卖家，亚马逊提供了中文界面。在卖家中心，把页面拉到底部，可以切换成中文界面，如图 3-5 所示。

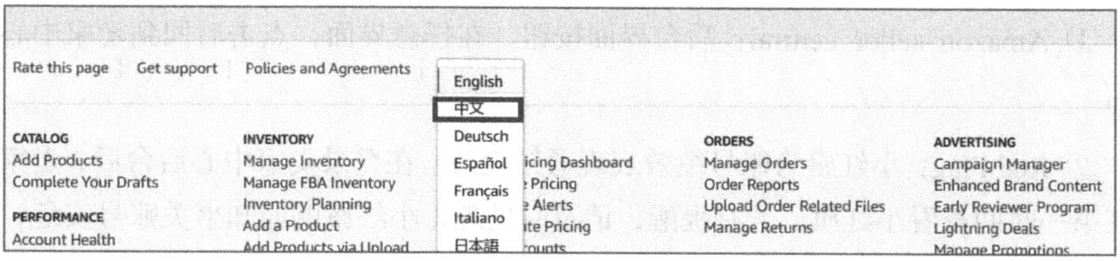

图 3-5

为了账号的安全，卖家应尽量用固定的电脑和网线登录自己的账号，不要随意使用别人的网络登录账号，以免造成账号关联，影响正常运营。

3.2　卖家中心界面介绍

图 3-6 为卖家中心的页面截图，包含了卖家日常运营中需要操作的各部分内容。

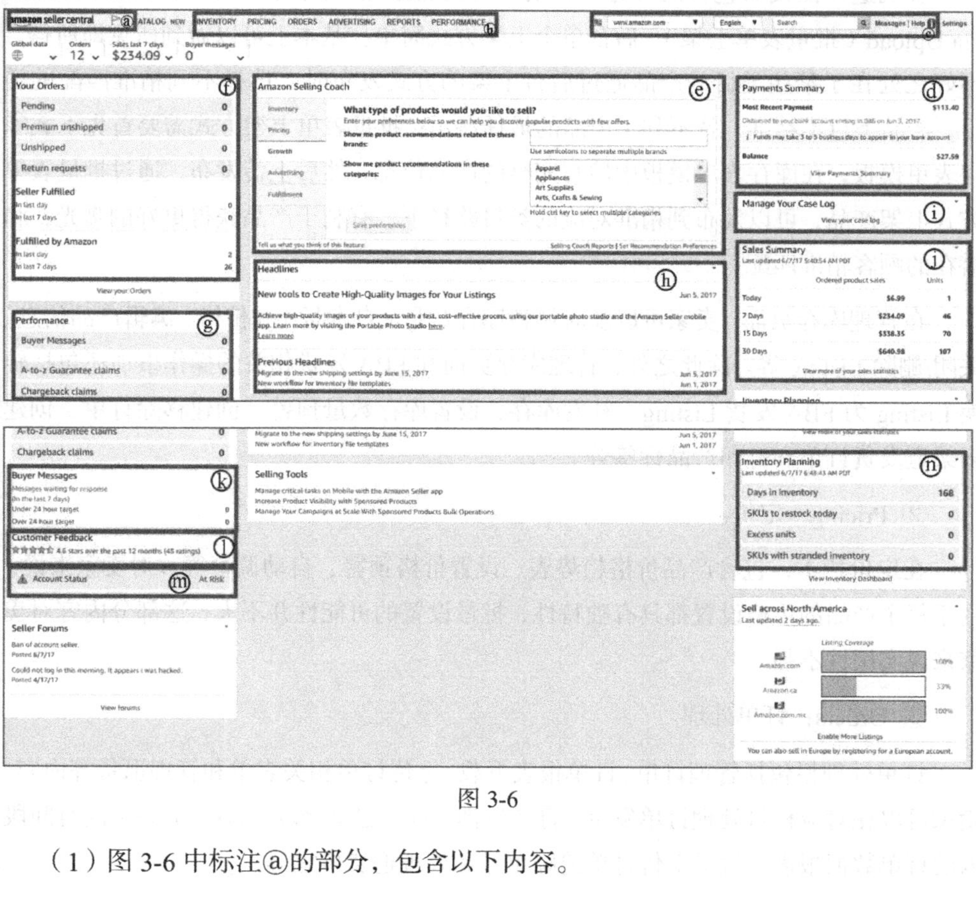

图 3-6

（1）图 3-6 中标注ⓐ的部分，包含以下内容。

① Amazon seller central：后台界面按钮。在任意界面，点击后回到卖家中心主界面。

② Red Flag：小红旗为账号绩效表现通知提醒。在登录卖家中心后台后，卖家应该在第一时间查看小红旗，若有提醒，请及时处理，小红旗的通知事关账号安危，非常重要。

（2）图 3-6 中标注ⓑ的部分，包含库存、订单、定价、广告、店铺、数据报表和店铺绩效等内容。

① Inventory：库存管理。

在库存管理栏，包含了发布产品、管理库存、管理 FBA 库存、库存报表下载等内容。

亚马逊产品发布包含两种方式：Add a Product（后台单个上架）和 Add Products via Upload（批量表单上架）。后台单个上架方式简单，基本上可以做到所见即所得，不好之处在于某些类目的产品通过后台上架的方式发布时，选择不到精准匹配的类目，产品类目不精准，就不利于产品的最佳展示；批量表单上架方式需要首先下载库存表单模板，在库存表单模板中填写完整的产品信息，然后上传发布，通过批量表单方式上架产品，可以发布到精准对应的类目路径下，有利于产品获得更好的曝光，和潜在的顾客精准匹配。

在管理库存页面，卖家可以随时调整库存数量（自发货）和价格、编辑产品信息、关闭/删除 Listing 等。除此之外，管理库存页面和 FBA 发货相关的操作事项还包括转换 Listing 为 FBA 发货 Listing、补发库存、设置库存数量预警、创建移除订单、创建多渠道发货订单和打印产品标签等。

② Pricing：定价。

在定价栏下，包含产品价格趋势表、设置价格预警、自动调价等。对卖家来说，由于每个产品的价格设置都具有独特性，批量设置的可能性并不大，这部分内容对卖家来说实用性不强。

③ Orders：订单处理。

订单处理栏包括管理订单、订单报表下载、上传订单相关表单和管理退货等内容。卖家可以在对应栏目处理订单发货、订单取消、订单退款/部分退款、下载不同时间段内的订单数据报表、批量上传订单追踪单号和处理退货事宜等。

④ Advertising：广告及促销。

在广告及促销栏，一共包含 6 项内容：Campaign Manager（广告活动管理）、Enhanced Brand Content[图文描述（A+页面）设置]、Early Reviewer Program（早期评论人计划）、Lightning Deals（秒杀）、Coupons（优惠券）设置和 Promotions（促销管理）等。

广告活动管理包含广告计划的创建、广告数据报表的查看和下载、运行中的广告优化等相关事项，我们将在第 6 章做详细讲解。

图文描述（A+页面）设置是指拥有（授权拥有）商标的卖家，在亚马逊平台上做了商标备案（GCID）之后，可以为自己产品创建的品牌展示页面。通过产品详情页面中的图文描述展示，消费者可以更清晰地了解你的产品细节，有利于提升转化率。

早期评论人计划是亚马逊推出的官方渠道向用户索要产品评论的项目，卖家需要支付一定的费用，亚马逊系统会以自动筛选的方式邀请符合条件的已购买买家写产品评论。根据亚马逊当前的关于早期评论人计划的收费和规则，对大部分卖家来说，其实用性并不强。关于早期评论人计划的详情，可以参考下面老魏我关于该项目的详细解读。

关于 Early Reviewer Program 官方给出的基本解释是：

These terms supplement your seller agreement and apply to your participation in the Early Reviewer Program.

All Amazon policies related to Customer Reviews, including the Prohibited seller activities and actions and our Community Guidelines, continue to apply to your participation in the Early Reviewer Program.

You may not advertise the fact that your products are enrolled in the Early Reviewer Program.

You agree to pay all fees charged in connection with your participation in the Early Reviewer Program.

老魏解读：① 早期评论人计划是在原有的关于客户评论的相关政策（包括禁止卖家操纵评论的政策规范）基础上进行的；② 卖家不能做广告宣传说自己的产品已经加入了早期评论人计划；③ 参与早期评论人计划意味着你同意承担相应的收费。

说到收费，我们再来看看亚马逊官方关于早期评论人收费的解释：

1. 什么时候收费？

Q：When will I be charged?

A：You will be charged once we receive the first Early Reviewer Program review for each enrolled ASIN. We will continue to solicit reviews for up to 1 year from time of enrollment, or until 5 reviews are received through the program, whichever is sooner.

老魏解读：在卖家加入早期评论人计划的 ASIN（亚马逊产品编码）收到由该计划而获得的第一个产品 Review（评论）后，亚马逊将会执行收取费用，同时亚马逊会在随后的最长不超过一年的时间里跟催参与此计划的客户留 Review，直到 5 个 Review 全部收到。

2. 如何查看费用？

Q：How do I review the charges?

A：You will be charged for each ASIN that has been accepted into the program once we receive the first Early Reviewer Program review for that ASIN. The ASIN fee is displayed next to the Upload button when you upload the SKU file. Taxes may also apply. When the fee is processed, it will show up as 'Early Reviewer Program fee' transaction on your Seller Central account statement. To view your account statement, go to Seller Central > Reports > Payments > Transaction View.

老魏解读：对于加入早期评论人计划的 ASIN，在收到第一个 Review 后亚马逊会执行收取费用，收费多少会在你提交加入计划的列表时有显示，扣费清单则体现在你的费用报表清单里。

3. 如果收到的 Review 少于计划的 5 个是否会退费？

Q：Will I get a refund if I receive less than 5 reviews?

A：No. We do not promise a specific number of reviews. You are charged a flat fee once you receive the first Early Reviewer Program review on an ASIN. Note that we do continue to request more reviews as noted above.

老魏解读：关于是否会退费，亚马逊明确地告诉你：NO。收费是固定费率，无论你收到 1 个、3 个还是 5 个，收费是确定的，一口价！当然，按照亚马逊官方的说法，只有一种情况你才不会被扣费，那就是连一个产品 Review 也没收到！如果真是这样，那对于作为卖家的你，岂不是更失落？！

4. 申请成功后是否能取消？

Q：Can I cancel an enrollment?

A：Once you enroll an ASIN into the program, you will be unable to cancel the enrollment. Note that you will only be charged for an ASIN when you receive the first Early Reviewer Program review on that enrollment.

老魏解读：按照亚马逊官方的说法，早期评论人计划一旦申请成功，就无法取消。所以，申请需谨慎，核算清楚后再确定是否要申请。

关于亚马逊早期评论人计划的详细解读：

1. 什么样的卖家有资格参加？

Q：Who is eligible to participate in the Early Reviewer Program?

A：At this time, this program is available to U.S. based brand registered sellers only.

Q：I am U.S. based, but not a brand registered seller. How do I participate in the program?

A：To participate in this program, you must register your brand. If you own the trademark for the brand name that appears on your products and packaging, you might be eligible to apply for Amazon Brand Registry. Once registered, you can enroll your products into the Early Reviewer Program.

老魏解读：什么样的卖家有资格参加早期评论人计划？不管是否是美国的公司，必须是在美国有注册商标并做了商标备案的卖家才有资格参加。这里提醒各位卖家朋友们，在亚马逊平台上运营，拥有注册商标几乎成了标配，建议卖家尽早着手注册属于自己的商标，以保证运营的长期稳定。在实际运营中，拥有一个有效的注册商标，其作用会越来越大。

2. 什么样的产品有资格参加？

Q：Which ASINs are eligible to be enrolled in this program?

A：ASINs with less than five reviews might be eligible for enrollment in this program.

At this point, the ASINs must also be priced above $15.00. If the offer price falls below $15.00, we may cease requesting reviews from customers.

老魏解读：当前的产品 Review 少于 5 个，并且单价高于 15 美元的产品才有资格参加。低价格的产品不行哦。虽然低价产品是很多卖家的首选，但恰恰是竞争最激烈、运作难度最大、最受平台歧视的部分。如果你的选品思维还局限于低价产品，真得好好阅读本书中关于选品的章节咯！

3. 哪些站点可以参加？

Q：Why can I only enroll ASINs that I sell in the U.S.?

A：Currently, this program is limited to the U.S. (www.amazon.com) only. If you have listed an ASIN to sell in the U.S. as well as other marketplaces, it will be eligible to enroll in this program, but Amazon will only request reviews from customers who purchased the ASIN on www.amazon.com.

老魏解读：当前只有美国站有早期评论人计划，其他站点的卖家可以直接略过。

4. 为什么我没有参加上？

Q：Why was my ASIN not accepted into the program?

A：You can download the status file in your submission history to understand why an ASIN was not accepted into the program.

老魏解读：自己查看提交历史记录里面的说明。

5. 怎么知道自己的产品收到了早期评论人的 Review？

Q：How will I know if my product has received a review from this program?

A：Early Reviewer Program reviews are identified with an orange badge that reads 'Early Reviewer Rewards'.

老魏解读：早期评论人留下的评论会有一个橙色的"Early Reviewer Rewards"标志，这意味着平台上以后又会多一道靓丽的橙色风景线。

6. 为什么客户会信任这些早期评论人的 Review？

Q：Why should customers trust these reviews?

A：We only ask customers who have already purchased the product to share their true experience, regardless of whether it is a 1-star or 5-star review. No free products or discounts are given to these reviewers. We also do not disclose at the time of purchase whether a product is participating in the program because we want to hear from customers who have authentically chosen to buy that product without any knowledge of a future reward.

老魏解读：亚马逊会要求已购买的客户分享他们真实的购物体验，无论是一星或者五星。同时，也不会给这些评论人免费的产品或者折扣。另外，评论人在购买时亚马逊并不会告诉参与者该产品是参与评论计划的，亚马逊以此确保收到的评论是消费者真实的购物感受，而不是参与者为了获取奖励而刻意的行为。

言外之意，顾客在购买前自己也不知道自己已经入选了。区别是，以前是卖家战战兢兢地催客户留评价，现在变成了亚马逊光明正大地替卖家催客户留评价。

7. 早期评论人是如何被选入本计划的呢?

Q：How are reviewers selected for this program?

A：We want authentic reviews, and we would like to select from as many customers as possible, not just a select few. We select customers randomly from a list of all customers who have purchased products participating in this program, as long as they have no history of abusive or dishonest reviews and meet our eligibility criteria. Note that not all customers who purchase participating ASINs will receive reward offers to write a review. We want this program to generate enough reviews to help customers make smarter buying decisions; this is not a rewards program intended to encourage purchases. Amazon employees, participating sellers and their friends and family are not eligible to participate in this program.

老魏解读：亚马逊为了确保评论的真实性，随机选取了大量没有诚信污点的符合亚马逊标准的客户，而不只是从很小的群体里选择，这不是一个奖励换评论的计划，所以，参与此计划的用户并不是每个人都能够得到奖励。另外，亚马逊的员工、参与此计划的卖家和他们的朋友或家人不可以参与此计划。

8. 早期评论人会得到什么样的奖励呢?

Q：How are reviewers rewarded?

A：Reviewers will receive a small reward (for example, a \$1.00 - \$3.00 Amazon.com

Gift Card) after they have submitted an authentic review within the offer period and the review meets our community guidelines. This reward is to thank reviewers for sharing their authentic experience, regardless of whether it is a 1-star or 5-star review. The nature of the review does not affect the reward or the chance of getting future rewards.

老魏解读：在评论人提交了真实的评论后，会得到一笔小奖励，比如 1~3 美元的礼品卡，奖励只针对真实评论，和评论人留的是一星还是五星评论没有关系，而且，即便评论人在这次评论后得到了奖励，并不意味着下次还会得到奖励。由此看来，亚马逊是要随机抽取幸运顾客而已。

9. 卖家可以干预评论人留评吗？

Q: Can sellers influence these reviews or the reviewers participating in this program?

A: No. Sellers choose ASINs to participate in this program, but are not allowed to influence the content or star rating of the customer reviews. Sellers are also prohibited from communicating with customers about their reviews. Amazon does not modify or remove reviews from the Early Reviewer Program, as long as they comply with our community guidelines.

老魏解读：答案当然是 NO 了，除了卖家可以选择参与的产品之外，在早期评论人留 Review 之前，连评论人是谁都不知道，如何干预啊，甚至评论人自己都不知道被抽中。关键的是，只要早期评论人的 Review 符合平台规则提交了，亚马逊不会删除或者修改的。

解读完官方的内容，老魏我觉得虽然这个消息似乎让一些没有资源的新卖家看到了一丝曙光，但实际上，曙光太弱，似乎并不能照亮前程……卖家需要注意的是：第一，这个项目是收费的；第二，即便加入了，你也不知道谁是你的福星，兴许顾客被亚马逊催急了，留个差评也未可知；第三，老魏我大胆猜想，亚马逊之所以这么做，意在培养消费者的留评习惯，习惯一旦养成，留评率就上来了啊。毕竟面对同样的美国人，为什么 eBay 的留评率可以高达 30%以上呢！

事情的一面是卖家们为了能够收到更多的评论而到处找人刷单刷评，破坏了亚马逊相对平等的运营框架，同时肥水流了外人田，另一面却是众多的消费者根本没有留评论的习惯，众多资源被白白浪费，亚马逊的心里还是有点淡淡的忧伤的。

当然，一旦用户留评的习惯被培养起来，卖家们刷评的经历恐怕就只能留在记忆的时空里了。

但是，敲一下黑板，划一下重点呀！既然亚马逊专门推出新工具鼓励客户留评，也说明了评论对 Listing 的重要性，所以，如果你有安全增评的渠道，还是要努力地为自己的 Listing 增加一些评论的。当然，增评一定要在确保账号安全的情况下进行哦。

秒杀是平台推出的一种限时打折优惠的销售促销活动，亚马逊为秒杀活动专门开辟的 Deals 页面是众多消费者，尤其是 Prime 最喜欢浏览的页面之一。对于卖家来说，秒杀可以提升曝光量，快速累积销量和评论，无论是爆款打造还是清库存，都是非常不错的工具。

秒杀活动的持续时间一般为 4 个小时，是一种付费参加的项目。就美国站来说，每次秒杀的费用是 150 美元。

除了需要付费之外，亚马逊还为秒杀设置了基本的资格：① 产品评论需要在四星以上；② Listing 拥有 10 个以上产品 Review；③ 参加秒杀的产品秒杀价格需要是最近 30 天内最低价格的 8.5 折或更低；④ 参加秒杀的产品需要是使用 FBA 发货的产品，同时，亚马逊还会对参加秒杀活动的产品有最低库存数量要求。

卖家可以在卖家中心的秒杀页面查看是否有符合参加秒杀条件的产品，如果有，即可报名，报名通过审核，即可参加。

但并不是每个符合秒杀条件的产品都能够为卖家带来丰厚的回报，卖家在申报参加秒杀活动前，一定要做好评估。一般而言，产品受众广、符合当季需求的产品，更易在秒杀中取得较好的销售业绩。

因为秒杀是分时段进行的，卖家在报上秒杀后，一定要留意报中的秒杀时段，如果时段是非销售高峰时段，建议卖家在活动开始前取消，以免转化太差，得不偿失。

Coupons 设置同样是亚马逊新近推出的新功能，对于设置 Coupons 的卖家，亚马逊要求店铺评分必须在 3.5 分以上才能开启此功能。

对于设置了 Coupcns 的店铺，买家每使用一次 Coupons 成功付款，亚马逊会扣除卖家除了正常佣金和 FBA 费用之外 0.6 美元的 Coupons 费用。设置了 Coupons 的 Listing，其前台展示时会有 Coupons 标志提醒，更吸引消费者的关注。Coupons 设置是当前运营中效果不错的工具。

在 Coupons 的设置中，亚马逊提供了两种设置方式：金额优惠和百分比优惠。在设置过程中，建议针对低价产品，设置为百分比优惠，而针对高价产品，采用直接的金额优惠方式会更吸引人。

促销管理是亚马逊为卖家提供的可以自行设置的店铺内活动方式。当前亚马逊上促销方式包括 Free Shipping（包邮）、Percentage Off（满立减）、Buy One Get One（买一送一）、Giveaway（免费样品）四种。相比较而言，以“满立减”的方式设置促销，可以最大化促销效果，为店铺带来更多的销量，同时“满立减”促销还可以让参与促销的产品彼此之间产生关联，为店铺导入更多的关联流量。

⑤ Reports：数据报表。

亚马逊数据报表中主要包括 Payments（付款报表）、Business Reports（交易报表）、Advertising Reports（广告报表）和 Return Reports（退货报表）等内容，卖家可以通过以上报表做相应的监测和评估，进而有针对性地优化运营防范，改善运营状况。

在 Payments 中，我们可以直接看到运营期间的收款、退款和费用等明细，相对日常不固定的订单数量，付款报表可以为卖家提供清晰的统计报告，让运营中的账目清晰明了。

在 Business Reports 中，亚马逊为卖家提供了用于销售情况检测与对比的 Sales Dashboard（销售曲线图）和按时间或按 ASIN 的流量相关数据。通过这些数据，我们可以在纵向的时间维度和横向的产品维度里知道自己店铺的销售金额、订单数量、平均单价、访客数等信息。

在 Advertising Reports 中，卖家可以按时间查看指定时间段内广告的点击和花费情况；可以按 SKU 查看每个 SKU 的广告展示和点击数据；也可以分别查看每个关键词的展示量、点击量、花费费用、销售成本比等。同时，还可以知道消费者通过输入哪个关键词匹配到我们设定的哪个关键词而产生的点击和购买，通过这个报表，卖家可以获得大量的关键词。然后，对这些关键词进行筛选，放到自己的广告计划和 Listing 中，可以对 Listing 和广告的优化起到很大的帮助作用；在广告报表中，首页预测竞价报告还可以为卖家提供预测广告关键词展示在搜索结果第一页时需要出的预测竞价，卖家可以通过预测竞价和自己当前的出价做对比，做出广告出价调整；其他 ASIN 报表可以让卖家知道买家的进入路径；广告计划业绩报表为卖家提供了查看过去 60 天内的广告活动所产生的业绩记录，比如曝光量、点击量、广告费用等信息，便于卖家更清晰地了解自己的广告投放和转化状况。

在 Return Reports 中，卖家可以按照时间段查看自己该期间的退货情况，筛选和淘汰退货率过高的产品。

在数据报表页面，亚马逊为卖家提供了多个不同维度的数据报表，虽然看起来比较繁杂，但如果能够好好利用，这些数据报表可以为我们在 Listing 优化、广告优化、爆款打造和运营策略调整等方面提供非常实用的信息参考，建议卖家朋友们一定要用心研究，好好利用。

⑥ Performance：账号绩效表现。

亚马逊卖家账号绩效表现包括 7 大指标：Order Defect Rate（订单缺陷率，ODR），Cancellation Rate（订单取消率），Late Shipment Rate（延迟发货率），Return Dissatisfaction Rate（退货不满意率），Customer Service Dissatisfaction Rate（客户服务不满意率），Policy Violations（违反销售政策），Contact Response Time（联系回复时间）等，如图 3-7 所示。

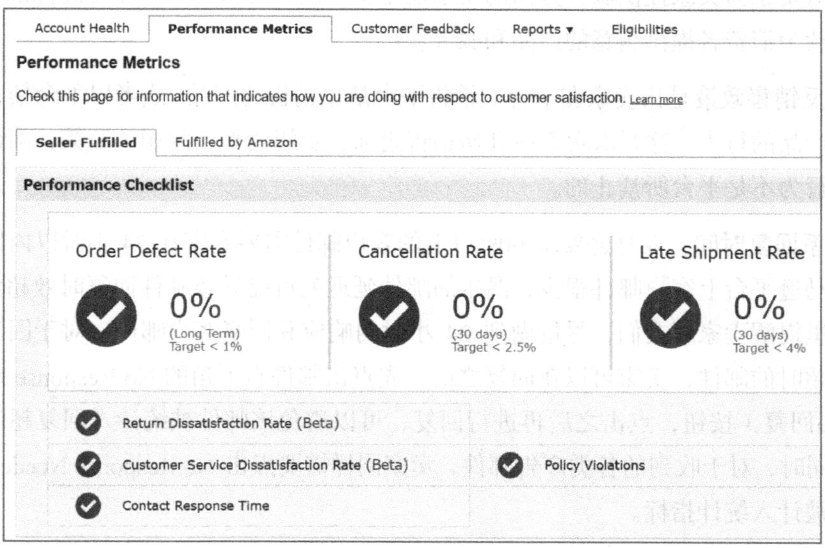

图 3-7

订单缺陷率包括三个方面：Negative Feedback（店铺差评），A-to-Z 纠纷和 Charge Back（信用卡拒付）。收到差评时，卖家要分析并针对性的解决，关于差评的联系和修改，可以参考差评修改章节的内容；A-to-Z 纠纷属于不可逆纠纷，客户开启后，即便卖家和客户沟通后客户自行关闭，同样会计入账号绩效表现，但经过平台判定卖家获胜的 A-to-Z 纠纷则不计入绩效表现，所以，面对 A-to-Z 纠纷时，卖家要认真分析，如果是自己的责任，那么要主动担责解决，如果非己方的责任，则可以提供证据，据理申请，由平台裁决；信用卡拒付发生频率较低，但一旦发生，基本上都非卖家责任，卖家只需要提供有效证据给平台裁决即可。

订单取消率是指因卖家缺货或其他原因而取消的订单数量在总订单数量中所占的比率，平台给出的指标是小于 2.5%，卖家在运营中一定要做好库存把控，避免该指标超标而影响账号安全。

延迟发货率表示买家下单付款后，卖家未能在平台要求的时间内发货的订单占总订单的比例。在亚马逊平台上，要求所有的订单必须在客户付款后 72 小时内安排发货，若卖家未能按时发货，延迟发货率超过 4%，账号的安全将会受到影响。

退货不满意率和**客户服务不满意率**目前尚处在测试阶段，并没有给出明确的执行标准，当前在影响账号绩效表现方面不严重，但作为“全球最以用户为中心的公司”，亚马逊对卖家为买家提供服务方面的要求还是蛮高的，卖家一定要保持高标准、严要求，持续为消费者提供满意的产品和服务。

违反销售政策是指卖家在平台上销售平台禁止销售的产品，或者以平台禁止的形式销售产品的行为，这要求卖家在开始销售之前，要阅读平台的相关政策，确认自己的销售行为不是平台所禁止的。

联系回复时间：亚马逊要求 90%以上的客户邮件需要卖家在 24 小时以内回复。由于亚马逊平台上客户邮件很少，偶尔的邮件延迟就可能导致邮件回复时效超标，所以在这里提醒卖家朋友们，尽量做到 24 小时内响应和回复客户邮件。对于因为疏忽而导致超时的邮件，卖家可以在回复之前，先点击邮件右下角的 No Response Needed（不需要回复）按钮，点击之后再进行回复，可以避免该邮件被统计入回复超时的数量内；同时，对于收到的各类广告邮件，卖家同样需要点击 No Response Needed 按钮避免其被计入统计指标。

结合上述的各项指标要求，从实际运营层面上看，亚马逊平台对一个账号的衡量指标主要包括：① 订单缺陷率（ODR）要小于 1%；② 订单取消率要小于 2.5%；③ 延迟发货率要小于 4%；④ 有效的追踪单号可查询率要大于 95%，如图 3-8 所示。

在运营过程中，卖家要紧紧围绕上述指标，努力确保账号绩效表现的各项指标不超标。只有维护好账号的绩效表现，长期健康的运营才有基本保障。

Performance Targets

All Amazon sellers should work toward achieving and maintaining a level of customer service that meets the following performance targets. Failure to meet these targets does not necessarily put your account in negative standing, but failure to improve may negatively affect your account. Sellers should work to maintain the following performance targets for all products they sell:

- Order defect rate: < 1%
- Pre-fulfillment cancel rate: < 2.5%
- Late shipment rate: < 4%
- Valid tracking rate - all categories: > 95%

These are baseline goals. Sellers with exemplary performance have the opportunity to distinguish themselves to buyers through the feedback rating that appears next to each of their listings. Most sellers are exceeding these targets, so the stronger your performance, the better your chance of building a stronger, more competitive business.

图 3-8

（3）图 3-6 中标注ⓒ的部分，包含搜索框、顾客与卖家之间的邮件沟通记录和站内帮助等内容。

① Search：搜索框。可以输入关键词查询亚马逊官方规则、各项政策等内容，我们通常把这个搜索框称为“万能的搜索框”或“亚马逊百科全书”，关于亚马逊运营的各种规则都可以通过搜索框查到。对亚马逊卖家来说，亚马逊卖家中心后台的搜索框是不可多得的亚马逊学习资料库。

② Messages：顾客与卖家之间的邮件沟通记录。

③ Help：站内帮助。和 Search 搜索框功能相同，另外还包含用户论坛和平台客服支持等，是联系平台客服的入口。

（4）图 3-6 中标注ⓓ的部分包含了与付款相关的内容。

① Most Recent Payment：最近一个放款周期的放款金额。

② Balance：账号余额。当前账号中的销售余额，指截至当前时刻，总销售订单中所有已发货订单扣除平台佣金后的净额。

（5）图 3-6 中标注ⓔ的部分 Amazon Selling Coach：亚马逊销售指导，指系统向卖家提醒即将断货的产品、可降价的产品、推荐销售的产品、可做站内 PPC 广告的产品以及可选择 FBA 发货的产品等内容。

（6）图 3-6 中标注ⓕ的部分，列出了自发货订单和 FBA 发货的订单数量。

① Your Orders：包含 Pending 订单数，含保险费的未发货订单数，未发货订单数，以及客户要求退货的订单数。

② Seller Fulfilled：最近 1 天和 7 天卖家自发货的订单数。

③ Fulfilled by Amazon：最近 1 天和 7 天 FBA 发货的订单数。

（7）图 3-6 中标注ⓖ的部分是 Performance（卖家绩效表现）中的三个重量指标：Buyer Messages（买家留言）、A-to-z Guarantee claims（A-to-Z 纠纷）和 Chargeback claims（信用卡拒付纠纷）。

（8）图 3-6 中标注ⓗ的部分是 Headlines：平台新闻和政策更新通知。

（9）图 3-6 中标注ⓘ的部分是 Manage Your Case Log：卖家联系亚马逊客服寻求客服帮助的邮件往来记录。

（10）图 3-6 中标注ⓙ的部分是 Sales Summary：统计最近 1 天、7 天、15 天、30 天的产品销量和销售金额。

（11）图 3-6 中标注ⓚ的部分是 Buyer Messages：买家邮件。卖家中心将其分为两部分：24 小时以内和超出 24 小时的邮件。亚马逊要求 90%以上的邮件需要在 24 小时之内回复。

（12）图 3-6 中标注ⓛ的部分是 Customer Feedback：指店铺的评价数量和星级。

（13）图 3-6 中标注ⓜ的部分是 Account Status：卖家账号表现状态。系统有三种状态类型：Good（良好）、Fair（正常）和 At Risk（危险）。当 ODR 指标超过 1%时，显示为 At Risk 状态。

（14）图 3-6 中标注ⓝ的部分是 Inventory Planning：库存计划。指 FBA 发货计划的情况记录。

3.3 卖家中心后台基本设置

卖家中心后台的基本设置在卖家中心的右上角 Settings 下拉菜单中，包含 **Account Info（账号信息设置）**、**Notification Preferences（系统通知偏好设置）**、**Login Settings（账号登录设置）**、**Return Settings（退货地址设置）**、**Gift Options（礼品选项）**、**Shipping Settings（发货及运费设置）**、**Tax Settings（税务设置）**、**User Permissions（子账号设置）**、**Your Info & Policies（卖家信息和卖家政策设置）**、**Fulfillment by Amazon（亚马逊完成代发货的服务）**等内容，如图 3-9 所示。

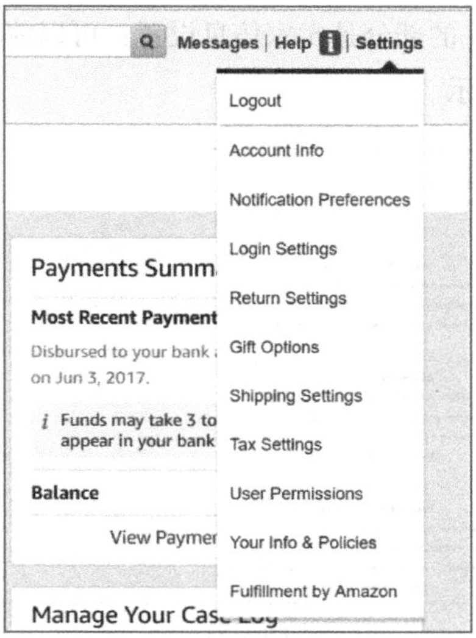

图 3-9

3.3.1 Account Info（账号信息设置）

在账号信息设置页面，可以设置卖家信息、假期模式、销售计划、收款与扣款、商业信息、发货与退货、税务信息等内容，如图 3-10 所示。

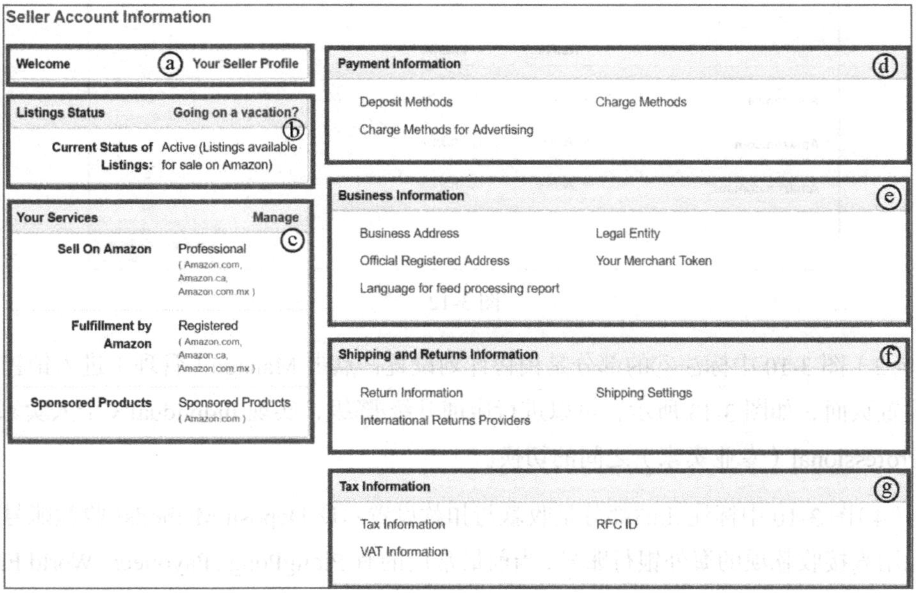

图 3-10

（1）图 3-10 中标注ⓐ的部分是卖家信息设置：可以编辑修改店铺名称、客服邮箱和电话等，如图 3-11 所示。

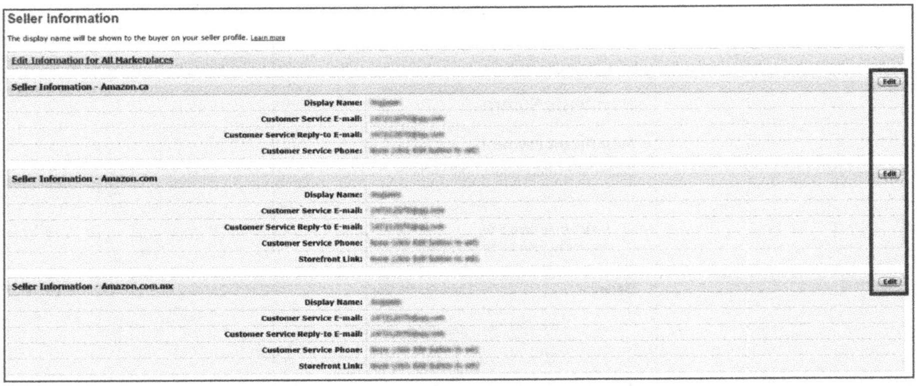

图 3-11

（2）图 3-10 中标注ⓑ的部分是假期模式设置：Listing Status（产品状态）显示店铺所有商品的状态，Active 为在售状态，Inactive 为不可售状态。卖家可以在节假日休假期间把店铺设置为 Inactive（不可售）状态，避免因为无人处理订单而影响店铺绩效指标。如果店铺全部为 FBA 发货，则无需设置。设置如图 3-12 所示。

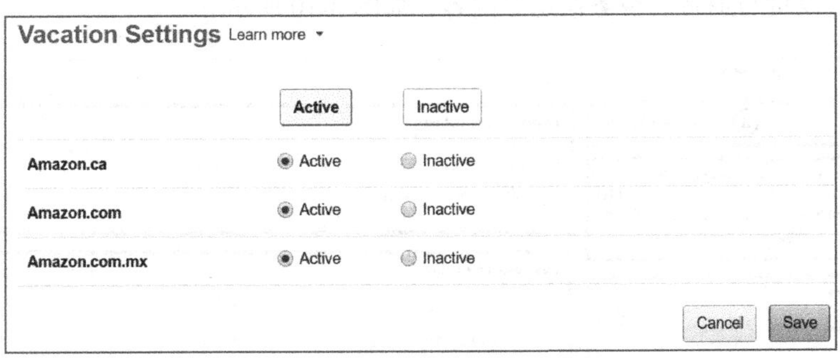

图 3-12

（3）图 3-10 中标注ⓒ的部分是销售计划设置：点击 Manage（管理）进入销售计划设置页面，如图 3-13 所示，可以进行店铺升级/降级，实现 Individual（个人卖家）和 Professional（专业卖家）之间的切换。

（4）图 3-10 中标注ⓓ的部分是收款与扣款设置：① Deposit Methods（收款账号），添加用来接收款项的海外银行账号，当前最常用的有 PiongPong、Payoneer、World First 等收款账号；② Charge Methods（信用卡卡号），用来扣付亚马逊店铺的月租，如果卖家账号中有销售余额，那么店铺月租会自动从销售余额扣取，只有销售余额不足，才会从信用卡中扣取；③ Charge Methods for Advertising（广告扣款账号），用来支付站内广告的费用，系统默认从信用卡扣款，卖家可以自行更改为从销售余额中扣款，如图 3-14 所示。

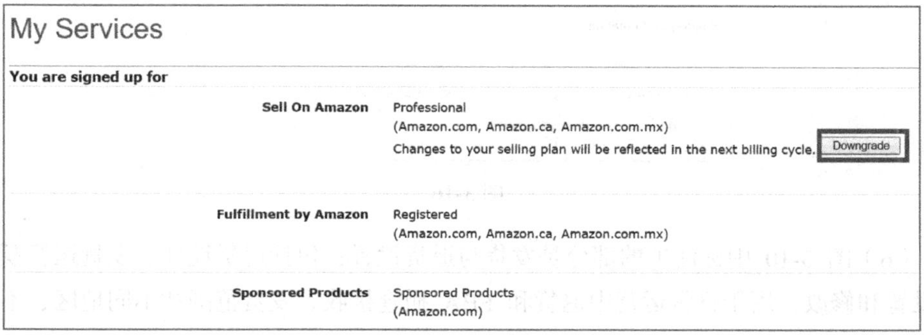

图 3-13

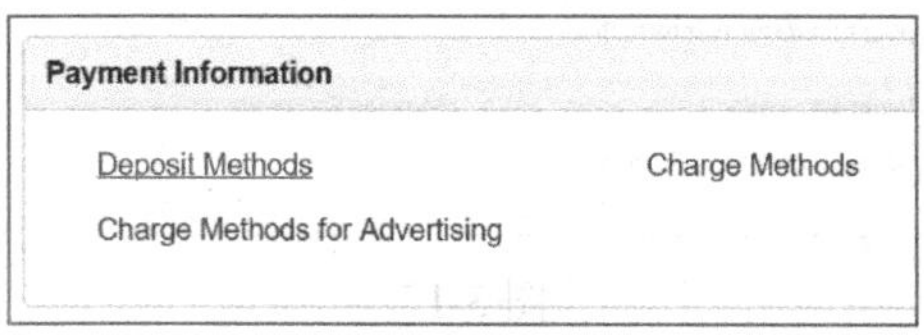

图 3-14

Charge Methods for Advertising 设置，勾选 Seller Account Method 选项，然后点击 Change（更改）按钮，如图 3-15 所示。

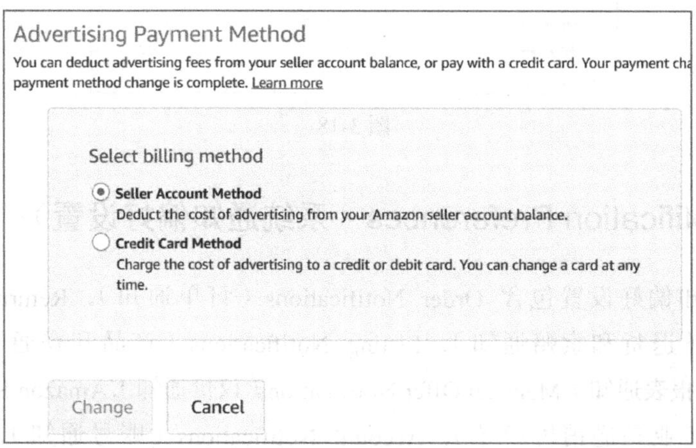

图 3-15

（5）图 3-10 中标注ⓔ的部分是商业信息设置：包括公司地址添加和修改、法人信息（不可直接修改）、办公注册地址信息、卖家凭证（Merchant Token）等，其中卖家凭证由系统自动生成，不可修改，用于和第三方软件对接时使用，应注意保密，如图 3-16 所示。

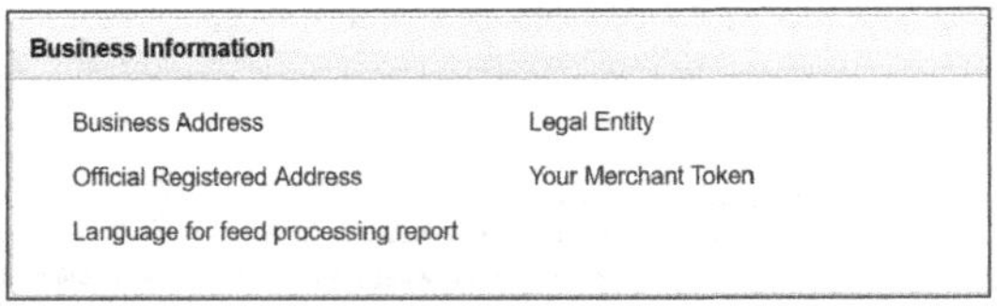

图 3-16

（6）图 3-10 中标注ⓕ的部分是发货与退货设置：包括退货地址、发货运费模板的设置和修改，用于日常运营中退货和 FBA 撤仓接收、发货范围和不同地区、不同阶段的运费标准的设置等，如图 3-17 所示。

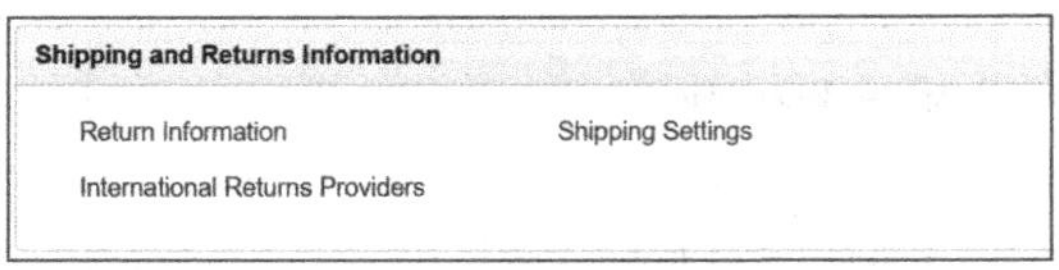

图 3-17

（7）图 3-10 中标注ⓖ的部分是税务信息设置：税务信息注册过程中已经填写了，日常运营中一般不需要再做填写和变更，如图 3-18 所示。

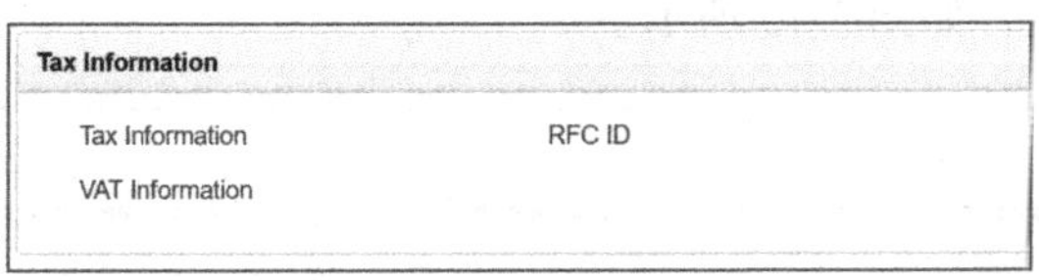

图 3-18

3.3.2 Notification Preferences（系统通知偏好设置）

系统通知偏好设置包含 Order Notifications（订单通知），Return and Claim Notifications（退货和索赔通知），Listing Notifications（产品刊登通知），Report Notifications（报表通知），Make an Offer Notifications（议价通知），Amazon Selling Coach Notifications（亚马逊销售指导），Account Notifications（账号通知），Emergency Notifications（紧急通知）等，卖家可以根据实际需要，设置不同的邮箱接收不同类

型的系统通知邮件，避免因为没有及时接收到邮件而造成处理和回复的延误，如图 3-19 ~ 图 3-24 所示。

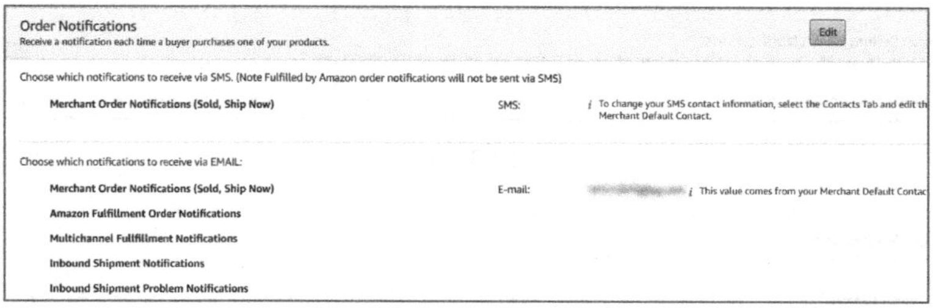

图 3-19

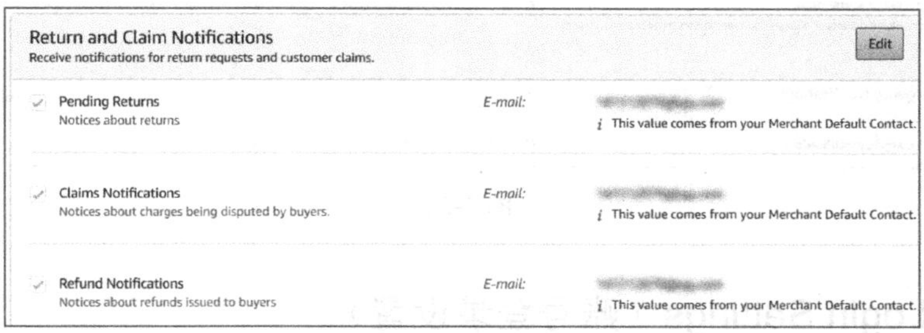

图 3-20

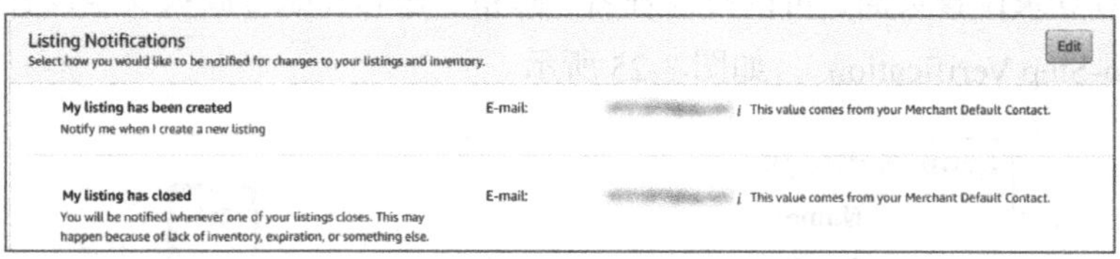

图 3-21

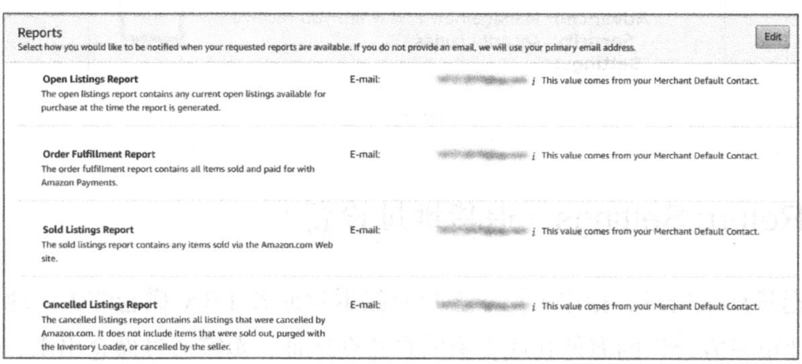

图 3-22

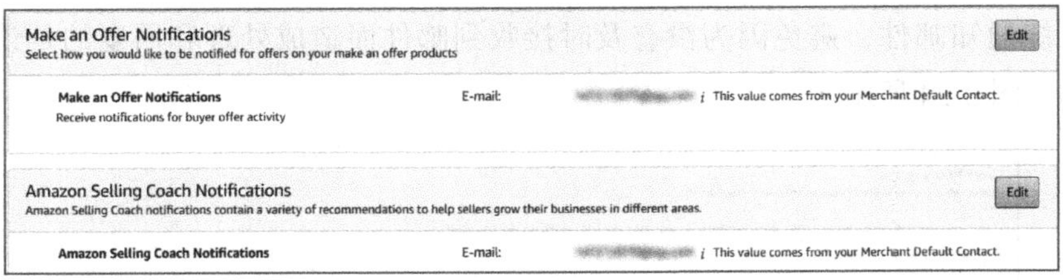

图 3-23

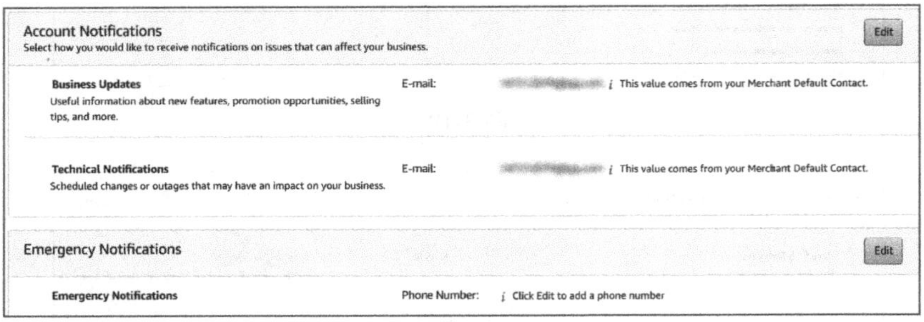

图 3-24

3.3.3 Login Settings（账号登录设置）

在账号登录设置页面，可以修改姓名、邮箱、密码和账号高级安全设置项（二步验证，Two-Step Verification），如图 3-25 所示。

图 3-25

3.3.4 Return Settings（退货地址设置）

添加退货地址信息，指添加用于客户直接退货或者 FBA 撤仓的美国地址，通常是站点当地第三方合作的海外仓或卖家的自建仓地址，卖家通过撤仓出来，然后由仓库协助处理客户退货、不良品维修或更换产品标签重新入仓等服务，如图 3-26 所示。

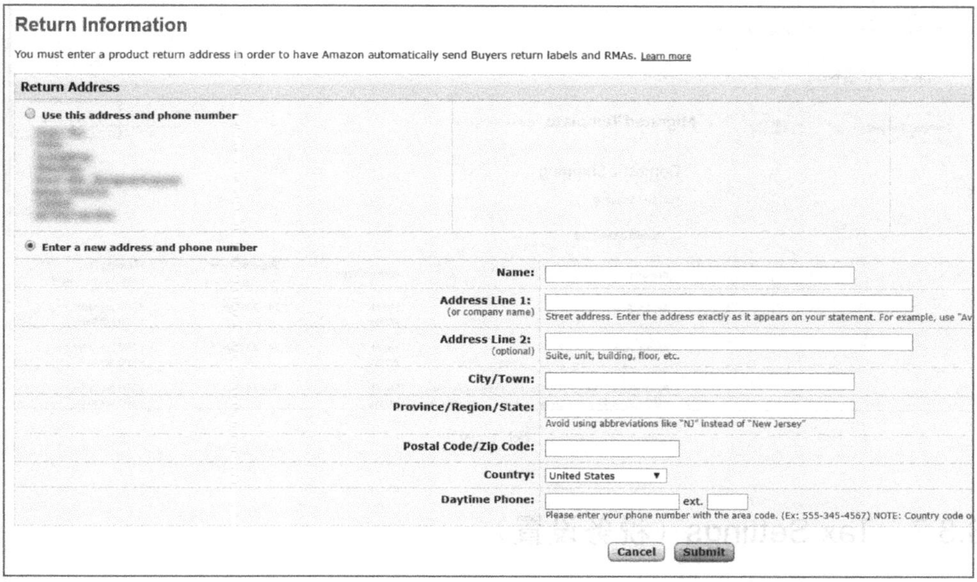

图 3-26

3.3.5　Gift Options（礼品选项）

Gift Options 包含 Gift Messaging（礼品留言服务）和 Gift-Wrap（是否提供礼品打包服务）两项，对大部分卖家来说，在运营中并不能实现这两项服务，所以可以直接忽略，如图 3-27 所示。

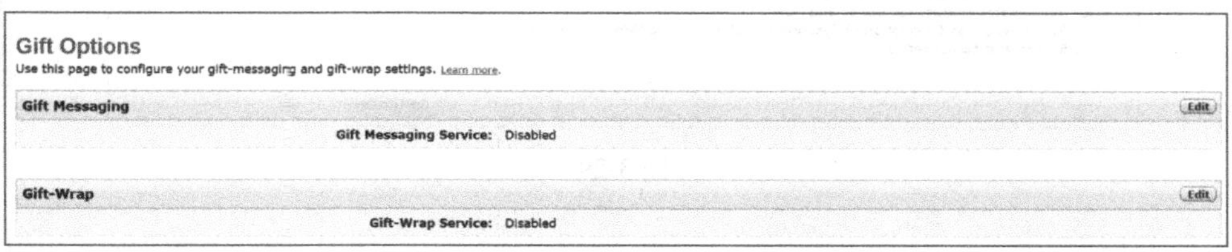

图 3-27

3.3.6　Shipping Settings（发货及运费设置）

在发货及运费设置中，卖家可以设置包括发货地、发货运费模板等内容，可以根据发货范围和不同的收件地区、不同阶段的订货数量等设置不同的费率标准，如图 3-28 所示。

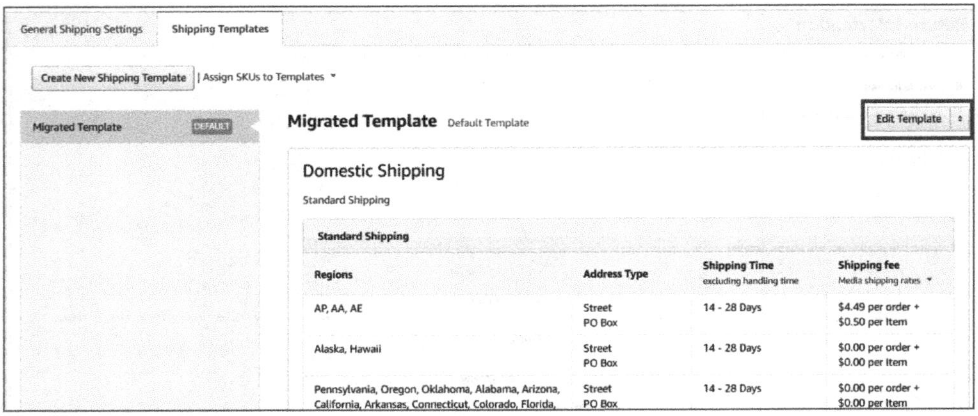

图 3-28

3.3.7 Tax Settings（税务设置）

需征税的卖家（以美国公司资料注册的卖家）可以通过税务设置查看征税的计算方法、征税义务和条款，以及其他相关的税务事宜方面的设置等。一般卖家以默认设置即可，如图 3-29 所示。

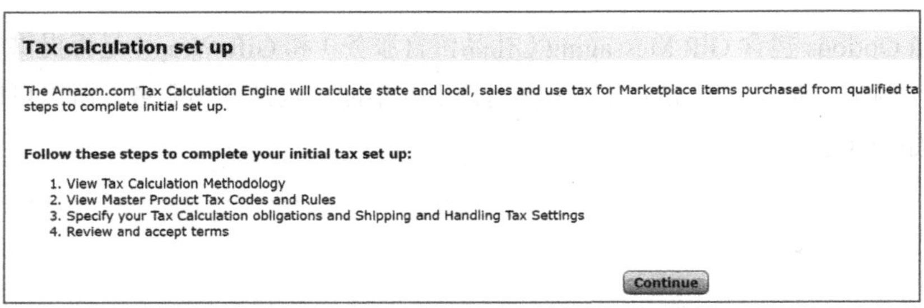

图 3-29

3.3.8 User Permissions（子账号设置）

子账号设置允许卖家添加多个子账号并分别设置不同的操作权限，从而实现不同操作人员负责不同职能，或者不同办公地点的多名人员同时分别处理各自所负责事项的功能。

点击 Add a New Seller Central User 按钮添加子账号邮箱，然后点击 Send invitation（发送邀请）按钮（图 3-30），系统会发送邮件到子账号邮箱，用户在收到邮件后点击邮件中的链接注册成为子账号。

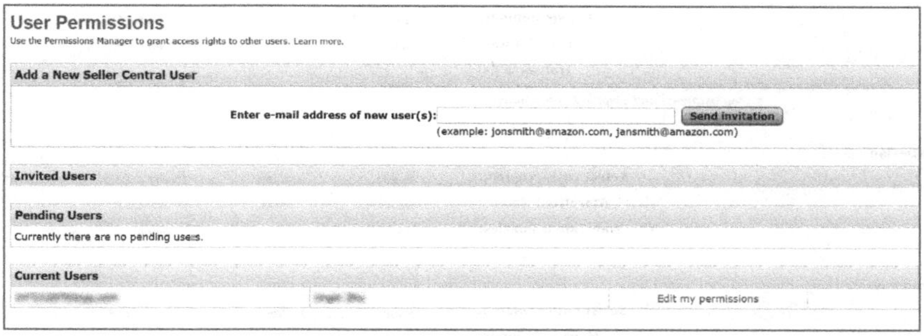

图 3-30

新添加的子账号会出现在 Invited Users 和 Pending Users 下面，主账号操作者点击 confirm 按钮确认后，添加为正式子账号，主账号可以设置子账号权限。

在子账号权限设置中，可以设置包括 Inventory（库存），Pricing（价格），Advertising（广告），Orders（订单），Store Design（店铺设计），Amazon Pay（亚马逊付款），Reports（报表），Settings（设置），Media Upload（媒体上传）和 Internal/Administrative Tools（内部/管理工具）等内容（图 3-31）。其中 None 表示无权限，View 表示只限于浏览权限，View & Edit 表示可以浏览和编辑修改，Admin 表示最高管理员权限的主账号，如图 3-31 所示。

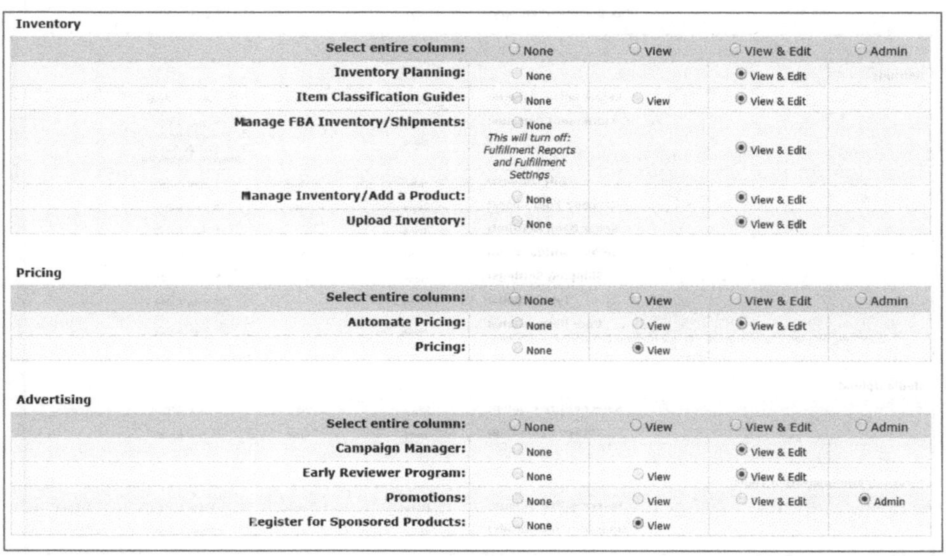

图 3-31

Orders

Select entire column:	○ None	○ View	○ View & Edit	○ Admin
Manage Orders:	○ None	○ View	● View & Edit	
Manage Refunds:	○ None		● View & Edit	
Manage Returns:	○ None		● View & Edit	
Transactions: *Enables scheduling and download of Order Reports, and upload of Adjustments and Shipping Confirmations.*	○ None		● View & Edit	

Store Design

Select entire column:	○ None	○ View	○ View & Edit	○ Admin
Storefront Names:	○ None	○ View	● View & Edit	
Your Info & Policies:	○ None		● View & Edit	

Amazon Pay

Select entire column:	○ None	○ View	○ View & Edit	○ Admin
Manage Refunds:	○ None		● View & Edit	

Reports

Select entire column:	○ None	○ View	○ View & Edit	○ Admin
Amazon Selling Coach:	○ None	● View		
Business Reports, Sales Summary:	○ None		● View & Edit	
Customer Metrics:	○ None	● View		
Feedback:	○ None	○ View	● View & Edit	
Fulfillment Reports:	○ None	● View *This will turn on: Manage FBA Inventory/Shipments*		
Operations Report: *A-to-z Guarantee Claims*	○ None	● View		
Payments: *Enables access to the Payments report and visibility of the home page Payments Summary.*	○ None		● View & Edit	
Product Ads Invoice History:	○ None	○ View	● View & Edit	
Product Ads Performance Reports:	○ None	● View		
Promotions Performance:	○ None	● View		
Sell Globally: Getting Started:	○ None	○ View	● View & Edit	
Seller Fee Tax Invoices:	○ None		● View & Edit	
Tax Document Library:	○ None		● View & Edit	

Settings

Select entire column:	○ None	○ View	○ View & Edit	○ Admin
Fulfillment Settings:	○ None		● View & Edit *This will turn on: Manage FBA Inventory/Shipments*	
Gift Options:	○ None	○ View	● View & Edit	
Manage Your Cases:	○ None	○ View	● View & Edit	
Seller Bank Account:	○ None		● View & Edit	
Seller Configuration:	○ None	○ View	○ View & Edit	● Admin
Shipping Settings:	○ None	○ View	● View & Edit	
Tax Settings:	○ None		● View & Edit	
User Permissions: *Warning: by granting this right you are making this user a superuser.*	○ None		● View & Edit	

Media Upload

Select entire column:	○ None	○ View	○ View & Edit	○ Admin
Image Uploading:	○ None	○ View	● View & Edit	

Internal/Administrative Tools

Select entire column:	○ None	○ View	○ View & Edit	○ Admin
Upgrade/Downgrade:	○ None		● View & Edit	

图 3-31（续）

3.3.9　Your Info & Policies（卖家信息和卖家政策设置）

在 Your Info & Policies 里，卖家可以设置自己的公司信息、Logo、隐私政策、常见问题、发货描述等内容，如图 3-32 所示。

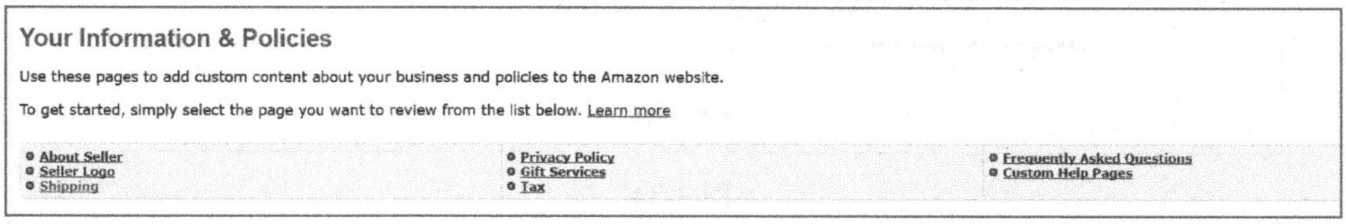

图 3-32

由于亚马逊平台的特性和亚马逊用户的购买习惯，只有很少部分的用户会关注卖家信息和政策页面的内容。

3.3.10　Fulfillment by Amazon（亚马逊完成代发货的服务）

关于 FBA 的相关设置中，标签打印和分仓/合仓是较常用的两个设置。在 MWS Label Service 栏中，建议卖家选择自己打印产品标签的方式，如图 3-33 所示。

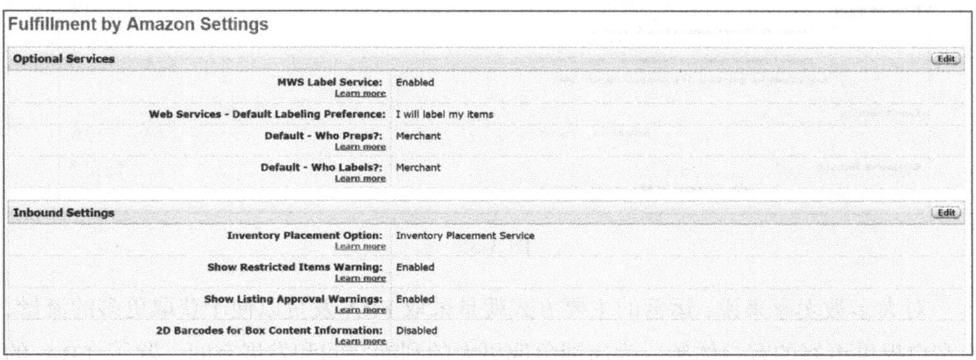

图 3-33

在 Inbound Settings（入库设置）的 Inventory Placement Option（分/合仓选项）中，卖家可以根据自己的发货数量、重量、分仓后造成的运费增加和合仓所产生的合仓费用等费用的比较，选择合仓/分仓服务，如图 3-34 所示。

FBA 设置中的其他设置如图 3-35 所示，对于每一项设置的详细内容，卖家都可以通过点击 Learn more（了解更多）查看相应的细则，然后进行针对性的设置。

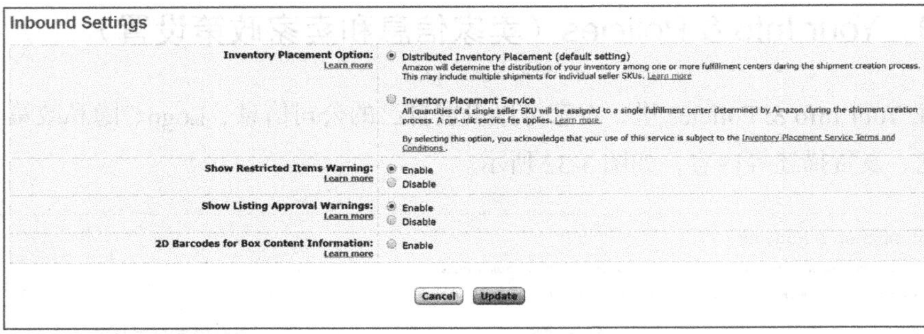

图 3-34

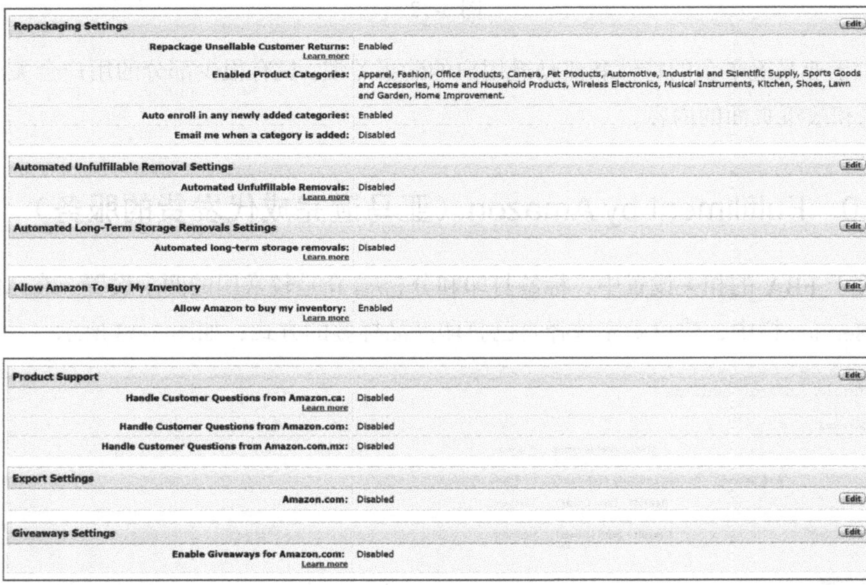

图 3-35

对大多数卖家来说，运营的主要方式就是采取 FBA 发货以便于获取更多的流量，为客户提供更好的客户体验，为店铺争取更大的利润空间和发展空间。除了 FBA 的基本设置外，关于 FBA 操作中更多的注意事项和操作技巧，我们将在第 11 章做更详细的讲述。

到这里，亚马逊卖家中心各个模块的内容就全部介绍完了，卖家可以根据后台的各个模块，结合实际运营的需要，有针对性地设置和应用。

卖家中心的操作只是卖家日常运营中最基础的内容，在随后的章节里，我将带着大家一起，了解更多的亚马逊运营技巧和高阶玩法。

第4章

极致选品，亚马逊制胜的首要法宝

本章要点：

- 选品逻辑
- 选品要素
- 刚需选品
- 选品方法

4.1 亚马逊选品的逻辑

因为读到我写的亚马逊选品重要性的文章，有读者联系我说，选品很简单啊，我每天可以选一二十条产品出来。

细问之下才知道，因为公司老板是从速卖通转型做亚马逊的，所以要求员工每天要发布不少于10条产品，重压之下，员工们也练就了每天选品20条的功力。再问及他们的销量如何，读者答复运营最好的店铺每月的销售额也只有区区几千美元。这哪里叫什么选品，这分明就是瞎撞+胡闹。

既没有选品的依据，又没有选品的逻辑，所有的选择都仅凭感觉，感觉好就卖，看不对眼了就放弃，这样的操作方式只会出现在“无知者无畏”的新卖家身上。而这样的选品方式带来的结果就是，一直忙碌地选择，从不停止地发布，店铺里铺了很多货，却没有一个可以拿得出手的销量不错的产品。亚马逊圈流传着一句玩笑，“亚马逊选品有个别称叫摸奖，往往是十摸九不中”，说的大概就是这种卖家了。

我和很多大卖家交流过，大家一致认为“七分在选品，三分在运营”，选品才是运营好一个亚马逊店铺的最核心工作。如果选品选得好，那么运营就有了基础，如果选品没选好，那么花费再大的精力运营打造也只能事倍功半，甚至是白白浪费。

所以我们经常说，亚马逊运营之难，难在选品。

在亚马逊平台，多SKU的杂货店在平台A9算法规则下没有任何竞争优势，你可以在速卖通、eBay上多铺货，几千上万个SKU都可以，然后以量取胜，如果做Wish，你也必须多铺货，多多益善，但亚马逊平台的运营不一样，必须精品！必须精细化运营！

在某次跨境电商行业会议上，Wish平台的代表上台发言说，做Wish，要想成大卖，请大家一定要记住：铺货！铺货！铺货！铺货！台下观众一片大笑。随后，轮到亚马逊平台的代表上台发言，她说，要想做好亚马逊，原则只有一个：不要铺货！不要铺货！不要铺货！不要铺货！台下的观众彻底沸腾了。

是的，这就是亚马逊和其他跨境电商平台的最大区别。

不要铺货，意味着你必须精选产品，做精细化运营。在亚马逊平台上运营，不在于你有多少产品，而在于你对选定的产品倾注了多少心血。只要用心，即便只有很少的产品，照样可以做出很牛的业绩。

那么，对亚马逊平台的卖家来说，究竟该选择什么样的产品呢？

高品质的产品。品质优良虽然是每个平台都在强调和追求的，但对于亚马逊平台来说尤甚。据国外媒体统计，亚马逊平台的消费者的整体消费水平要远高于 eBay 等其他平台，以美国为例，在美国消费者的认知里，eBay 类似于淘宝，亚马逊则是京东或天猫。对平台认知的不同，决定了消费者对产品品质的期望也不一样。在亚马逊平台上，卖家可以接受高一点的价格，但也一定要求产品要有较高的品质，所以，对卖家来说，只有高品质的产品才能满足消费者的预期。

适中的价格。我这里说的适中不仅仅是指同类产品、同款产品情况下的价格适中，更是指选品不要选太高价格的产品，也不要选太低价格的产品。如果价格太高，消费群体数量有限，没有量的支撑，打造爆款不易。同时，如果一款产品的价格高成本就高，对卖家的备货和运营资金也是非常大的考验，而价格太低的产品，比如 0.99 美元包邮，即便有销量，一番忙碌下来，没有赚到利润，又何谈运营的成功？！

专精的筛选。既然亚马逊的运营不能靠铺货取胜，既然运营中要求我们冲着打造爆款的目标去，那么在选品上卖家一定要做到专精的筛选。专，是专注；精，是精通。在选品上，我们要有“1 厘米宽，100 公里深”的深挖精神，专注于一个行业打造自己的绝对优势，构建自己的护城河，只要做到了专精，就拥有了制胜的法宝。

有亚马逊卖家请我帮忙做店铺诊断，我看了他的店铺后回复他，你虽然发布了这么多产品，但其实只是一个产品，只有一个关键词呀，500 多条 SKU 全部是同款不同色，消费者该怎样选择呢？你在和谁竞争呢？又该如何打造呢？选品，忘了精品化这个思路真不行。

4.2　玩转亚马逊选品的六大要素

在亚马逊运营中，始终有这么一种说法，**“七分靠选品，三分在运营”**，亚马逊的运营，说到底是基于产品基础上的运营，而亚马逊平台**“重产品，轻店铺”**的特点，让产品在运营中的地位显得尤为重要。

选品的重要性有目共睹，只有具备了好的选品思维，才能够选择到符合市场需求的产品，为后期的运营做良好的铺垫。

亚马逊卖家该具备怎样的选品思维呢？在实际运营的过程中，我把选品思维总结为六个要素：**泛、专、精、坚持、重复和数据分析**。

泛：对亚马逊卖家来说，选品的第一步是要有大范围、多类目的选品思维，在选品前期，卖家不应该局限于某个单一类目，只有经历了广泛的选品历练，才能够帮助卖家更快地熟悉平台上不同类目产品的不同销售状况，基于对多个类目下无数个产品的接触和了解，才更容易发掘出自己感兴趣的、有市场潜力的类目和产品。然后，以此为基础，发展的速度才会快。如果在前期的选品中就把自己局限于某个单一类目，一路走过，经历很多挫折之后又发现原来有更好的、更易于运营的类目和产品，其失落感也一定是很强烈的，而关键是自己已经错过了很多时间和机会。所以，在前期的选品中，卖家一定要广泛涉猎，熟悉尽可能多的类目和产品。

专：基于第一阶段的广泛了解，通过多个类目的对比分析之后，卖家就会发现自己感兴趣的、有资源优势且销量和利润都不错的类目。在此情况下，选品方向基本确定，卖家就需要往专的方面努力了。当前的市场竞争激烈，信息几乎对所有人透明，作为卖家，如果对自己所销售的产品不熟悉、不专业，仅仅靠大杂货、泛了解的状态，是很难有所作为的。要想在激烈的竞争中比竞争对手更强、要想获取更多的市场份额，就先打造自己在产品专业知识上的深度和高度吧。只有具备了比竞争对手更高的专业度，只有对类目和产品挖得更深，才能具备一招制胜的可能性。从这个意义上，专注的精神在运营中非常重要。

精：随着卖家对自己所经营类目的专业知识的增加，对产品的理解越来越深刻，在此基础上，卖家在选品上要做到精挑细选、反复甄选。按照“二八定律”，往往 20%的产品会带来 80%的利润。作为卖家，一定要尽可能地挖掘出那 20%销量大、利润率高的产品，而要想挖掘出来，离开对行业、类目和产品的精通，是实现不了的。在精品筛选过程中，前文提到的专业度和专注力就成了很好的助力，对产品的专业度和精通程度也决定着你在一个行业可能达到的高度。

坚持：在运营中，选品是一个长期的过程，贯穿于运营的始终，卖家不能抱有一劳永逸的心态。今天的热销产品不意味着明天依然可以卖得好，今年的爆款到了明年销量可能戛然而止。所以，卖家要把选品作为日常运营中的常规性工作来做，在拥有热卖爆款的同时，不要忘了开发符合明天趋势的新品。在亚马逊的选品上，卖家要居安思危，每天的坚持必不可少，长期的坚持才会让你对市场越来越熟悉，选品越来越有经验，而时间和经验的沉淀都会演变为运营中的优势。

重复：坚持的过程就是一个重复和反复练习的过程。重复着最基本的动作，很多人会渐渐厌倦了，失去了激情和斗志，这也就是为什么经常会出现一些卖家凭一款产品引爆市场成为明星之后，很快又沉寂下去消失在茫茫人海中的原因。为了保持运营业绩的长期稳定，卖家一定要能够坚守对基本工作的持久热情和激情。选品工作单调，做多了可能觉得无趣，但只要能够长期坚持、反复甄选，一定会有新发现，认知也会达到新高度。卖油翁可以油穿钱孔而不沾壁，为什么呢？唯手熟耳！重复的练习是关键。

数据分析：在选品初期，很多卖家选品也许是凭感觉和当下的直观感受，随着运营的推进，发展到一定阶段后，当你已经修炼到拥有了像手熟的卖油翁那样的功力，此时你具备了足够高的专业度，对行业也足够熟悉，在此情况下，你可能会对几乎所有产品都有所了解，在产品的选择取舍上，单纯依赖自我的认知则可能让你错失机会，为了克服认知偏见造成的错失良品的情况出现，对于一个运营熟练的卖家，在选品上则可以基于经验的同时，用数据分析做辅助。很多的数据选品工具，比如卖家常用的 BigTracker 等，都可以实现基于平台从多维度抓取流量数据、竞品数据和平台销售数据等信息供我们参考和使用，相对于个人认知的不全面而言，多个维度的数据结合可以让我们对产品和市场的认知更客观全面，也更容易抓住被自己忽视的潜在爆款产品。

在亚马逊的选品上，如果卖家能够坚持以上六个要素，并且在日常运营中长期坚持，一定可以筛选出适合自己销售的，可以带来高曝光、高流量、高销量的产品，运营之路将不再难。

4.3　从一个小卖家的选品样本看如何刚需选品

有学员打来电话，询问实操中遇到的问题，为其解答后，学员略带兴奋地说，老师，我想给你讲一讲我现在的经营状况。

在学员的讲述中，我了解到当前他的店铺里只有 5 款产品在售，但这 5 款产品，不是任意几个产品的简单选择，每款产品都是学员在经过多次选品、多次筛选之后，经过销售测试和过滤淘汰之后才保留下来的。另外，为了和竞品差异化，学员还对这几款产品做了改良，避开了竞争，突破了利润瓶颈，每款产品都保持较高的利润率。

学员还在创业初期，自己一个人打理店铺，每个月销售金额有 5 万美元左右，销售金额虽然不高，“但我的利润率很高”，学员兴奋地强调。

在和学员的交谈中，我大概提炼出了他在运营中的几个特点：刚需选品，反复试销，产品升级。

我多次强调，对亚马逊平台上的中小卖家来说，选品起着非常重要的作用，“七分靠选品，三分在运营”，可即便如此，很多卖家虽然知道了选品的重要性，却不知道如何才能选出所谓的刚需产品。

经常被卖家问到，老师，我按照你的刚需选品建议，经过多方考量，决定卖手机壳，你觉得怎么样呢？我反问，你为什么觉得手机壳是刚需产品呢？因为人人都需要啊！卖家回答。

如此理解刚需品，我只能是无语。

手机壳固然是很多人都需要的产品，从这个意义上说，它确实具备满足刚性需求的特点，但作为卖家，我们更应该知道的是，在很多人潜在需要的更进一层，其实包含着这么一个条件，那就是，每个需求手机壳的用户，他们的需求点各不相同，你喜欢红色的，我喜欢蓝色的，一个客户选择硬壳，而另一个客户可能更偏爱软壳。客户选择的多样性，造成的结果就是，作为卖家即便你准备 1000 个款式的手机壳，也未必能够满足你正好面对的这个客户的需求。客户没有选择你的产品的原因可能简单到只是一句“我不喜欢!”但作为卖家，面对这样的状况，你除了无奈，除了准备更多的款式，又能怎么样呢？当更新款的手机出来时，风向瞬间变了，你只能守着一大堆滞销的库存发呆。

那么，难道卖手机壳一定就不行吗？也不是。确实就有专卖手机壳的卖家在亚马逊上每天出货都在千单以上。很羡慕？可如果我再告诉你，那个每天出货上千单的卖家，他们店铺里的手机壳有超过 15000 个 SKU！你是否还羡慕？累死！

兴许你会说卖手机壳的卖家中也有在做精品化运营而且成功了的呀！也许有。但如果我告诉你这些在手机壳上打造出爆款的卖家甚至会为一个爆款投入二三十万元的前期营销费用，你又会怎么想？

竞争激烈的类目、高额的营销投入意味着非常高的运营风险，但风向瞬息万变，高风险未必就一定能够带来高利润。如果很不幸，投入都打了水漂呢？

我说的刚需选品是指产品首先是能够解决用户某方面功能性需求不可缺少的物件，同时，用户在选择解决和满足该需求时往往不会过多在意产品的款式、外观、颜色等要素，即用户对功能性需求的追求大于对款式、外观、颜色等主观要素追求的产品。这类产品，买家买得随意，卖家卖得省心。

举例来说，比如 Kitchen Timer（厨房计时器），我们尝试模拟一下场景，当你考虑为了把晚餐做得更美味，对火候把握更精准时，你计划为厨房添置一个计时器，你的脑海里仅有一个“厨房计时器”的概念，在这个场景下，你真在意款式、颜色、特殊功能等这些外在条件吗？对大多数消费者来说，真没在意；再比如户外烧烤时用的 BBQ 烧烤架，你正在筹划一场周末的户外野炊，烧烤架进入了你的购物清单，你会要求自己一定要一个特定颜色、特定款式的烧烤架吗？恐怕也没有。

这才是我希望大家理解和关注的刚需产品。重新理一下我们的思维，当你思考一个产品时，如果你需要的是功能，而没有在其外在要素上吹毛求疵、反复挑剔，这就意味着，你发掘到了一个满足市场某种需求的刚需产品了。

所有的选品，最终的指向都是消费者。用户考虑的侧重点不同，影响着卖家选品备货的简单与复杂。所以，对卖家来说，在选品阶段，不妨换一个角度看问题，站在用户需求的角度考虑，你的选品思路可能就大不一样了。

选择了一款好产品，并不意味着你就能够卖到爆，很多时候，一款产品卖得好与不好，除了努力外，也会有很多我们无法把握的因素。这样就会导致另一种结果，明明平台上很热卖、市场容量很大、别的卖家卖得很好的产品，你可能偏偏就是卖！不！动！这该怎么办呢？

很！简！单！

如果选品上架之后，经过测试销售，用尽各种技巧和方法，都没有办法打造起来，那么，果断舍弃就是了。

很多卖家可能会纠结于自己已经在这些产品上投注的心血和成本，但你更应该明白的是，如果耗在一个无论如何都打造不起来的产品上，会耗费你本来可以用在其他产品上并产生出很好结果的机会。

经历过恋爱的人都知道，一个烂人可能会消耗掉你本来可以遇到一个好人的运气。选择产品也是如此，沉没成本已经发生，要快速止损，然后，努力打造下一个更可能成功的产品才是正途。

关于精品的筛选，我的建议是，你需要查看、评估 5 ~ 10 款产品，然后从中选择一款产品，在 10 款产品的前期试销中，你要根据销售状况和客户反馈情况，过滤筛选后，保留 3～5 款产品。然后，在淘汰掉试销不成功的产品的同时，补充新的选品进来，继续销售和淘汰……如此一轮又一轮下来，如果你想打造一个拥有 20 款产品且每款销量都不错的店铺，大概需要经历 60 款产品的选品、试销和淘汰，而你需要评估的产品数量则有可能多达五六百款。

如此庞大的数量，又回到我们应该拥有并贯彻的一个理念：量大才是制胜的关键。无论哪个行业，没有谁能够轻轻松松就取得成功，要努力，要比别人付出更多，才可能收获更多。

在运营中你会发现，任何产品的销售都不会是一帆风顺的，今天你为一款卖到爆的产品而欢呼雀跃，明天就会有大批卖家涌入，蓝海瞬间变成一片红。对选择了公模产品的卖家来说，一个绕不开的话题就是正卖得好的产品被跟卖了。好一点的结果是，猫捉老鼠，你赶我走，不驱赶时我再回来，而如果遇到死皮赖脸的或者不怕死的跟卖者，任由你如何驱赶，他都岿然不动、不理不睬，也实在让人恼怒。

注册商标然后做品牌备案固然可以在一定程度上防止被跟卖，可这并不能做到绝对不被跟卖，真正要解决跟卖只有一种方法，那就是——我有，你没有。当一个产品属于自家独有时，跟卖者因为无法解决货源的问题，自然也就不跟卖了。

要选择“我有你没有”的产品，开模、独家专供或包销都是当前跨境电商卖家们比较常用的方式。如果拥有好的供应商资源，你可以通过专供、包销的方式降低前期的资金投入，而如果你资金实力足够，能够独家开模的话，因为模具所有权归你，对产品的话语权就更增添了不少，比如前文写到的学员，他所销售的几款产品，要么独立开模，要么独一无二，没有直面的竞争，所以才能够理直气壮地说，“我的利润率很高”。

当然，关于是否要开模，卖家也不要盲目冒进。开模的决定需要基于前期试销所得出的市场反馈，如果一个产品未经市场调研只是为了追求独特性而盲目开模，可能会让你的运营更被动。

关于运营中如何防范产品被跟卖以及面对跟卖的应对策略，读者可以查看第 7 章。

4.4 选品，是一个从选择热卖到满足刚需的进阶过程

在讲到亚马逊运营时，我经常会讲，运营之难，难在选品，选品选对，事半功倍，

选品不对，努力白费。可也经常遇到一些卖家，谈及亚马逊，总会纠结于不知道该卖什么产品，选品没有方向，更无从谈起选品策略。

其实，就选品来说，说简单也简单，说难也难。简单之处在于，平台上有那么多可以模仿和学习的对象，我们敞开心态学习、模仿，就可以进展得很快。可是，困难之处也在于，学习需要过程，仅靠模仿意味着很难在短期内取得突破和超越。

但无论怎么说，选择跨境电商行业，选择亚马逊平台，选品必然是每个卖家都绕不开的话题，怎样做才可以更快速上手、更迅猛发展呢？

对大部分卖家尤其是中小卖家来说，选品的第一步是不要纠缠于所谓的研发驱动，不要太高估自己的眼光，而要把选品放在平台热卖品上（具体如何选择平台热卖品，我在后面的章节里会有详细的讲解）。

平台上热卖的产品，本身意味着有较大的市场容量，而且已经被消费者认可和接受，卖家不需要再培养市场，只需要做好销售就可以了，成交和销量就是激励我们向前的驱动力。

也许已经热卖的产品的利润率达不到我们预期的那么高，但那又何妨，对新卖家、小卖家来说，做的就是从无到有的过程，从不熟悉平台、没有订单，到有了些许订单，然后，在订单处理和客户沟通的过程中一步步熟悉平台规则，进而熟练应用平台的各项功能，掌握各种运营的技巧，这就是卖家成长的必经之途，而最快的成长恰恰是在实践中学习和进步。所以，从热卖品入手，快速接到订单，才是作为卖家在亚马逊平台上生存和发展至关重要的第一步。

随着对平台规则的熟悉和运营技巧的熟练，随着对行业了解的深入，在运营中卖家会逐步总结出自己对市场的认知，开始学会挖掘用户的需求点，意识到解决用户痛点的重要性。同时，在销售的过程中，卖家会逐步整合出符合自己需求的供应链资源，在此基础上，为了实现更高的利润率，卖家可以从用户需求出发，结合自己的供应链资源优势，对原有产品升级改良，或者独家开发具有独特卖点的产品。至此，卖家就可以避开一片红海，进入具有更高利润空间的蓝海市场。

虽然蓝海市场是每个卖家都期望的，但绝对不是每个人都能够拥有的。一个饥饿的人吃到第六个烧饼时终于吃饱了，打着饱嗝埋怨，早知道这第六个烧饼能吃饱，就不吃前边的五个烧饼了。这是一个愚人愚事的笑话，可是，对亚马逊卖家来说，我们同样需要认识到并努力做到的就是，在无数的产品中选择，在选择出的产品中试错，一步步前行，不懈地努力，只有这样，我们才能找到可以喂饱我们的第六个烧饼。

查理·芒格说，在科学界和商界有一条非常古老的守则，它分成两步：第一，找到一个简单的、基本的道理；第二，非常严格地按照这个道理行事。

亚马逊的选品也是如此。

4.5 选品，是一个试错和试对的过程

有学员找我聊天，讲述他选品成功后的喜悦心情。卖家运营亚马逊店铺不久，接触到的选品也不多，刚开始选择一款产品时，该学员专门向我询问情况，因为我们自己的电商团队也正好在销售此产品，我知道该产品属于刚需品，销量好，利润高，几乎不存在质量问题，客户满意度高，是少有的低价产品中的高利润产品，所以当该学员带着疑虑咨询时，我鼓励他大胆去做。

该学员做了，取得了不错的成绩。按照该学员自己的说法，“我没想到可以卖这么高的价格，利润会这么好。”期间曾因为担心会断货，该学员一度把价格涨到 15.99 美元，依然有不错的销量。要知道，该学员选择的产品，进货成本只是六七块钱呀。

任何一个选品的过程，其实都包含着两个步骤：第一步，选择刚需的、市场容量大的、利润率高的产品；第二步，针对选定的产品，通过对平台上竞争对手们的分析（包括价格、款式、好评、差评，以及销量评估等要素），确定自己在具体产品上的选择。第一步是确定方向，第二步是细化到产品。

好的产品有了，还少不了对产品页面的优化，只有优秀的 Listing 才能吸引更多消费者点击和购买。该学员也正是这么做的。“这款产品，就如你当初给我讲的，我查看了很多消费者的评价，然后根据评价中反映的问题，选择了质量比较好的款式，整个 Listing 页面也做了精心的编写，产品页面做到了既体现出产品的关键词，又很好地展示了产品的独特卖点。”该学员如是说。

如此这番下来，一个刚需的产品在该学员的用心打造下，完美地呈现在消费者面前，期望的销量有了。面对节节攀升的销量，该学员的信心也足了。

该学员选到了一款好的产品，增强了做下去进而做大做强的信心，可是，更多的卖家则深陷在选了一大堆产品却没有销量，占压了资金也耗尽了信心的迷茫状态中。

那么，我们究竟该如何看待亚马逊运营中的选品呢？我一直觉得，选品的过程就是一个不断试错和试对的过程。

没有谁能够保证选出来的产品一定能够卖到爆，有时候，即便别人卖得很好的产品，你也有可能一个都卖不动，所以，选品的好坏和运营的成功与否，只是一个概率问题。当然，如果选品思路正确，成功的概率就大一点，而选品思路错误，失败的概率就大一点。

既然是概率，自然就引出另一个因素——数量。量大是制胜的关键，选品的数量越多，成功的机会就越大，一款产品不成功，另一款产品却成功了，这样也是不错的结果，但如果你只做了一个选品，失败了，就真的失败了。

我在和很多大卖家交流中发现，基本上卖得好的产品，大概只是店铺总产品数量的百分之二三十而已，虽然确实可以听到一些富有传奇色彩的卖家，整个店铺一两款产品却能够日出几百单、年赚几百万元，但对大部分卖家而言，店铺中的爆款产品基本上还是符合二八定律的，能够给你带来超额利润的，只是你选品中的20%而已。

所以，卖家要想取得运营上的成功，选品的基数还是必要的，要做到一定数量才行，这里不是要求你铺货几百几千条，但至少你应该精选二三十条产品吧！

在和卖家交流的过程中，最让我无语的是，一些人会说，“我选品比较谨慎，半年来我总共选了三款产品，但销量都不好，所以我很发愁，不知道该怎么办了。”

对于这样的卖家，我只想说，你那不是谨慎，你那是懒。是病，得治！

很多时候，“量大是制胜的关键”都是一个颠扑不破的真理。选品也是。先把量做起来再说。结果无非是，选对了产品，暗自庆幸的同时信心也来了；如果选错了，重新再选就是了。

听过另一个学员讲自己的选品经历。因为刚开始不懂市场，再加上从 B2B 转型做亚马逊，习惯性的大批量订货。初次的选品，学员就单品发 1000 个到 FBA 仓，结果发现五款产品中的两款完全卖不动，随后总结经验，又选了新的产品，但 FBA 仓位却用完了，该怎么办？学员果断销毁卖不动的库存，腾出仓位给新品入仓。虽然损失了几万块的成本，但因为新选的产品符合市场需求，产品入仓上架，很快就有了订单，如今，销量日益见涨，学员也早已突破日销 1 万美元的门槛了。

选品，没有谁可以做到每次都能够选到爆款，但对每个卖家来说，都应该把选品的好与坏看成成长过程中的正常经历，快速地行动，平静地接受。然后，总结和学习，不知不觉间，你已经超越了很多人。

很多时候，你之所以不成功，不是比别人不幸，而是没有像别人那样做大量的行动。亚马逊的选品也是如此。

4.6 卖家应该掌握的亚马逊选品三板斧

在亚马逊的运营中，最核心的东西是什么呢？

产品！

所以，一个好的亚马逊运营人员，首先应该是一个出色的选品专家。

好的产品，意味着能够满足用户的需求，能够解决用户的痛点，同时，能够做到“人无我有，人有我优”。虽然道理人人都懂，但在真正的实践中，大家往往还是会有一个大大的问号：具体该怎样制订有效的选品方案呢？

老魏我觉得，对于一个亚马逊店铺的负责人或者亚马逊运营人员，在选品上，要具备以下几项核心能力：思考、比较、复盘。阿里巴巴有一个知名的管理三板斧：揪头发、照镜子、闻味道，这恰恰和选品的能力需求有异曲同工之妙。

4.6.1 亚马逊选品三板斧之一：揪头发

对很多卖家来说，注册完账号之后，面临的第一个问题就是：卖什么？对产品不熟悉，对市场同样不熟悉，卖什么就成了一个问题。当一个卖家还处在不知道该以什么产品作为自己的销售方向时，非常有必要“揪头发”。

我们知道，当一个人在没有方向或者处在选择迷茫期时，往往会表现出一种思考上的焦虑，要么一片茫然，要么胡乱选择，在这个时候，需要以一种非常专注和投入的态度对待才行，而投入的表现之一就是揪头发式的思考——不在意自己的形象，不在意别人的看法，我要达成的就是全力地、全面地考虑和衡量。

所以，“揪头发”是一种极佳的状态，意味着你要忘我的向上思考。穷则思变，变则通，一个卖家能够做到全力思考，能够坚持否决与被否决，这个思考的过程，其实就是在进行大数据分析和筛选的过程。一个类目不行，接着评估下一个类目，一个产品不行，接着寻找下一个产品，在如此反复对比和过滤筛选的过程中，你的思路会越来越清晰，选品也会越来越精准。

在“揪头发”式思考的过程中，不知不觉间你已经走过了“量大是制胜的关键”的阶段。

4.6.2　亚马逊选品三板斧之二：照镜子

当一款产品被选出来时，这款产品的市场前景究竟怎么样？利润空间如何？是否能够成为畅销款？能否被打造成爆款？此时，一系列的问题涌现出来。面对这些问题，唯一能告诉你答案的，就是你的同行竞争对手们。

此时，对竞争对手的研究，对竞品 Listing 销量的评估，对竞品 Review 星级和低星 Review 的分析等，都成为运营的核心内容。研究竞争对手，在对比中可以让自己意识到思维的盲点和运营策略的误区，可以让自己少走弯路。虽然没有哪个竞争对手会详细告诉你他的运营策略和成功的原因，但只要你乐于分析、善于研究，你一定可以从竞品 Listing 的表现中挖掘出对自己的运营有帮助的信息。

而这个分析、学习竞争对手的过程，就是一个“照镜子”的过程，既学习了别人的长处，又发现了自己的不足。所以，在运营中，一定要经常“照镜子”，优缺点一目了然，运营才会更高效。

4.6.3　亚马逊选品三板斧之三：闻味道

通过“揪头发”式的思考和发掘，通过“照镜子”比较自己和竞品的差距，相信你已经有了自己的类目选择，可以选择出具体的产品，但再怎么全面的选品分析都不意味着选品成功。因为产品要进入市场，要接受亚马逊平台的考验，要经历消费者的检阅和评判，只有消费者购买，并且对买到的产品做出积极满意的评价，才算是选品的成功。只有顾客认可你的产品，这样的选品才是正确的。

当选品确定和发布出来后，我们还需要在销售的过程中对自己的选品进行反思：销售成功的产品具有什么样的基因？销售失败的产品又是什么原因导致的？一个出色的运营，绝对不会停留在选出产品就万事大吉这样的思维上，他一定会用很多的心力重新考量自己选出的这些产品，复盘自己的选品过程。

只有经过反复的多维度考量，总结出对以后的选品和运营有帮助的方法和技巧，选品的过程才能变成一个有积累、有沉淀、有意义的过程。如果没有总结或不善于总结，随后运营中的每一次选品依然会因为没有标准、没有参照依据而多走许多弯路，甚至会掉进坑里。

选品过程中的反思、复盘、归纳、总结等环节，就是“闻味道”。

在亚马逊运营的选品过程中，如果卖家能够按照“三板斧”的逻辑，“揪头发”“照镜子”“闻味道”，做到选品前全面思考，选品中多方比较，选品后反思总结，相信选择出具有爆款潜质的明星产品也就不是什么难事了。

4.7 刚需选品，给客户一个无法拒绝的理由

有学员在群里晒图：十几个订单，超过 1000 美元的销售金额，产品单价为 70 美元左右。该学员接着补充到，这个店铺只卖两个产品，没做站内广告，也没做站外引流。

有学员回复，这样的成绩有点难以做到。言外之意，不做站内广告和站外引流，单纯的自然流量是难以达成这么多的有效销量的。

是的，在为学员上课和辅导的过程中，我也一直强调 FBA 的重要性，强调有竞争力的价格的重要性，强调站内 CPC 广告的重要性，但是，没有站内广告，真的就没销量吗？未必。毕竟有卖家做到了，而且做得非常漂亮，比如晒截图的学员，也比如你可能曾听闻过的身边的卖家故事，很少的产品、简单的运营却取得了很出色的业绩。

学员的例子再一次证实了亚马逊运营中选品的重要性。平台上确实有这么一类产品，受众群体比较小，卖家则更少，但用户具有强需求，所以这类产品天生具有稳定的自然搜索流量。作为卖家，如果能够恰巧发掘到这样的产品，生意自然就会源源不断，虽然未必很大，但也可以做到销量稳定、利润可观。

我有个做淘宝的朋友，淘宝上的竞争够激烈吧，可他硬是凭着三家淘宝 C 店，把年销售额做到接近 1000 万元人民币，是不是很不可思议？可这就是一个真实的案例。出差经过朋友处，我专程参观了一下，不大的办公空间里，产品摆得满满的，六七个员工各司其职，忙忙碌碌，因为活多，每个人都不得半点空闲。

问及朋友选品的过程，朋友说，在刚打算做淘宝时，自己的选品方向就是：高价、

冷门、刚需、有门槛。以此为方向，几经周折和筛选，产品终于选定，然后，朋友又耗费了很大的精力，对产品改版升级，最终形成了具有独一无二的竞争优势的产品，在远比亚马逊竞争激烈不知多少倍的淘宝上，朋友的产品无人匹敌，订单自然而来。

很多卖家在选品时很迷茫，总觉得人多的地方就有市场，然后，会很郑重地说，我选了一个好产品——手机壳！我只能直截了当地回复，对不起，对于手机壳，我没什么建议。

请问，从一个买家的角度看，你在买手机壳前，心中早已有确定的颜色和款式吗？没有！如果用户连需求都不明确，凭什么作为卖家你就能够促成销售？至于激烈的竞争和频繁的更新换代趋势，就更不用多言了。选择这类产品，你面对的不是期望的销量和爆款，更多地往往是一堆无法处理的库存——弃之可惜，守着伤心。

所以，对于选品，我一直的建议就是，选择刚需的产品，然后深度地挖掘，打造出和其他卖家不一样的竞争优势。无论是大卖家还是小卖家，没有谁具有绝对的优势，有很大团队的老板早已不参与一线的运营，所以，面对大卖家，反而是单枪匹马的小卖家更具潜在优势，你既可以比别家公司的员工更用心，又可以做到更灵活。

用心，你自然可以发现很多别的卖家不曾发现的亮点。用心，才是一个卖家最大的优势。

刚需的产品意味着消费者所必需，意味着卖家不受其他因素诸如颜色、尺码、款式等的制约，我就有这么个产品，你需要的就是这么个产品，我在销售而你正好需要，订单就顺利产生了。选品中的单一性降低了运营成本，选择时的唯一性增加了成交的概率。

努力寻找吧，寻找不到，那就再深入一步！努力发掘吧！你寻找，你就能发现！当你发掘出一个刚需的产品，你就给了客户一个无法拒绝购买的理由。

4.8　选品是抓住用户的需求点和痛点

选品从来都是跨境电商卖家运营中最重要的工作，尤其对亚马逊平台的卖家来说，选品对爆款打造有着更加深刻的影响。

在选品中，无论是从品牌打造还是从经营积累的角度看，选品都不应该是泛泛而选、浅尝辄止，卖家更应该从研究消费者的需求点和解决消费者的痛点入手，如果能够做到这两个方面，选品成功的概率就会大大增加。

这句话听起来似乎挺简单，甚至觉得空洞，但细细想来，很多跨境电商卖家，包括大部分中小卖家以及相当部分的大卖家，之所以觉得运营艰难，“操着卖白粉的心，出着上工地的力，赚着卖白菜的钱”，在很大程度上就是选品方面存在问题。

当前跨境电商行业的整个风潮似乎是，作为小卖家，选品思路就是“大卖家什么卖得好我就卖什么”，而大卖家则往往是“多 SKU，多 SKU，更多的 SKU”“东边不亮西边亮，产品多，总有能成的”。

大小卖家的两种选品策略，其结果必然是所有人都在同一产品线上竞争，打得你死我活，却都没有什么利润。很辛苦、很努力，都在一片红海中苦苦挣扎。

那么回头来看“选品就是抓住用户的需求点和解决用户的痛点”这一思路，这显然对选品做出了较高的要求。了解用户的需求点要求你得知道消费者真正需要的是什么，知道消费者的痛点则要求你能够解决消费者当前遇到的尚没有解决的问题。

深入地了解你的消费者，努力挖掘消费者内心深处的想法，当他看到你的产品那一瞬，他甚至会尖叫：这就是我要的！卖家如果能够沿着这一思路选品，显然就可以绕开“你卖、我卖、大家卖”的窘境了。

举例来说吧，我曾经看到过这么一个店铺，店铺里只有 6 个产品，而其中的一个产品每年可以为卖家带来足足 300 万元人民币的利润。产品本身平淡无奇，也谈不上创新，但这个产品确实不是我们国人日常生活中会使用的产品，于是请教长期在国外生活的朋友，提到该产品，朋友说，对啊，这是美国人日常必备的厨房用品啊。

因为是消费者的日常必备品，所以市场容量巨大，又因为是中国卖家日常生活之外的产品，不被众多卖家所关注，所以竞争就小，就这么一种认知偏差，既抓住了用户需求，又保持着较少竞争，让销售该产品的卖家赚得盆满钵满。

另一个例子是，曾有卖家在选品过程中发现，折叠床在美国市场销量巨大，他们通过对本地市场的调研得知，因为在美国社会，初期移民群体数量庞大，这个群体生活艰难，暂时没有更好的生活条件，他们对折叠床的需求就成了刚性需求，所以在亚马逊上才销量非常庞大。在确定了市场容量之后，该公司又对在售的产品调研分析，通过对产品 Review（评论）深入分析后，他们发现很多差评都是对产品耐用性不满意，于是，该公司果断改用更厚材质的板材，同时，考虑到目标消费群体的实际生活处境，该公司又对产品设计做了改动，使产品折叠后所占空间更小，通过一系列的改善升级，产品出来后，一经投放市场，就取得了不错的销量。该卖家对折叠床的调研和改进的过程，显然就是在解决用户痛点上下功夫。

所以，当很多人在抱怨竞争激烈没有利润的时候，总会有一些人在闷声发财，不是因为他们能力更强，而是因为他们循着消费者的轨迹，找到了独特的视角，市场也给予了热烈的回应。

跨境电商行业的竞争只会愈演愈烈，如何在竞争中取胜，也许，我们真的该好好考虑考虑自己的选品问题了。

4.9　从三个案例看选品中的差异化策略

在亚马逊平台上，Anker 一直是神话一般的存在。很多中国卖家，或研究、或模仿，希望能够从 Anker 身上学到点什么，但正如齐白石先生所言，“仿我者死，学我者生”，模仿 Anker 并且取得很好成绩的，几乎没有，但基于对 Anker 的研究和学习，进而做出新的拓展，开拓出新的运营思路并取得不错成绩的卖家，倒是有几家，下面以 Anker 和其追随者的产品对比，谈一谈卖家在同类选品中应有的思维和方法。

Anker 作为亚马逊中国卖家中精品化运营的成功代表，以移动电源起家，在产品的颜色布局上，一直以黑白两色作为主打色。在 Anker 做的市场调研中，他们发现欧美人在颜色选择上偏爱冷色系，以黑色和白色为首选。所以，当你打开 Anker 的店铺，黑色调的系列产品格外显眼，同时，Anker 的产品以方正的款式为主，简洁大方的设计成为商务人士们的首选，亚马逊全球副总裁就曾在亚马逊卖家大会上说，“我们重视中国的市场，也相信中国供应商可以提供优质的产品，比如我千里迢迢来中国出差，旅行中用的就是中国品牌 Anker 的移动电源。”Anker 品牌系列产品被商务人士所认知和接受的事实可见一斑。Anker 的产品示例如图 4-1 所示。

Anker 的成功有目共睹，以至于很多卖家在选择移动电源类目时，都首选和 Anker 相同的黑色系和方正款式。这样选择的卖家很多，可以此而成功的案例却很少。偏偏有另外两家公司，同样主营移动电源，却剑走偏锋，以不一样的选品思路，选择了和 Anker 不同色系的产品和定位，同样做得非常成功。

品牌 Jackery，同样以移动电源为主打产品线，同样主推方正款式的产品，但主推的色系却选择了和 Anker 截然不同的亮橙色。在 Anker 给人的冰冷沉稳的黑色印象之外，鲜活的亮橙色一下子吸引住了年轻用户的眼球。抛开品质方面的对比不谈，单纯从色彩层面来看，Jackery 品牌主推的亮橙色拉近了与年轻群体的距离，深得年轻人的欢心。如果说 Anker 的移动电源卖给了成熟稳重的中年商务人士，那 Jackery 则是向刚刚参加工作不久的年轻商务人士招手，这一点，Jackery 在自己的视频广告中以一群年轻人的工作、生活、休闲为主线展开，积极诠释自己和年轻群体的亲密关系，深得年轻群体的喜爱。Jackery 的产品示例如图 4-2 所示。

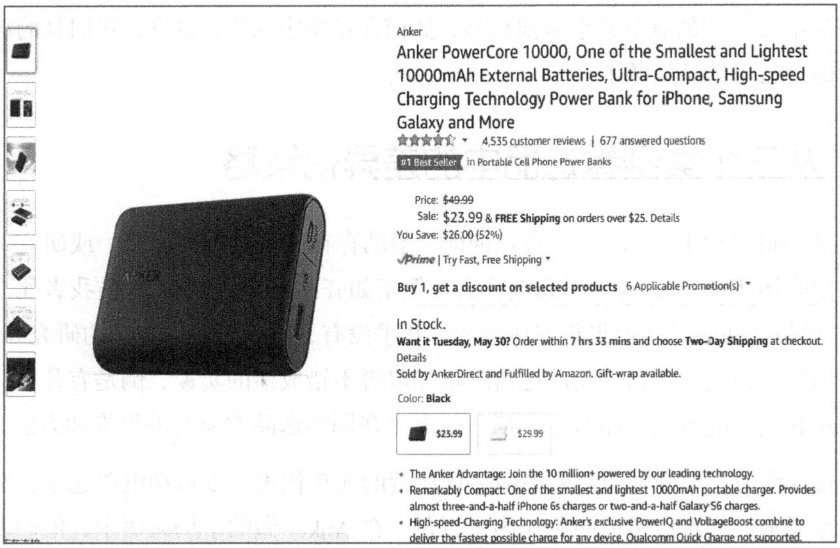

图 4-1

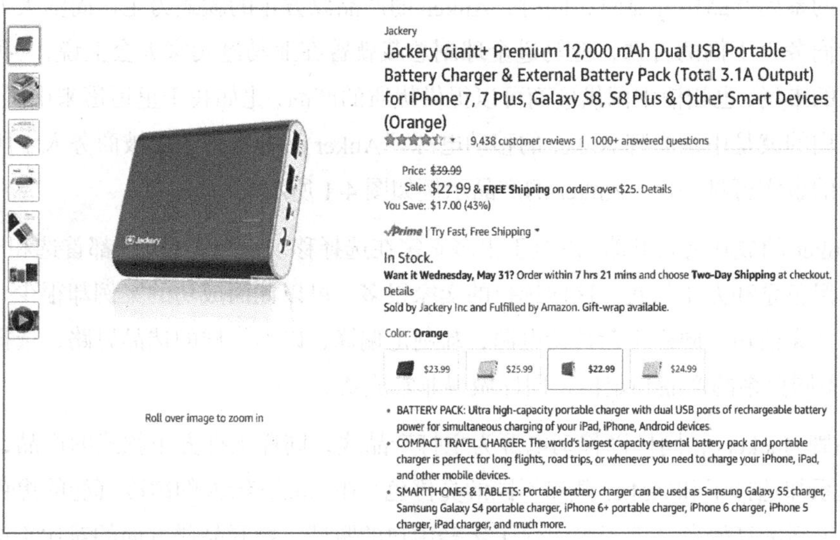

图 4-2

Jackery 凭借着差异化的思路，向特定的目标群体示好，在这个竞争激烈，且长期被龙头 Anker 霸占的移动电源类目同样取得了不小的成功。从 Jackery 的产品 Review 数量可知，Jackery 的年销售额也是以亿元（人民币）为单位计，远远地甩开普通卖家几条街。

除了 Jackery 之外，还有另外一家移动电源品牌 Lepow，其运营的思路显得更有意思。

查看品牌 Lepow 的店铺你会发现，和 Jakery 相比，Lepow 的品牌形象更加清新，在切入移动电源市场时，Lepow 选择了浅绿色和嫩黄色为主推颜色，在产品款式的设计上，Lepow 选取了圆润的鹅卵石款式。典型的小清新设计啊，有没有？Lepow 选择了活泼可爱的产品形象。Lepow 的产品示例如图 4-3 所示。

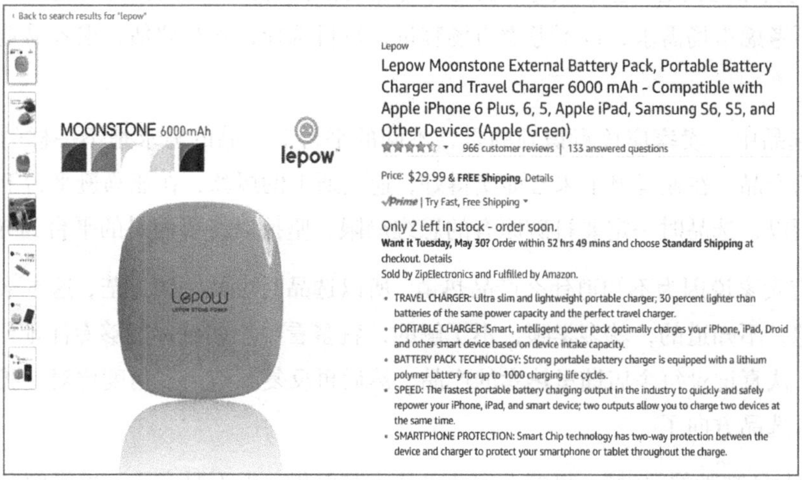

图 4-3

虽然 Lepow 品牌起步较晚，但凭着产品的差异化和抓细分市场，同样也取得了很好的成绩。

回头看这三家在选品上的差异：Anker 凭借首发优势，主要面对成熟商务人士群体，占得移动电源类目的龙头；而 Jackery 在选品上既从 Anker 的成功经验中看到商机，同时，为了避免与 Anker 正面肉搏，选择从侧翼进入，以亮色系获取了稍微年轻群体的青睐；当 Lepow 想进入移动电源市场时，想去撼动 Anker 的地位已不可能，既然无法超越，那就迂回前行吧，你们都针对商务人士，我就选择新人类吧，于是，Lepow 以更加年轻化的人群作为自己的目标受众，做出针对性的颜色和款式，也一举获得成功。

正是因为选品的差异化策略，让三家公司殊途同归，在同一的产品市场上，避开了针锋相对的搏杀，各自有了属于自己的成功。

4.10 亚马逊运营中的选品思路解析

在上面的章节中，我举了三个成功的移动电源卖家选品的案例，在本节我们继续介绍亚马逊卖家在运营中应该具备的选品思路。

在长期的实践中，我深刻地觉得，亚马逊卖家在选品上首要标准应该是以市场为导向，市场的需求是什么，你的选品方向就在哪里。基于市场需求的考量，再加上市场容量大小的衡量选择的产品，一般都不会错。

有些卖家尤其是一些新卖家，在选品时过度依赖自己现有的资源和过往经验的偏见，既不考虑市场需求，也不考虑市场容量，盲目选择，乐观评估，很容易走入选品的误区。

在选品中，卖家应该意识到的是，不同的平台对产品的需求是不一样的，eBay上热卖的产品，在亚马逊上未必能卖得好，速卖通上的爆款，在亚马逊平台上甚至会滞销，所以，选品时一定要打破原有的思维局限，坚持以将要面对的平台为导向。

也有卖家说因为不知道什么产品热销，所以选品时也就感到迷茫，这本来就不该作为问题。不知道的，就多学呗，不了解的，就多看呗。如果你能够专注地研究 100 家店铺，认真记录每个店铺里热卖的产品，然后再反复甄选，多角度比对，我相信你很快就有选品方向了。

“量大是制胜的关键”，很多卖家几乎什么都没做，也不愿意花心思了解和学习别人的店铺，不做任何努力却说自己没有选品思路，这就是活脱脱的自我打脸。没有付出得不到结果那是必然的，否则，对那些努力的卖家来说，是多么不公平啊！

分析了同行的店铺，研究了热卖的产品，你会逐步形成自己的选品思路，开始进入具体的产品。此时，卖家还要考虑产品价格、功能、物流，以及产品是否具有可替代性等要素。

价格方面：因人而异，有些卖家因为资金量不足，倾向于选择低价值产品，价格低销量大，每天可以出很多订单，让人心情愉悦；而有些卖家资金雄厚，倾向于选择高价值产品，也许订单数量有限，但客单价高，销售总金额也毫不逊色，发货数量少，还可以节省包货的时间和人力成本。

功能方面：卖家选品时需要考虑的是，产品功能简单的产品，往往竞争激烈，虽然售后较少，但激烈的竞争可能增大了运营的难度；而功能复杂的产品，虽然卖家可能偏少，竞争不那么激烈，但往往品质问题多，会遭遇投诉多、退款率高、差评多、产品 Review 星级低等情况，如果所选产品的功能复杂，卖家必须具备良好的供应链把控能力才行。

物流方面：卖家选品中必须考虑发货方式的选择，如果想以自发货的方式运营，发邮政小包的话，单品重量就不能超过 2 千克，如果采用 FBA 发货，则要考虑资金周转率的问题，如果钱少，就要选择轻小的物品，用快递发货，快进快出，快速周转，而如果资金充足，则可以选择体积大、重量重的产品，采用海运发货到 FBA 仓，既可以降低发货成本，同时这类产品对小卖家来说本身就意味着高门槛，少了很多潜在的竞争对手。

产品的可替代性包括两方面：一方面是指产品的更新换代率，比如手机壳，厂家每年都会推出新品，这就意味着每一次打造其生命周期也就一年左右；产品可替代性的另一方面是指产品本身，是否会有其他产品可以代替现有产品，比如饰品类目的手链，很多买家在选择手链之初，她的需求倾向只是要一个手链，但具体什么样的手链，却未必有清晰的画像，当买家用关键词搜索进来，往往凭借对搜索结果中某个产品一瞬间的喜好购买，因为这样的购买方式，客户购买时选择的随机性很大，就增大了卖家运营中的难度。

总之，在选品中，卖家要学会全面思考，充分考虑市场的各个因素，同时，还要学会换位思考，站在消费者的角度看产品。只有这样，获得的信息全面了，考虑的细节周到了，选品成功的可能性才能大大提高。

4.11　亚马逊选品的七种方法

我们一直喜欢用“思路决定出路”强调思维的重要性。在亚马逊选品上，思路同样是为卖家指明方向的利器。所以，在前面的篇章里，我通过多个维度的分析，引导大家形成一套比较完善的选品思路，但思路之外，下面举例七种具体的选品方法，这就好比古龙小说中的七种武器，可以作为我们亚马逊运营中选品时的实用工具，为大家的选品提供具体的方法参考。

这七种常用的选品方法分别是站内 Best Sllers 选品法、类目深挖选品法、大卖家新品跟进法、优秀店铺复制法、供应商新品推荐法、价格区间选品法和国外社交媒体选品法等，在接下来的篇章里，我们将就这七种方法一一讲解。

4.11.1　站内 Best Sellers 选品法

站内选品无疑是亚马逊卖家采用得最多也最有效、最实用的选品方法。原因很简单，只有立足于平台，发掘出平台上当前热销的产品，才有可能让选品成功的概率倍增，降低卖家在运营中的试错成本，而站内 Best Sellers 选品法的精髓正在于此。

具体来说，卖家通过平台上的 Best Sellers 列表，查看当下最热销的产品，然后结合自己的偏好和可用资源，考虑是否具备运营该产品的能力，如果有能力运营，就对该产品深度调研，纳入自己的选品范围。

既然 Best Sellers 选品法如此有效，卖家如何找到 Best Sellers 目录呢？

当我们打开任何一条 Listing 页面时，在产品详情的下面，都会有一个 Best Sellers Rank，通常称为 BSR 排名，如图 4-4 所示。

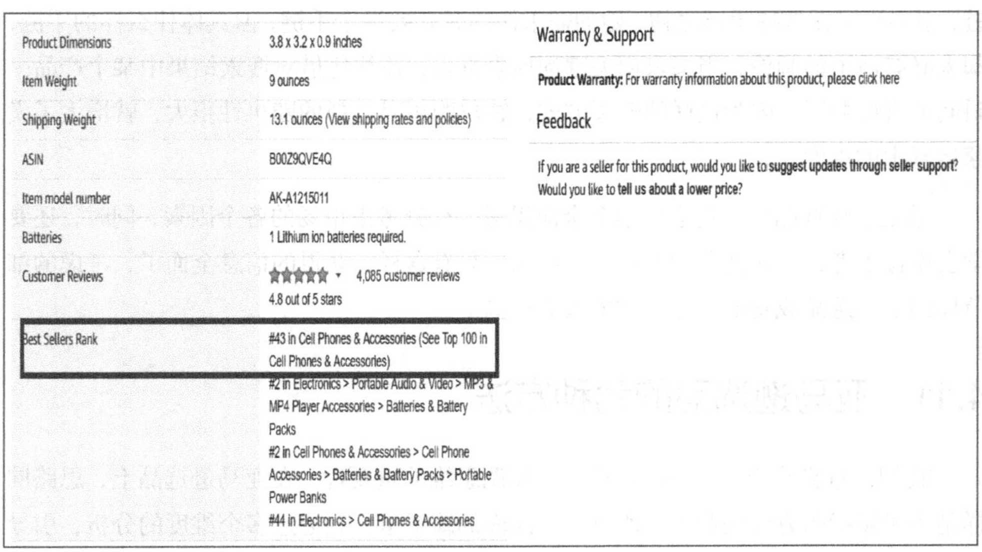

图 4-4

点击 BSR 排名栏的 See Top 100，页面将会切换到该类目最热卖的前 100 名 Listing 页面，如图 4-5 所示。

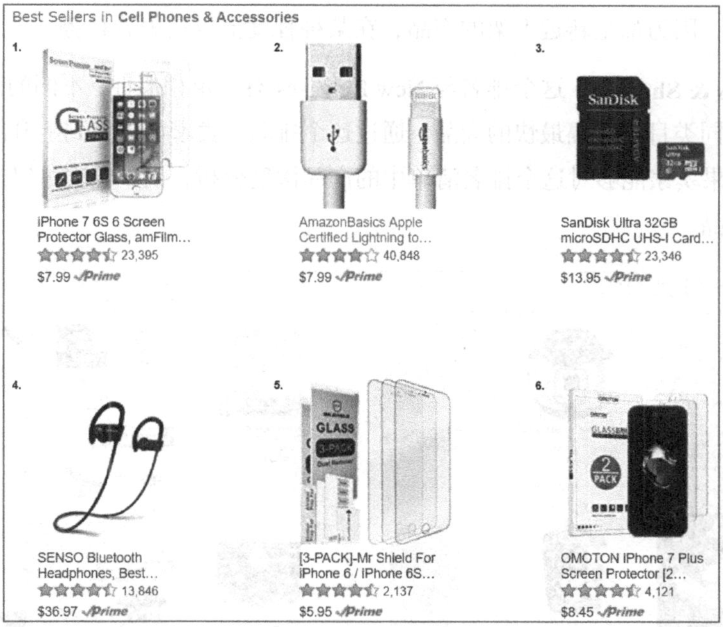

图 4-5

在排名前 100 的 Best Sellers 产品列表中，卖家可以逐个评估，销量已经存在，卖家需要考虑的是自己的偏好，是否对该产品有兴趣，以及是否具有运营该产品的能力和资源。如图 4-5 所示，卖家可以结合自己的实际思考是否愿意并且能够把手机贴膜（#1, #5, #6）作为自己的选品方向呢？是否打算销售运动蓝牙耳机（#4）呢？当然，这些思考都需要基于自己的实际情况（包括偏好、资源、资金实力等）。

如此这般的评估和思考，一番下来，在销量前 100 名的产品中，我们兴许就有了选品的方向。

也许有卖家会说，Best Sellers 前 100 名的产品有些发布时间太早，原卖家可能占尽了天时，所以才卖得好，而且经过长时间的销售，可能已经不再是趋势了呀！

幸运的是，亚马逊的热销排名榜还为我们提供了其他几个参考维度，包括 New Releases（新品热卖的新品排行榜）、Movers & Shakers（排名上升最快的销售飙升榜）、Most Wished For（添加愿望夹最多）、Gift Ideas（适合作为礼品），如图 4-6 所示。

关于这几个参考维度，我在这里做简单的解释。

New Releases：这是亚马逊基于产品销量得出的热门新品榜单，每小时更新一次，这些产品一般都是上架 3 个月以内的产品。卖家通过这个榜单，既可以了解类目的热销品，同时，因为都是新近上架的产品，在某种程度上也代表着趋势。

Movers & Shakers：这个排名与 New Releases 有一定相似性，不同的是，它反映的是 1 天内同类目中涨幅最快的商品。通过这个排名，卖家可以找到上升潜力比较大的产品，如果卖家能够对这个排名清单中的产品深度分析，说不定就可以选到即将爆发的热销产品。

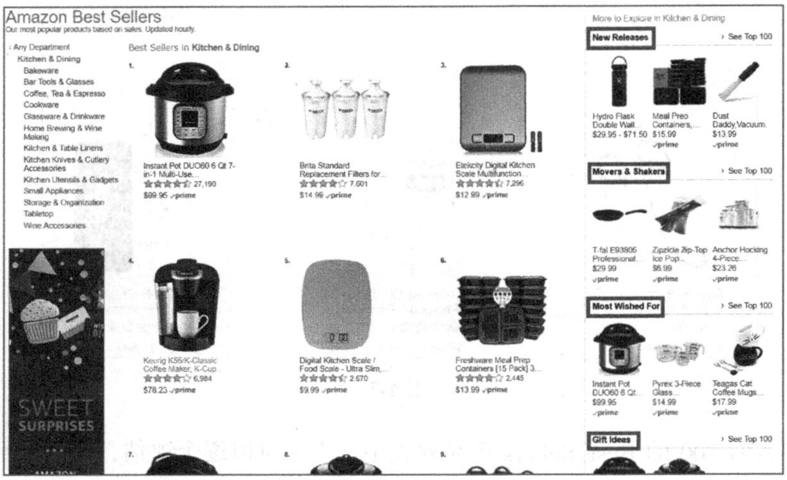

图 4-6

Most Wished For：即愿望清单，消费者可能喜欢某个产品，但是因为价格等因素而无法立刻“剁手”购买，他们会把这些产品加入愿望清单中。这类产品一旦价格下调，亚马逊系统就会发邮件提醒用户。添加在愿望清单中最多的产品，代表着消费者的兴趣所在，如果你正好对愿望清单里排名靠前的产品感兴趣，拥有产品资源且具有价格优势，那么可以考虑攻破它们。

Gift Ideas：如果你正在销售的产品带有礼品、节日元素，那么你一定要关注这个工具。它主要针对的是节日和赠送礼品。通过 Gift Ideas 清单你可以知道目前人们更愿意选择哪些产品作为礼品，由此你可以在节日来临前有针对性地备货，提前布局，不打无准备之仗。

参照以上几个维度（Best Sellers, New Releases, Movers & Shakers, Most Wished For, Gift Ideas），卖家经由任何产品详情页面进入该类目的销量排名后，都会有几百个平台上正在热销的产品可以供选择，卖家如果能够认真分析这些热卖产品的特性，原本没有方向的卖家，选品思路也可以由此打开。

当然，也有卖家会说，我对当前页面的产品类目不感兴趣，如何查看其他类目呢？亚马逊为我们提供了所有类目的热卖排行，如图 4-7 所示。

图 4-7

点击任何 Best Sellers 排行榜页面左上角的 Any Department，将出现如图 4-8 所示页面。

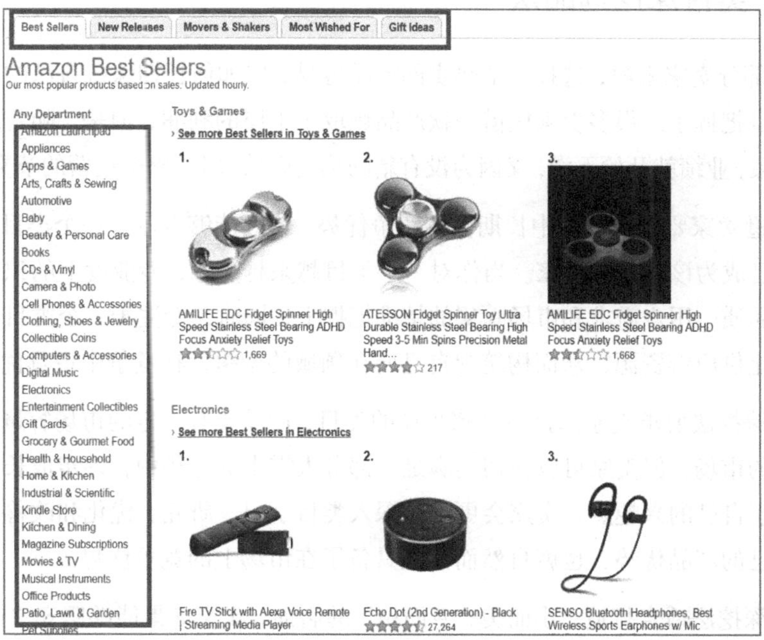

图 4-8

此时，在页面左边的导航栏，当前平台上各个类目热卖的产品都展示出来，卖家可以先选定自己感兴趣或者有资源优势的类目，然后依次点击页面顶部的 Best Sellers, New Releases, Movers & Shakers, Most Wished For, Gift Ideas，就可以得到想要查询的类目排名了。

在以上的几个维度中，卖家尤其应该重视的是 New Releases 和 Movers & Shakers 排名中的产品。在这些类目里，卖家可以选择上市时间段、产品评论较少、竞争不太激烈、市场容量却足够大的产品作为重点选择的产品。

通过以上方法，卖家可以发掘到当前平台上各类目最热卖的产品，而如果某个产品分别出现在多个维度排名榜中，那么在一定程度上就意味着该产品当前的热度特别高，卖家一定要重点关注。

Best Sellers 选品法可以直接高效地挖掘到热卖爆款，是非常适合中小卖家使用的最快速高效的选品方法。在过往的经验中，已经有不少卖家通过这个方法选到了合适的产品，实现了业绩的快速增长，更有不少卖家将此方法作为自己团队的核心选品法长期采用，取得了丰硕的成果。

4.11.2 类目深挖选品法

对大部分卖家来说，选择一个热卖的产品容易，但如何长期保持自己的竞争优势就比较难以把握了。很多卖家凭借一款产品赚取了丰厚的利润，但是，随着产品生命周期的结束，业绩就开始下滑，又因为没有新的热销产品跟上，整个运营的节奏就乱了。

亚马逊卖家要想在运营中长期保持竞争优势，最好能够专注于一个类目，进行深挖，让自己成为该类目的专家。当你对一个类目越来越熟悉，专业度上的积累会体现在对产品品质、用户需求和市场瞭望的精准把握上，同时，专注于一个类目还有利于整合和优化供应链资源，从而构筑起自己所在领域的壁垒，在竞争中更具优势。

类目深挖法要求卖家选择自己感兴趣的类目，产品要有一定的市场容量，未必是多么庞大的市场，但卖家可以在切实满足一部分人需求的过程中，逐步成长、积累和沉淀。基于自己的兴趣点，卖家会更愿意深入类目学习、研究、优化和改善，当卖家打造出自己的产品优势，也就自然而然地具备了在市场上的竞争优势。

类目深挖法适合打造“小而美，专而精”的店铺，卖家如果能够坚守“1 厘米宽，100 公里深”的理念，在一个细分类目里，足以成长为一个独具优势的王者。

谈及类目深挖法，就不得不提到原产地。卖家如果想通过类目深挖法打造自己在某一类目的优势，必须在选品和评估的过程中关注产品的上游，即产品的原产地是哪里。只有追根溯源，掌握源头资源，卖家才有可能获得更多的成本优势，更精良的工艺，使改进升级更便利。

当前，就国内的生产集散度来说，大概有以下产业聚集区。

1．服饰类

山东：位于山东省的青岛市即墨区、枣庄市，均是针织类服饰的原产地。另外，济宁市的嘉祥县是手套类目的原产地，海阳市是羊毛衫的原产地。

江苏：位于江苏省的江阴市、常熟市的古里镇和辛庄镇均是毛纺织品的故乡，著名的品牌顶呱呱孕育于此，主要生产的面料包括各类帆布、纱卡、府绸、平绒等。

广东：位于广东省的汕头市、佛山市、普宁市和中山市，均是 T 恤、睡衣、衬衫、袜子的原产地。优势：价格便宜！价格便宜！价格便宜！

2．箱包类和鞋类

广东：位于广东省的广州市花都区、番禺区和深圳市，是中国最大的箱包产业带。因毗邻香港，信息快，所以产品款式新、品种全。另外，箱包产业带附近的原辅材料市场规模非常大，为其发展提供了“先天优势”。优势：位置优越，产业链完整，品类丰富。

白沟：位于河北省高碑店市的白沟镇，有着“世界箱包城”的美誉。世界知名品牌香奈儿、Gucci 等箱包（未贴牌前）均产于此。优势：价格低，产品种类丰富，质量优。

浙江：位于浙江省温州市的皮革制品产业带，占有中国十大“中国真皮鞋王”的半壁江山。世界著名的皮鞋品牌康奈、奥康、红蜻蜓、丹比奴等均出于此地。另外，该地的皮革制品产业链发展较为完整。

3．3C 电子类

深圳：位于广东省深圳市的华强北商业区，是全世界 3C 电子类产品的集散地，以数码配件、平板电脑、手机等为代表的 3C 类产品，有很大一部分生产于此，而也正是由于此，深圳及周边聚集了大量的工厂资源，可以提供各种优质的 3C 类目电子产品。

4．渔具

山东省威海市、福建省福州市都是著名渔具的原产地。

5．宝宝纸尿裤

广东省东莞市、中山市和佛山市是纸尿裤的原产地。

6．婚纱

江苏省苏州市的虎丘、广东省广州市、上海市、福建省厦门市均是婚纱的原产地。

7．美妆

广东省广州市和深圳市、上海市是主要的化妆品、护肤品原产区。

8．小商品

浙江省义乌市是最大的生活用品、饰品、玩偶等商品的原产地。

4.11.3 大卖家新品跟进法

对亚马逊卖家来说，每个卖家都争相采用更好的方法，以更多维度评估一个产品和市场，相对小卖家有限的能力和实力，大卖家因为资金、资源、信息、流程和人才等优势，注定会比中小卖家可以更好地把握产品和市场，这就引出一种有用的选品方法——跟进行业大卖家。

在运营中，无论哪一个类目，都会有一些耀眼的明星卖家，但如果仅仅把这些成功的卖家作为我们茶余饭后聊天的话题还远远不够，对中小卖家来说，无论是选品还是运营，都要跟进行业大卖家，多研究、多思考、多问几个为什么。

没有谁是天生就成功的，一个优秀的卖家之所以优秀，也必然有其内在的原因，所以，作为卖家应该多向大卖家学习，在分析学习中发现别人的长处，然后尽可能地应用到自己的运营实践中。

相对于中小卖家来说，行业大卖家在选品上会做更多维度的市场调研，除了立足于平台的分析外，他们甚至会借助外部数据对一个产品和市场做预判，然后才会决定是否要推出某个产品。如果小卖家能够经常浏览行业大卖家的产品，观察其新品上架的情况，那么很容易在这些优秀卖家上新品的第一时间获得信息，基于大卖家的上新信息，并对这些产品进行市场调研，这样的调研很容易让你站在和大卖家几乎同步的起跑线上。

虽然大卖家在产品质量方面可能会做得更好，但小卖家的最大特点是灵活，可以快速地跟进，一旦从大卖家的店铺里面发现了自己有能力运营的产品，只需要做快速地跟进，也许你就具备了和大卖家同台共舞的门票了。

当然，要做到能够快速地跟进大卖家的新品，你需要具有持续研究行业优秀卖家的习惯才行，否则，如果平时根本就不看别的卖家的情况，你也就无从知晓人家上了什么新品了。

营销学上有句至理名言："凡是你忘记的和没有做到的事情，你的竞争对手都会替你做到。"卖家如果能够坚持持续观察竞争对手，在观察的过程中，你会发现自己的不足，而更多的惊喜可能是，某一天你突然发现竞争对手发布了一款新产品，此时，你要做的就是，以此作为切入点快速进行市场调研，兴许，你就抓住了一款紧跟市场趋势的新品。

而这，正是你所关注的榜样们送给你的。

4.11.4　优秀店铺复制法

当你想掌握一项新技能，却又因为有太多的知识断层而导致学习进展缓慢时，如何才能快速地推进学习进度，从而达到一个新层级呢？在高效学习领域，就有这么一种方法，称为"先记忆，后理解"。

很多时候，我们在低层次想不明白的问题，一旦站上更高的层次，瞬间就明白了。原因就在于，高度不够时，有些用力是无用的。

对于亚马逊卖家的选品，我们同样可以采取类似的方式进行。

有些卖家在选品的过程中因为缺少方向和资源，同时还缺少经验和认知，于是东一榔头西一棒槌地盲目选择，看似做了很多工作，却没有什么成效，都是无用功，这不在于你不努力，而在于你的高度不够，看不清楚。

对于没有选品方向的卖家，不妨对自己的选品简而化之。首先确定一个可以学习和效仿的榜样店铺，对榜样店铺的要求是，店铺里的产品不要太多，10 ~ 30 款产品就好，产品要是较大众的刚需产品，店铺里有多个产品销量很好，预估后知道店铺的销售利润不错。一旦选定了这样的榜样店铺，卖家就可以暂时忘记其他的店铺和产品了，卖家要对榜样店铺里所有在售的产品逐个深度分析，此时，该店铺里的每个产品都是自己的选品方向，不谈偏好，也不找借口，更不能推脱，每个产品都要用心研究，研究完毕，找到有效的资源，上架销售。

竞争对手是最好的老师，在亚马逊的运营中也是如此。虽然亚马逊平台上竞争激烈，但优秀的卖家也比比皆是。在我们选品的过程中，与其自己没有经验、没有方向的迷茫，不如努力找寻一家优质店铺全面复制。

如果能够做到全面复制一个优秀的店铺，你会发现，自己的选品速度快了很多，拥有了经过市场检验的产品，你的亚马逊运营之路已经走过了从 0 到 1 的过程。虽然复制这个词听起来不太好听，但对于没有选品思路的卖家来说，复制就是最大的创新。复制可以帮助你从不知到知，从知其然到知其所以然。而关键的是，当我们有了具体的目标，前进就会更有效率，放在亚马逊的运营上，你找到的参考复制的对象就是你的目标。

卖家在浏览和评估 Best Sellers 产品清单的过程中，对越来越多的产品有了初步的认知，会逐步形成自己比较偏好的产品类目，此时，就进入具体的产品分析和选择环节。在这个过程中，建议卖家在浏览评估任何一条产品时，一定要点击卖家的店铺，在看产品的过程中，更要看卖家的店铺，产品和店铺的关系就好比树木和森林的关系，不能只见树木不见森林。

看一个卖家的店铺，可以帮助我们更好地理解卖家的选品逻辑和运营方法，便于我们更全面地思考一个产品打造成功的可能性。那么，我们该查看一个店铺里的哪些信息呢？

店铺的 Feedback 是我们首先要关注的。按照当前亚马逊平台上的店铺反馈率来算，一个店铺最近 30 天 Feedback 数量的 4 ~ 5 倍大概相当于其店铺当前的日均订单数量。通过这样核算，我们可以评估出一个店铺当前的销售状况。如果一个店铺的 Feedback 数量较多，那么我们可以得知该店铺当前的订单数量很多，订单数量多的店铺自然是我们应该首先关注和学习的店铺。

然后，进入一家店铺，我们要查看该店铺的产品数量，如果 Listing 数量很多，且自发货居多，那说明该店铺是铺货模式，这与亚马逊平台精品化运营的思路相悖，我们就可以略过了。过多的 SKU，会让整个运营很累，占压的资金很多。

而如果你看到的恰巧是一家产品数量不多但最近 30 天 Feedback 数量很多的店铺，同时该店铺的产品又是你感兴趣并且可以找到对口货源的产品，那么这个店铺就值得重点关注。

在对多个产品的筛选过程中，卖家会发现多家优秀的店铺，此时，卖家可以对这些店铺进行综合的比较，选择最适合复制的店铺，当然，也许并没有哪一家店铺可以百分之百满足你的运营思路，那么，不妨把多家店铺组合，分别从每家店铺的产品中精选出自己感兴趣且市场销售状况较好的产品，形成自己的产品群。

优秀店铺复制法的核心在于能够相信并接受榜样店铺的好，我们要认可榜样店铺比我们现有的认知更高，且有严密的选品逻辑，我们要做的就是发现其选品的逻辑。怎么样才能发现呢？唯有足够深入。怎么样才能足够深入呢？唯有真实销售。

任何一个优秀的店铺，其产品都必然经过了多轮的筛选和长期的市场检验，而一个卖家对优秀店铺的全面复制，意味着你已经站在巨人的肩膀上前行，成功的概率自然也会大大增加。

当然，需要提醒的是，我在这里讲的全面复制是指同类功能产品的复制和替代，而不是指对原来店铺一模一样地照抄。选品时，你可以选择同款的产品，也可以选择同类型但经过更新升级的产品。作为卖家，你应该保持的思维是，竞争对手之所以卖得好，是因为市场对这个产品的功能存在需求，而我们要复制的，正是能够应对这些需求的产品而已。

当然，需要提醒的是，我这里说的“复制”不是指纯粹的一模一样地“抄”，这里的复制是指在你的市场调研中通过某个店铺发现一系列畅销的产品，我们认识到这些产品的市场容量，然后，我们返回对这些一个个具体产品的调研，发掘出同类的、相似的产品，这些产品和原店铺的产品不需要一模一样，只要它们面对的市场一样，面对的受众群体一样、类似，甚至是互补，说到底，我们复制的是“需求”，复制只是通过榜样店铺对消费者需求的挖掘而已。

如果能够做到全面复制一个优秀的店铺，你会发现，自己的选品速度快了很多，拥有了经过市场检验的产品，你的亚马逊运营之路已经走过了从 0 到 1 的过程。

4.11.5　供应商新品推荐法

如果说卖家站在销售端可以知悉市场需求，那么供应商则是站在供应链的上游影响着市场的趋势。

一家实力比较强的工厂，往往会从研发端影响市场的趋势，它通过自己对市场和趋势的理解，开发出更新换代的产品，再用这些产品激发和满足消费者的内在需求。

作为亚马逊卖家，在选品的过程中，要多关注供应商端传递过来的信息。升级换代的产品值得关注，而迎着市场需求研发出来的全新产品更值得关注，比如曾经引爆市场的平衡车、指尖陀螺等产品，都给最早开始销售的卖家们带来了丰厚的回报，而这些产品刚进入市场的一刹那，首先都是在供应商端进行的扩散。

从这个意义上说，利用好供应商端的信息反馈，卖家同样可以抓住爆款产品崛起的机会，这正是供应商新品推荐法对亚马逊卖家的重要作用。

4.11.6 价格区间选品法

选品的理想回到现实，有一个最重要的因素是任何卖家都不容回避的，那就是选品和资金之间的紧密关系。

再好的选品方向，没有资金支持，同样会让选品失去意义。所以，在选品中，卖家不得不考虑的是，自己的资金实力能够运作什么样价格区间的产品，对于仅有三五万启动资金的小卖家和动辄几百万投入的大玩家，他们必然会有截然不同的选品策略。

资金量小的卖家，适合选择单价稍低、体积小、重量轻、易发货的产品，这样的产品可以快速地发货补货，可以根据销售节奏做出快速的调整；而对于资金量比较大的卖家，则不妨选择那些单价高、体积大、重量重、需要海运的产品，因为这些条件本身就是天然屏障，可以把相当一部分卖家挡在竞争之外。

单价较低的产品，竞争也比较激烈，而单价较高的产品，需要的资金量大、操作的难度较大，运营的风险也大，但是竞争热度会相对较小，卖家需要根据自己的实际状况，选择合适的价格区间进行选品和运营。

价格的高低并不是绝对的和一成不变的，小卖家在成长的过程中也会选择一些高价值的产品运作，而大玩家也可以选择一些低价值的产品销售，老魏我就曾接触到年销售额过亿的卖家，其产品的 80%以上都是类似于 0.99 美元包邮的“鸡毛换糖”式的低单价产品，看似利润微薄，但因为销售足够大，集约化的运营同样让他们实现了不错的利润。与此同时，也有很小的卖家，一两个人的团队，可以用于运营的资金也少，但却坚守着产品单价不低于 200 美元的原则，虽然每天订单数量不多，但因为利润高，所以也过得悠然自得，且发展快速。

所以，究竟该以怎样的价格区间作为自己的选品方向，答案只能在你自己，老魏我在此也仅仅是抛砖引玉，希望能够给大家带来些许思考。

4.11.7 国外社交媒体选品法

随着亚马逊上中国卖家群体的增长，同行竞争越来越激烈，一款产品从引爆市场到衰退，在平台上的销售生命周期越来越短，所以，有一些聪明的卖家开始绕开国内大众化的选品，从国外的社交媒体（SNS）上发掘具有流行潜质的产品。

当前比较流行的社交媒体包括 Facebook, Twitter, YouTube, Pinterest, Instagram，以及众筹网站 Kickstarter 等，这些网站因为用户基数大，传播广且传播速度快，当一个产品在这些网站上流行起来，很快就能形成潮流。

下一个爆款产品会是什么呢？如果正在阅读本章节的你能够养成随时关注国外社交媒体的习惯，兴许就能够抓住下一波浪潮。

下面列出在新品开发过程中值得关注的社交媒体网站：

（1）www.facebook.com。

（2）www.popular.com。

（3）www.instagram.com。

（4）www.pinterest.com。

（5）www.kickstarter.com。

4.12　如何从分析一个产品到评估一家店铺

有的时候是自己选品流程的一部分，有的时候是其他卖家发一个产品或者店铺请我帮忙诊断和提一些参考性的建议，也有的时候仅仅是几个朋友一起聊天时聊到了一个产品或者店铺，我一般会通过以下方式分析和评估一家亚马逊店铺。

当打算对某个产品进行市场调研时，我一般会通过关键词搜索，查看搜索结果数量和搜索结果中 Top 100 的 Listing，并从 Top 100 中选择关注一些有代表性的产品，对其进行详细的分析和调研。

比如，我用关键词“Crochet Hooks”搜索钩针这个产品时，我看到的结果数量是 9855 个，搜索结果数量不多，说明卖家数量少，竞争不激烈，在一个竞争不激烈的产品上打造更易于成功，所以值得调研，如图 4-9 所示。

图 4-9

同时，在搜索结果页面，我发现了几条比较有代表性的 Listing，比如图 4-10 中圈出来的两条 Listing。

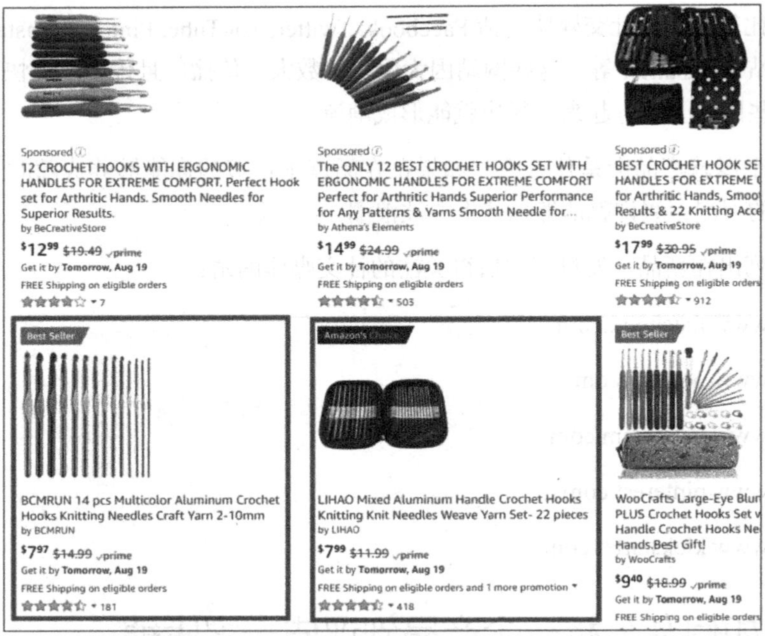

图 4-10

这两条 Listing 中的产品是相同的，但搭配不同，销售的方式也不同。这两条分别是 Best Seller 和 Amazon's Choice，说明都属于对应类目的佼佼者。循着从热卖产品中发掘产品的选品思路，我分别打开这两条 Listing 的详情页面，准备做更进一步地分析和评估。

以品牌为 LIHAO 的 Listing 为例，打开产品详情页面可以看到如下信息：① 产品图片一般，标题、五行特性、产品描述等都没有特别出彩的地方，从 Listing 优化的角度，作为后来者，稍微用心优化好 Listing 的详情细节，很容易就超越其现有的水平；② 该 Listing 收到 419 个产品 Review，而且 Review 星级达到 4.5 星，说明产品品质比较不错（当然，看同类产品的普遍星级，也可以印证此结论）。详情如图 4-11 所示。

结合对产品本身的理解，钩针类产品属于刚需产品，客户并不会特别在意产品的颜色、款式等，而且该产品不存在特别明显的季节性波动，反倒是秋冬季会成为一个相对旺季，同时，该产品长期以来的设计都是如此，也可以想象随后很多年其设计基本上还是如此，不存在明显的更新换代性。如此分析下来，该产品就可以初步进入选品范畴。

在调研一个产品的过程中，仅仅分析一个卖家的情况是远远不够的。在此情况下，作为选品的必要步骤，卖家还需要对 Top 100 的 Listing 进行同类分析和对比。点击产品详情页产品描述下面 Best Sellers Rank 的终端类目，查看该产品排名前 100 的商品 Listing，如图 4-12 和图 4-13 所示。

图 4-11

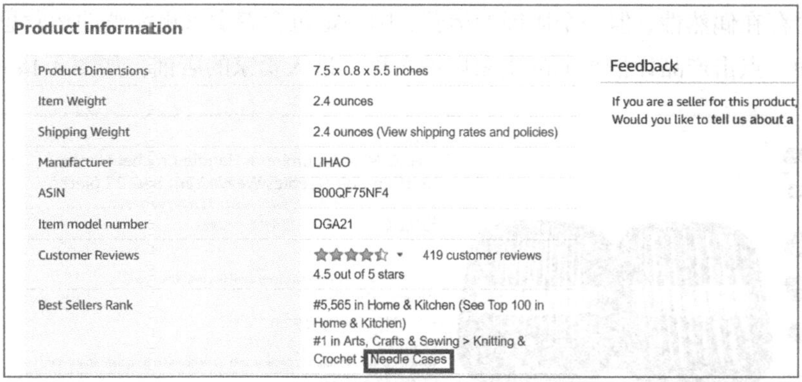

图 4-12

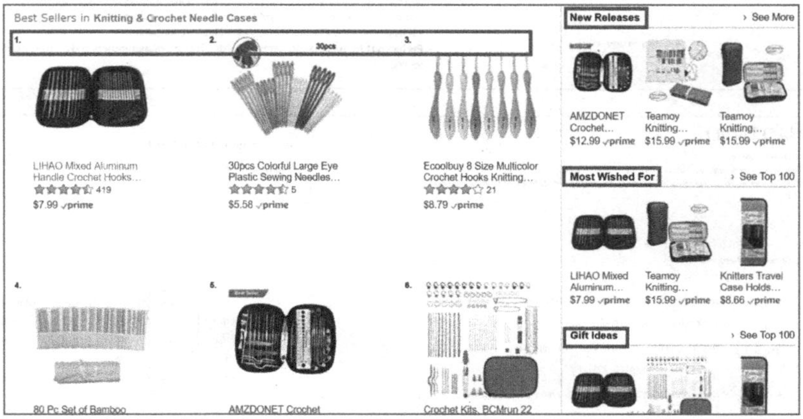

图 4-13

在 Top 100 Best Sellers 排名页面，我们可以看到该类目前 100 名的整体销售情况（一般可以通过 Review 数量乘以 50 ~ 100 评估市场容量），同时还可以根据普遍的 Review 星级评估该产品的质量问题。当然，在这个排名页面，我们兴许还会发现新的具有典型代表性的 Listing。如果有，一并关注。

如果时间充足、精力充沛，或者为了把调研做得更深入，卖家也可以关注右侧栏的 New Releases, Most Wished For, Gift Ideas, Movers & Shakers 等栏目的前 100 名，获得更多关于该类目热销产品的相关信息。

调研的深度要和自己对该类目的预判以及个人兴趣偏好、资源优势等因素有关，在此不一概而论。如果一个产品销量不错，质量也不错，自己确实有兴趣做，那么调研自然是越全面深刻越好。

在市场调研的过程中，我一般会从一个产品进入店铺里面做评估。单个产品的运营可能会存在偶然性，但一个店铺的运营，则一定包含着卖家更完整的运营思路和手法在里面。点击产品详情页面的卖家店铺名称，进入卖家的店铺，如图 4-14 所示。

图 4-14

在店铺页面中，我们可以看到该店铺最近 30 天的 Feedback 数量是 254 个，而且好评率是 100%。Feedback 的好评率反映卖家运营的用心程度，而根据经验，30 天 Feedback 数量的 4 ~ 5 倍大概相对于该店铺平均每天的订单数量。所以，该店铺平均每天的订单数量在 1000 ~ 1300 个。

对大部分刚起步的卖家来说，一个店铺能够日出千单，应该算是一个不错的成绩了。能够达成这样的销量，基本上已经实现了亚马逊运营成功的第一步，这样的店铺可以养活一个 5 人左右的团队，同时，如果能够把一个店铺运营到日出千单，你也基本上不需要再为亚马逊的运营发愁了。

进入该店铺首页，你会看到店铺里只有 43 个产品，而且有多个产品是 Best Sellers，如果再对各个产品分析，你又会发现，该店铺绝大多数的产品都是不受季节影响、更新换代慢、不存在侵权要素的刚需型产品，如图 4-15 所示。

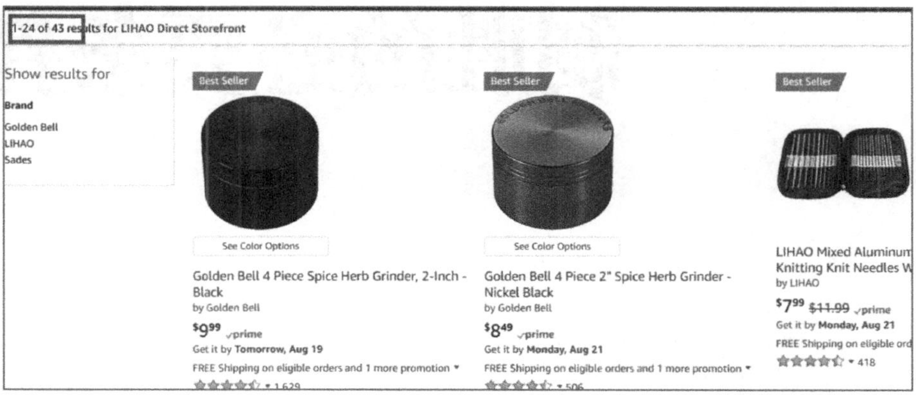

图 4-15

试想一下，打造一个类似这样的店铺，三四十款产品，日出千单，每天的销售金额会在 1 万美元左右，这不是我们很多亚马逊卖家梦寐以求却始终不能达到的榜样吗？

至于发现了这样的店铺之后该怎么做，以及做什么，我在其他章节中已经写过，查阅取用即是。对一个新卖家来说，全面复制就是最大的创新，眼睛紧紧地盯住这样的标杆，全面学习，绝对模仿，你会发现，其实选品不难，运营似乎不那么难了。

第5章

Listing优化，亚马逊制胜的必要条件

本章要点：

- Listing优化十大内容
- Listing优化节奏和频率
- Listing优化就是给用户讲故事

5.1　Listing 优化内容

亚马逊作为网上购物平台，为了强调其平台属性，在消费者下单、购买交易的过程中，亚马逊尽量淡化卖家店铺的概念，同时，平台把买卖双方联系沟通的通道后置，以减少买卖双方之间的直接沟通，减少沟通可以让消费者自由快速地决定购买某个产品与否，但减少了卖家更直接向消费者传递信息的可能性。正是基于此，对卖家来说，产品信息的传递就只有自己所发布的 Listing 详情页面的内容了。

消费者在浏览一个产品页面的过程中，通过产品详情页面的各种信息决定是否下单购买，卖家必须赋予 Listing 详情页面的各项内容和细节带来转化的职责，即对卖家来说，Listing 详情页面的内容肩负着说服消费者下单购买的重任。

如何让自己的 Listing 更具说服力，从而达到更好的转化效果，引来更多的流量，产生更多的订单，这就是我们通常所说的 Listing 优化所进行的工作。

为了便于大家更好地理解 Listing 优化所涉及的内容，我们首先模拟消费者购买产品的全过程。

当消费者想要在亚马逊上购买一款移动电源时，他首先会打开亚马逊的首页，然后，他会以自己所熟悉的产品品名（比如 Power Bank, Portable Charger, External Battery 等）搜索。客户用来搜索一个产品时使用的词语，就是产品关键词。

由于用户习惯不同，以及不同的消费者对产品的需求会存在一些特定的指向，比如有客户想要购买“大容量的移动电源”，他用来搜索的词语可能是“25000Mah Power Bank”，或者客户期望购买的移动电源带有防水功能，他可能会用“Waterproof Power Bank”搜索，对于类似这样的有特定细化指向的词语，我们通常称之为长尾关键词。

一般来说，大部分的消费者会通过产品关键词搜索实现购买的第一步。

根据客户使用的关键词，系统根据算法规则，为消费者展示出类似于图 5-1 所示的搜索结果页面。

搜索结果有很多，每一页有 20 多条 Listing 展示出来。而在搜索结果页，产品主图占据着非常重要的位置，直接冲击着消费者的眼球，客户会点开哪一条 Listing，产品主图起着非常重要的作用。

图 5-1

在产品主图之外，Listing 的标题、价格、产品 Review，以及该产品是否采用 FBA 发货等要素也都从不同的侧面为消费者传递是否要打开和购买该 Listing 的初步决定。

通过以上信息，如果主图清晰有质感，标题精准把握了产品的卖点和特性，让消费者读起来朗朗上口，价格合适，而产品 Review 的数量和星级都不错，此时，消费者对产品有了初步的好感，消费者点击打开该产品，呈现在消费者面前的将是一个差不多电脑桌面两屏的完整产品页面信息，第一屏如图 5-2 所示，第二屏如图 5-3 所示。

图 5-2

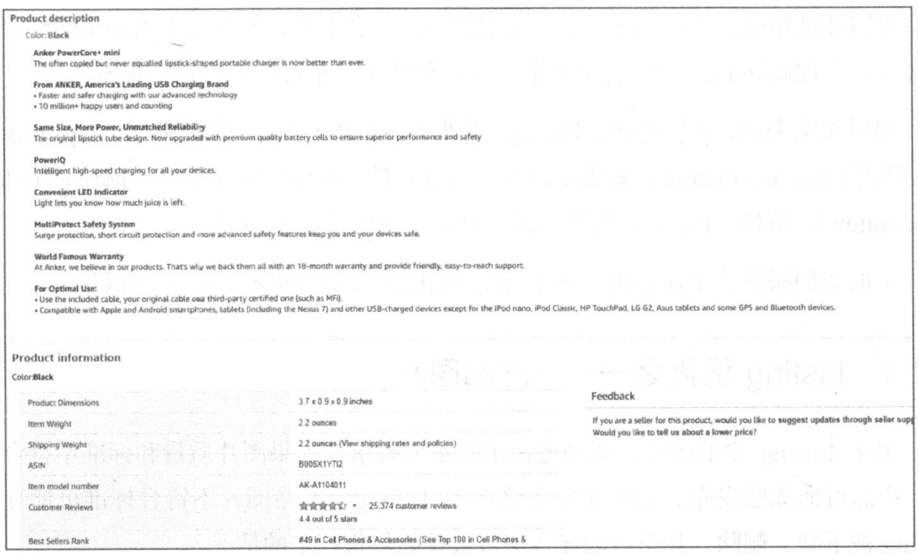

图 5-3

在产品详情页面第一屏里，包含了产品的 7 张图片展示、完整的标题、价格、产品 Review 数量和星级，以及产品的五行特性（Bullet Point），而在第二屏里，包含了详细的产品描述、产品的类目排名，以及产品属性方面的尺寸、重量等信息。

消费者之所以在众多搜索结果中打开一条 Listing，是对该 Listing 产生了初步的兴趣，而要把兴趣转变成购买的行为，卖家则需要在产品详情的各个细节上下功夫。

产品图片包括主图和副图，总共 7 张，卖家要尽量从不同的角度展示产品的特色，从感性的层面上向消费者传递产品的细节和功能；

标题和五行特性要用精准和有吸引力的语言告诉消费者自己产品的特性、卖点和异于其他卖家的亮点；

价格让消费者寻求与自己内心预期的匹配；产品 Review 则是生动的口碑作证，解除消费者购买时对产品品质的疑虑；

消费者浏览到你的产品描述时，其实是在寻求心理的共鸣，如果你的产品描述中信息翔实准确、语言生动活泼，既精准地表达产品，又触动了消费者内心中最柔软的部分，你和消费者之间的共鸣链接就搭建完成了，消费者下单购买的可能性就大大增强了。

通过模拟消费者购买一个产品的过程，以及期间消费者的关注点和心理变化过程，我们可以知道，虽然最终的购买决定权在消费者手上，但作为卖家如果能够沿着消费者的心理做好 Listing 的各个细节，其订单转化率是可以得到很大提升的。

而对卖家来说，一条优秀的 Listing，不外乎以下几方面：产品关键词（Keywords）、产品图片（Product Picture）、标题（Title）、五行特性（Bullet Point）、产品描述（Product Description）、价格（Price）、发货方式（FBA）和产品 Review 等。

下面我们将沿着上述分析，对 Listing 优化所要进行的内容做一一讲解。

5.1.1 Listing 优化之一——产品图片

关于 Listing 中的图片，亚马逊做了基本的要求，如果图片质量和标准不符合要求，产品可能无法发布，而对于发布之后的 Listing，产品图片不符合标准可能导致 Listing 被下架、删除，甚至可能导致账号被移除销售权限的情况。

大部分的亚马逊卖家都了解平台对图片的基本要求和标准，但很少有卖家能够做到全面掌握并应用于实践中。从实操的角度讲，产品图片的规划、拍摄和后期处理，卖家应该尽可能做到既符合平台基本要求，又能恰当地使用可以提升点击和订单转化率的展示小技巧。

关于产品图片的尺寸大小，亚马逊的基本要求是像素不小于 500×500px，但为了让图片有放大效果，实现更清晰的展示，大部分卖家通常会采用 1000×1000px 的像素。一些新卖家，因为不熟悉平台的运行原则，会使用超大像素的图片，虽然像素越大展示可以越清晰，但图片大小会影响网页打开速度，无形之中就错失了潜在的客户，所以在产品发布中不要使用过大尺寸的产品图片。

另外，随着移动端购物比例上升，产品图片太大不利于在移动端打开。只有大小适宜的图片才是最好的，而根据经验，1000×1000px 的像素是一个最佳展示尺寸。

但对于不同类目的产品，采用 1000×1000px 的像素有时可能不能达到最佳展示，比如服装类目的某些图片，可能会因为图片是正方形而导致图片顶部不能全部展示出来的情况，如果你恰好遭遇这种情况，可以尝试把图片像素调整为 1000×999px。

在图片大小的选择上，卖家还可以参考行业大卖家的做法。比如，就 Anker（亚马逊上最大中国卖家）的产品图片来说，在某些 Listing 上，Anker 的主图采用的只是 500×500px 的尺寸，副图则是 1000×1000px 的尺寸。

之所以大卖家采用这样的搭配，原因有两点：

（1）当主图采用 1000×1000px 的像素时，鼠标放置在图片上时，图片有放大展示，而放大后的图片恰好挡住了 Listing 的标题和五行特性等内容，而这些内容正好是消费者在做购买决定中非常重要的因素。主图采用 500×500px 的像素，可以让客户在打开产品页面之后充分了解产品信息，理解产品标题所表达的内容，副图采用 1000×1000px 的像素，其放大的效果又可以让消费者更清晰地浏览产品的细节。

（2）像素 500×500px 的图片在移动端展示效果更好，大卖家采取 500×500 的主图，也是为了获取更多移动端客户的一种方式。

关于图片背景，亚马逊的要求是主图必须是纯白底，即 RGB 像素要求为 255×255×255px，但在实际运营中，有些产品因为产品本身色泽的原因，如果采用纯白底色就不能够做到有吸引力地展示，对于此类产品，建议卖家可以参照同行的图片。如果大家都采用某种底色拍摄，你也参考拍摄就是。展示效果和销量才是关键。

当然，如果因为产品图片问题收到了系统的提醒和警告，那毫无疑问，一个字：改！

虽然发布产品时我们一共可以上传 1 张主图和 8 张副图，但从前台浏览时，一条 Listing 详情页面只能显示出 1 张主图和最多 6 张副图。所以，在拍摄和上传图片时，卖家只需要 1+6 张即可。

图片拍摄中，除了主图要对产品进行整体展示之外，6 张副图要尽量从不同的角度展示出产品独特卖点的细节图、功能图和应用场景图等，恰当的应用场景图可以传递很强的代入感，能够把消费者引入使用场景中，更容易得到消费者的认可。

任何产品图片的拍摄和后期处理，都不要想当然的仅凭个人喜好，卖家要学会多参考平台上同类产品的图片，多浏览销售排行榜中前 100 名（Top 100）的产品图片，思考优质卖家的图片思路，参照热卖产品的图片，逐步形成自己的产品图片方案。

为了能够更好地体现专业度和产品质感，产品图片最好由专业的产品摄影师和美工完成。

为什么产品图片如此重要呢？网络购物中消费者“看图购物”的理念决定了图片在其购买决定中的重要作用。作为卖家，必须无条件地重视每一张产品图片以及图片中的每一个细节。

一条 Listing 中，7 张产品图片展示角度各不相同，但它们彼此结合，构成了一个产品的整体，也影响着消费者对该产品最直观的感觉。在这一系列的图片中，卖家要精准地向消费者传递如下信息。

（1）**图片要传递真实准确的产品信息。**相信很多卖家都吃过被客户投诉产品实物与描述不符的亏，很多卖家觉得冤枉，因为自己的产品实物和描述是一模一样、分毫不差的呀！可为什么客户会投诉说实物与描述不符呢？不在于你的产品描述中写了什么，而在于你的图片中传递的信息误导了消费者。比如，一个很小尺寸的产品，为了在图片中显得清晰，于是拍出夸张的效果，结果是，客户收到物品发现实物太小，和预期出现偏差，自然会投诉和留下差评。卖家不要觉得只要产品描述写清楚就可以了，因为很多消费者甚至不会阅读你的产品描述，他们凭着对图片的印象做出购买的决定，然后再根据收到的实物做出反馈，如果图片传递的信息有误导性，纠纷和差评就在所难免了。

（2）**图片要美观大气。**如果产品设计很好，品质也很好，但是图片是自己随意拍摄的，虽然是真实产品的展示，但在图片中感受不到产品的设计感和品质细节，这种情况下，虽然可以收到少数顾客在收到实物时超预期的尖叫和好评，但也同样会因为图片不够出色而错失潜在的顾客。在图片的拍摄和处理上，一定要达到美观大气的效果，只有这样，才能提高转化率，让更多的客户点击你的产品页面，并且把他们留下来。

（3）**图片要有代入感。** 网络购物中“看图购物”的核心不仅仅在于你的产品图片有多漂亮，还在于你的产品图片所传递的信息能够和顾客的内在需求相吻合，甚至能够激发客户自己未曾感知的潜在需求。很多卖家在图片处理过程中单纯追求图片的漂亮，却忽略了图片所应该传递的代入感。什么是代入感？就是在看到你的图片时，能够想象出把这个产品用在日常生活中的真实情景，并且迫不及待地想使用它。单纯漂亮的图片可能会让用户觉得高冷。高冷没人爱，熟悉感才更容易让人接受。

（4）**图片要传递质感，更要传递超值感。** 图片处理中，传递质感是必需的，精心设计、精工细作的产品，图片一定要能够把最精美的细节展示出来，好的细节能够勾起消费者购买的欲望。但一套优秀的产品图片，仅仅有质感还不够，还要能够向顾客传递超值感！就是以这样的价格买到图中的产品是占了便宜的！只有让消费者感觉到超值，他才愿意购买。而要想体现超值感，图片细节是一方面，配件展示也是，甚至精心设计的包装盒图片都是很重要的内容。

（5）**图片名最好以产品关键词命名。** 很多卖家在整理产品图片时没有重视图片名的重要性，随意用中文或者数字命名，这样的命名虽然不影响发布产品，但从运营的角度来看，却可能错失不少潜在流量。在 SEO（搜索引擎优化）算法中，图片名称同样会被搜索引擎抓取，如果你的图片名是以非关键词的方式命名，会降低被搜索引擎抓取的可能性。

作为卖家，只有把以上五点印刻在脑海里，对产品图片有要求、不凑合，才可以让自己的产品展示得更出色。

为了在实际运营中有章法可循，在产品图片方面，卖家可以参考以下标准。

1. 主图

（1）主图必须是所售产品的真实产品图片；必须为白色背景（RGB：255，255，255）；不带配件、水印、插图、Logo 等，图片上无相关文字。

（2）为了能够清晰展示，产品须占图片空间 85%左右，像素为 1000×1000px（亚马逊要求的标准是不小于 500×500px）；图片最好是（.jpg）格式。

（3）产品清晰，100%展示，不要加带边框。

（4）主图要呈立体三维图：按照实物长宽高比例呈现，要直观、清晰、大气，不要比例失调而造成图片失真。同时，图片拍摄时要有一定的角度，尽量避免横平竖直式的拍摄，没有角度的图片是死板的平面图，有角度的图片可以让产品“活”起来；

图片后期处理中可以添加一定的 PS 效果（比如灯光、倒影等），以此提升产品的美感，以达到激发顾客购买欲望的目的；卖家可以参考 Anker 的产品图片，如图 5-4 所示。

2．副图

（1）副图最好采用图片和文字结合的方式，文字内容为“标题+简单描述”的格式，卖家可以参考 Anker 产品的副图，如图 5-5 所示。

图 5-4

图 5-5

（2）副图中要有多角度的卖点展示图，配合恰当的文字说明、插图、背景、品质细节等完美解读产品卖点和特点。

（3）副图中要有实物对比图：通过产品与日常生活中熟悉的物品做比较，弥补网购中无实物体验的缺陷（需要提醒的是，用来做对比的实物不可带有其他品牌的 Logo，如带有，在实际运营中可能会判定为侵权）。

（4）副图中最好包含产品的应用场景图，生活化的应用场景具有较强的代入感，可以提高顾客对产品的认知和接受度。

（5）副图中可以附带产品包装图，精心设计的包装和配件既可以体现卖家的用心和态度，又是 VI（企业形象）的一部分，对品牌有加分的作用。

（6）副图中可以带有生产工艺流程图和产品内核拆解图，这都是体现产品质感很重要的一部分。

（7）对于做了品牌备案的卖家，在制作 A+页面图时，尽量采用和主图、副图不同的产品图片，以增加顾客对产品的理解。

除了以上对主图、副图的基本要求之外，卖家在实际运营中还应该避免以下 11 类违规图片：①色情图片；②图像与标题不符；③非白色背景的图片；④图片中含有可见的人体模型；⑤产品在图片中被裁剪或部分不可见；⑥具有非站立的挑衅姿势的模特图像；⑦图片中显示多个产品视图、颜色或尺寸；⑧图片中显示包装、品牌或不确定的标签；⑨显示任何文字、标志、图形或水印的图像；⑩具有锯齿状边缘的图片，模糊或像素化图片；⑪图片中带有任何方式的联系方式，包括但不限于网址、电话、邮箱、二维码等。

同时，还需要提醒的是，在运营中，产品图片一定要自己拍摄，避免盗用其他卖家的图片。盗图行为同样是侵权行为，如果被原图卖家发现并投诉，轻则导致图片被删除，Listing 被屏蔽，情节严重的，则可能导致账号受限，销售权限被移除。

5.1.2　Listing 优化之二——产品标题

图片作为最直观传递信息的要素，在 Listing 优化中占第一重要的位置，而标题始终和图片在一起，用文字向消费者传递着产品信息并承担着打动消费者点击浏览 Listing 详情页的重任，在 Listing 的各种要素中，标题具有举足轻重的作用。

好的标题，可以为 Listing 导入精准的流量，并且能够激发客户的购买欲望。一个优秀的标题可以实现最大化地为产品引流，提高曝光量和订单量。

具体来说，在撰写产品标题时，首先应具备的观念是"标题是关键词的直接体现和搜索流量的直接来源"。一个好的标题一定要把产品最核心、最精准的关键词体现出来。标题中的关键词承担着两方面的重任：①被搜索引擎抓取，进入搜索结果中；②客户在浏览页面时可以准确理解该 Listing 是什么产品。

但一个产品往往会有很多类型的关键词，包括精准关键词、宽泛关键词、长尾关键词等，甚至还会有一些趋势性和流行性的热词，卖家在产品标题的撰写中，要巧妙搭配，达到既有效传递信息，又不累赘叠加才好。

首先，标题中不要使用太多关键词，一般来说，一个标题包含两三个核心关键词即可。在字符空间够用的情况下，可以适当搭配使用一两个长尾关键词或趋势热词。总之，最忌讳的是标题成了完完全全的关键词重叠堆砌。

其次，在标题中除了关键词之外，还要考虑产品的特性词和卖点。独特的特性和差异化的亮点都应该在产品标题中体现出来，要让消费者在阅读的一瞬间就能够触及内心的痛点和关切点。

最后，当一个标题撰写完成，卖家一定要认真读一读，要反复阅读，看语句是否通顺，是否朗朗上口，重点是否突出，卖点是否鲜明，语言是否生动，是否能够勾起买家立即下单购买的冲动，如果达不到，那就推倒重来。

当然，标题撰写的功力不是一蹴而就的，用心的卖家一定要经常阅读行业大卖家的 Listing 标题，通过阅读 Best Seller 的标题，感受别人标题的美，然后逐步形成自己的撰写思路。

通过以上分析，我们可以知道，一个优秀的产品标题需包含三个维度的内容：**关键词、卖点和美感。**

如前文讲到的，关键词分为宽泛关键词、精准关键词和长尾关键词。有些时候，这三类词语相互独立、彼此不相同，也有些时候，这三类词语会彼此相互重合。关键词彼此独立的产品说明该产品在消费者的认知中有多种叫法。比如，我们非常熟悉的移动电源就有三个通用关键词：Power Bank, External Battery, Portable Charger。这三个词语彼此独立，但都指向同一个产品，而且这三个词语都是精准关键词；再拓展一步，比如 25000Mah Power Bank 则意味着大容量的移动电源，因为附带了容量的属性，成为部分有特殊需求和要求的用户搜索时使用的词语，这样的词语我们称之为长尾关键词；而宽泛关键词指向较大，覆盖的人群很广，但指向不精准，卖家要酌情使用，以 Watches 为例，虽然"Watches"是手表类目的一个大词，指向非常广泛，表面上看似乎可以涵盖有意购买手表产品的所有人群，但实际情况是，从消费者的角度来看，一个有意向购买手表的消费者，其内心想要购买的产品其实早已界定在男式手表、女式手表或儿童手表这些带有定语的精准关键词了。

无论一个产品的关键词是如何构成的，对卖家来说，首先需要理解自己的产品，然后收集和整理出相关的产品关键词，收集到的词语可能有很多，卖家要根据实际对词语筛选，选择最有效的词语，以恰当的方式搭配，布局在产品标题中。

在当前的亚马逊平台，卖家很多，每个产品的竞争都非常激烈，对于新发布的 Listing，为了更好地获取流量、产生销售，建议卖家可以特别注意长尾关键词的使用。

如果说关键词的首要作用是让产品出现在搜索结果中起到引流的作用，那么仅靠关键词是说服不了消费者购买的。消费者在购买的过程中，总会在多条同质化产品之间比较，在比较中选择，在这个过程中，能够影响消费者行为的，是如何让你的产品给消费者留下深刻的印象，标题中产品卖点的表述就显得尤为重要。

在标题中，产品卖点体现为自家产品的独特性，和别家产品的差异化等，如此一来，就要求卖家必须学会提炼自己产品的独特之处和能够触及消费者痛点和关切点的东西。也就是说，在卖点的表现上，要求你能够像挠痒痒一样，做得恰到好处，要让消费者阅读了你的产品标题就立刻像被种了心锚一样，再也忘不掉。

从这个意义上来讲，产品卖点就等于是种心锚——“我有，别人没有”，而“我有”的这些特性又正好是消费者看到之后就会念念不忘的。

具体来说，能够用来种心锚的内容包括产品独特的特性、差异化的卖点，以及产品中可以解决用户需求的痛点和消费者的关切点，这些都需要卖家能够“以用户为中心”拓展。如果脱离了消费者这个根本要素，仅站在生产和工艺流程的角度描绘，恐怕就会鸡同鸭讲，事倍功半。

有了关键词，有了产品卖点，卖家就要达成标题优化的第三点——美感。美感是一个要求比较高的东西，虽然抽象不易懂，但它又切实地体现在标题的每一个细节中，一个突出重点的断句是美感，一个使用恰当的标点符号也是美感，一串搭配适宜且准确的大小写字母组合同样是美感。当然，卖家如果能够在标题中搭配合适的修饰词，那读起来就更让人赏心悦目而心向往之了。

当在撰写产品标题的过程中能够从关键词、卖点和美感三个层面思考，努力把握且尽量做好，一个优秀的产品标题就诞生了。

在讲述了一个优秀的标题应该包含的要素和注意事项之后，我们还需要知道产品标题中应该避免哪些情况。

（1）**标题中不要添加无谓的促销信息。**Free Shipping, New Arrival, Hot Sale, Promotion 等诸如此类的词语，eBay 的卖家经常使用，在速卖通上也经常出现，但在亚马逊平台上是禁止使用的。亚马逊的产品上架规则和促销工具已足可以体现卖家想要表达的这些内容，所以在标题中卖家不要添加上述词语。

（2）**标题中的单词不要全部用大写字母。**有些卖家习惯把标题设置成全部大写，这看似很酷，但实际上这也是亚马逊所禁止的。在亚马逊产品发布的过程中，当标题所用字符不规范时系统会自动提醒。在此，建议大家尽可能按照规则规范地设置产品标题的书写。通常情况下，每一个单词的第一个字母大写，但遇到 for, with, and, of 之类没有实际意义的虚词时，通常使用小写字母。

（3）**标题中不要出现拼写上的错误。**这看似是废话，但确实有不少卖家因为粗心而出现如此低级的错误。也许拼写错误只是因为一时的不认真、不细心，但传递给消费者的信息可想而知，卖家要尽量避免。

（4）**标题不要太短。**亚马逊官方的要求是标题不可以超出 200 个字符（部分类目是 80 个字符）。如果超出了，产品就显示不出来。但从实际运营的经验来看，标题最好不要超过在亚马逊展示中的两行，大概在 160 ~ 170 个字符数。这样的长度，既可以清晰表达产品的信息，又易于消费者快速阅读和理解。

下面我们以 Anker 的产品标题为例，看看一个优秀的标题是如何构成的。Anker 的标题如图 5-6 所示。

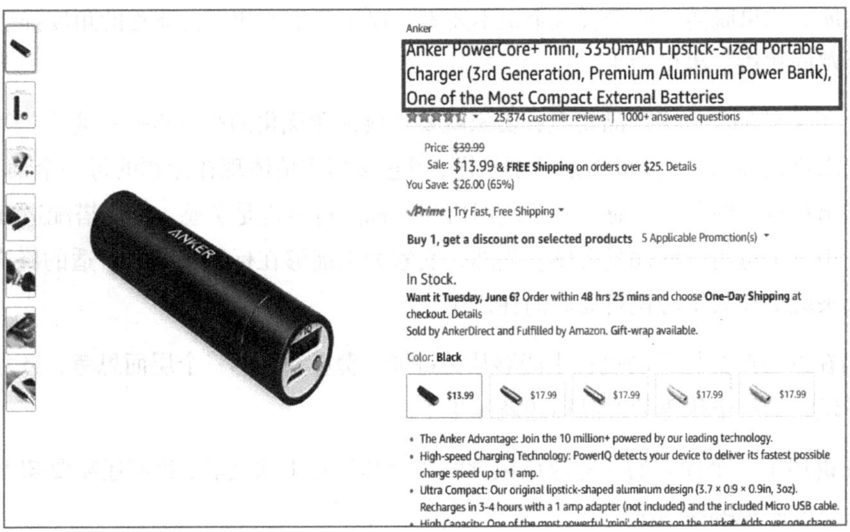

图 5-6

案例标题：Anker PowerCore+ mini, 3350mAh Lipstick-Sized Portable Charger (3rd Generation, Premium Aluminum Power Bank), One of the Most Compact External Batteries

根据这个标题，我们结合前文所讲的标题的第一要素：关键词。对移动电源稍微有了解的人都知道，移动电源包含三个核心关键词：Power Bank, Portable Charger, External Battery。在案例的标题中，Anker 把这几个核心关键词都应用进去，且用在了恰当的位置。

那么卖点呢？在案例的标题中，Anker 把自己的产品提炼出包括 PowerCore+（既是系列商标又能够强调品质好），Lipstick-Sized（强调了产品的迷你精致），3rd Generation（第三代产品，突出产品的传承和升级）等卖点，很好地体现了产品的独特特性、与竞品的差异化和质感。站在消费者的角度看，这都是一个个吸引人的可以起到种心锚作用的锚点。

我们再来看案例中的标题是如何体现美感的。Anker 的标题在体现关键词的同时，把各个卖点分别和不同的关键词搭配。同时，用逗号和括号把独立的意思区隔开来，从而形成了一系列的小句子。短小的句子可以让消费者在没有压迫感的状态下轻松读完，并且因为恰到好处的停顿，消费者还记住了这些要点。和很多卖家动辄 200 个字符不加任何区隔的长标题相比，短句子结构的搭配更易于阅读，更能够加深消费者对产品的感觉。而多个关键词环环相扣，和卖点融合，反复刺激消费者的神经，让消费者在不知不觉中接受了这个产品，美感的效用得到充分释放。

作为亚马逊平台上最优秀的卖家，从 Anker 的产品标题中我们可以学到很多，Anker 店铺里的产品有很多，每条 Listing 的展现也都不是千篇一律的，但毫无疑问，每个标题都极尽用心的打造。对亚马逊卖家来说，非常有必要把 Anker 的 Listing 作为日常运营中的参考，用心学习，悉心把玩，说不定，你就琢磨出味道来了。

可供参考的两种标题设置格式：

参考格式 1：品牌名+核心关键词+（特性词/功能词/属性词）+其他（材质/尺码/颜色/适用范围等）

ABC NFC Bluetooth Speaker, 6W Deep Bass Portable Waterproof Speakers for Outdoor Activities

参考格式 2：核心关键词+品牌名+（特性词/功能词/属性词）+其他（材质/尺码/颜色/适用范围等）

NFC Bluetooth Speaker, ABC 6W Deep Bass Portable Waterproof Speakers for Outdoor Activities

5.1.3 Listing 优化之三——五行特性

图片清晰，展示得体，恰当地体现产品的整体和细节，标题抓住重点，精准地体现产品的关键词和特性卖点等，这都是打造一条优秀的 Listing 必须要注意的内容，但仅仅有这些还不够。

在产品发布的过程中，五行特性（Bullet Point，又称短描述）的填写也是 Listing 打造中必不可少的一项，如图 5-7 所示。站在消费者的角度看，五行特性展示在标题的下面，和图片、标题紧密结合，形成了阅读产品详情页面的第一屏。

图 5-7

在前边的章节中，我有讲到消费者阅读产品详情页面时的一般顺序，从图片看起，经由标题，进而阅读五行特性，通过这三部分构成的第一屏，对产品形成初步的直观感受，对产品的喜爱和接受，都将由这三部分内容直接决定。由此可见，五行特性的好与坏对消费者购买行动的发生与否，同样起着非常重要的作用。

正因为如此，五行特性的内容不可以随意填写，应该用心、精心提炼，根据产品的特点筛选，既不能泛泛而谈，又不能不分轻重，要从产品的众多内容中，总结出五条具有代表性的内容，每个特性点的内容都要能够击中消费者的内心，投射到潜在顾客的心坎上，只有这样，才能提高消费者的关注，把关注转化为订单。

没有经验的卖家，往往简单地从产品说明书中摘取五句话，复制粘贴了事，这样的做法，虽然表面上看不到直接的害处，但也确实起不到提升转化的作用。关于 Listing

的优化和打造，我始终坚持一个观点：凡是无益的，都是有害的。最直接的害处就是让你失去了一个更好表现的机会。

对于五行特性的写法，我的建议是，尽可能梳理和总结出产品的特性点，并把特性点转化为能够解决客户需求点和痛点的文字。站在消费者的立场思考和提炼，就会发掘出不一样的内容。具体来说，消费者不喜欢冷冰冰的技术参数语言，所以卖家在五行特性的表述上要尽可能多使用一些有灵性的生动活泼的表述。

为了能够让五行特性的语言生动，为了能够抓住用户的痛点，卖家在撰写五行特性时，不妨多参考同行卖家产品 Review 中的内容。

在五行特性的格式上，每个特性点的开始，卖家可以用两三个词语做概括性总述，同时以大写使其显眼，然后，每个特性点的长度，一般控制在两三行为宜，每个特性点都尽量在半行处结束。如此一来，五个特性点展示出来，就形成了五个精炼的小段落，开头和结尾清清楚楚、一目了然，既提升了五行特性结构上的美感，又适应了消费者喜欢阅读小段落的习惯，如图 5-8 所示。

- ULTRA BRIGHT: Includes 30 individual low powered LED bulbs, designed for a longer lifespan. Carry 360° of luminous light while saving energy
- DEPENDABLE BUILD: Constructed with military grade; promising long-time durability, no matter where you go
- DESIGNED FOR CONVENIENCE: The extremely lightweight build allows you to take your lantern on the go with ease. When not in use collapse the lantern to a smaller size; store it effortlessly, taking little space
- LOW CONSUMPTION: Light up to 12 hours of regular, continuous use with enough battery capacity (AA battery included)
- BUY WITH CONFIDENCE: 90-day return refund guarantee, 2-year warranty and lifetime supported by Etekcity. FCC, ROHS certified.

图 5-8

当然，卖家还可以在每个特性点的开头加上序号数字 1,2,3 或其他美观大气的特殊符号比如【 】等符号彰显和区分每个特性点的内容。

5.1.4 Listing 优化之四——产品描述

在 5.1.3 节中，我们讲到五行特性作为产品短描述要求其能够对产品特性以及能够触动用户关切的内容做一个言简意赅的表达。相对于五行特性来说，产品描述可以填写的内容更多，形式更灵活，如果内容和展示形式优美，足以成为促成消费者下单购买的临门一脚。那么，我们该如何撰写 Listing 的产品描述呢？

1．内容方面

在亚马逊平台上，产品描述的作用在于解答用户在产品图片、标题和五行特性中未能获取的更详细的产品信息，买家带着疑虑一路走来，一直浏览到产品描述，希望对产品的困惑点能够得到解答，同时也希望能够通过对产品描述的阅读说服自己购买或者舍弃该产品，基于以上心态，这就要求卖家在产品描述中能够对前述三项做进一步补充和完善，以达到说服消费者下单购买的目的。

网上购物过程中因为缺少直接语言的沟通，消费者对产品的识别只能借助于描述中的表达，产品说明除了需要准确表达之外，生动活泼的语言更容易获得消费者的认可和共鸣，所以卖家在产品描述内容的打造上，一定要避免写成产品说明书，干瘪瘪的技术参数是打动不了消费者的。所以，语言通俗易懂才是产品描述的主要表达形式。

当然，对很多卖家来说，他们可能熟悉自己的产品并会正确熟练地使用它，但要用精准恰当的语言，以通俗易懂的方式表述它，还存在一定的难度，再加上是非母语表达，那就更是难上加难了。

那卖家该怎样做才能呈现出一份出色的产品描述呢?

（1）**参照多个竞争对手的产品描述。**很多卖家在撰写 Listing 时都会选择参照竞争对手们的产品描述，有人甚至直接照抄别家的内容。确实，竞争对手是最好的老师，一条已经成为爆款的 Listing，其产品描述必然经过了多重的规划和考虑，自有其参考价值。但完全复制一家的描述必然会招致对方的痛恨，甚至还可能引起对方暗下黑手，所以，卖家在参考别家的产品描述时，要综合多家汇总、整理和提炼，综合各家之长，形成自己独具吸引力的产品描述。复制一家的叫抄袭，汇总多家的则就是创新了。

（2）**参照产品 Review 中消费者的反馈。**很多消费者在购买一个产品后，会把实际使用体验通过产品 Review 的方式分享出来，产品 Review 有好评也有差评，但却都是站在用户立场上的反馈。卖家要学会从产品 Review 中提炼对自己有用的信息，找到消费者的关切点，通过对产品 Review 的整理和提炼，并把有代表性的点应用在产品描述中，更容易引起后面消费者的共鸣并产生订单。

2．展示方面

在亚马逊平台上，发布一条产品时，并不是以所见即所得的形式展现，如果卖家没有在产品描述中插入相应的 HTML 标签符号，无论你在前期编辑的页面多么完美，发布之后在亚马逊前台页面都会变成不区分段落的密密麻麻的一团，杂乱的文字直接影响着消费者的阅读体验，让潜在的消费者悄然流失。

为了避免因为展示格式不完美而流失顾客，作为卖家，我们在编辑产品描述时，不仅要做到内容优秀，还要充分利用 HTML 标签符让产品描述的展现也同样出色。通过在产品描述中添加 HTML 标签，我们可以实现产品描述展现得粗细体结合、整齐划一和分段有序。详细的加粗体、换行、空行（连用两个换行符）标签符的使用方法如下。

```
换行符号<br>
第一行内容<br>
第二行内容<br>
第三行内容
加粗符号<b></b>
<b>需要加粗的内容</b>
```

当我们为一个产品描述做了比较好的页面设置，一个优秀的产品描述就展现出来了。卖家在产品描述的规划中，不妨参考图 5-9。

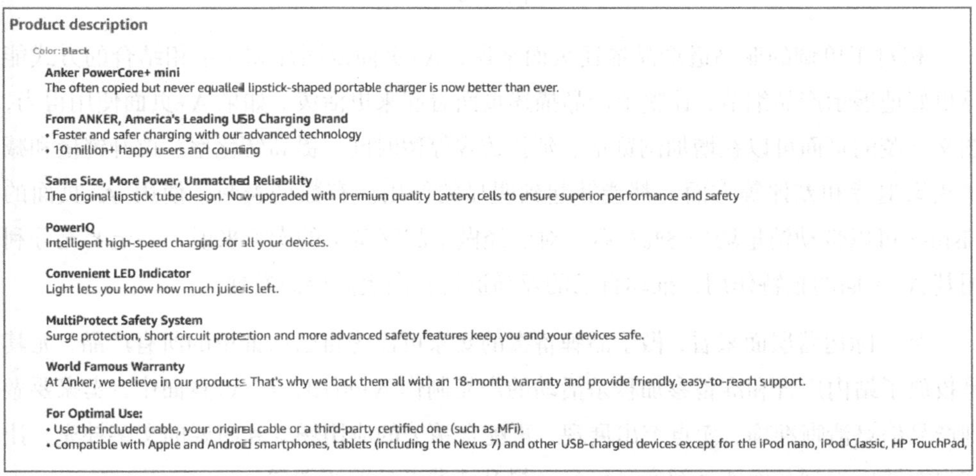
Product description

Color: Black

Anker PowerCore+ mini
The often copied but never equalled lipstick-shaped portable charger is now better than ever.

From ANKER, America's Leading USB Charging Brand
• Faster and safer charging with our advanced technology
• 10 million+ happy users and counting

Same Size, More Power, Unmatched Reliability
The original lipstick tube design. Now upgraded with premium quality battery cells to ensure superior performance and safety

PowerIQ
Intelligent high-speed charging for all your devices.

Convenient LED Indicator
Light lets you know how much juice is left.

MultiProtect Safety System
Surge protection, short circuit protection and more advanced safety features keep you and your devices safe.

World Famous Warranty
At Anker, we believe in our products. That's why we back them all with an 18-month warranty and provide friendly, easy-to-reach support.

For Optimal Use:
• Use the included cable, your original cable or a third-party certified one (such as MFi).
• Compatible with Apple and Android smartphones, tablets (including the Nexus 7) and other USB-charged devices except for the iPod nano, iPod Classic, HP TouchPad,

图 5-9

3. A+页面的设置

对拥有注册商标并且在亚马逊上做了品牌备案的卖家来说，产品描述里面还有一个可以为自己的 Listing 大幅加分的重要内容——A+页面（图文描述），其展示如图 5-10 所示。

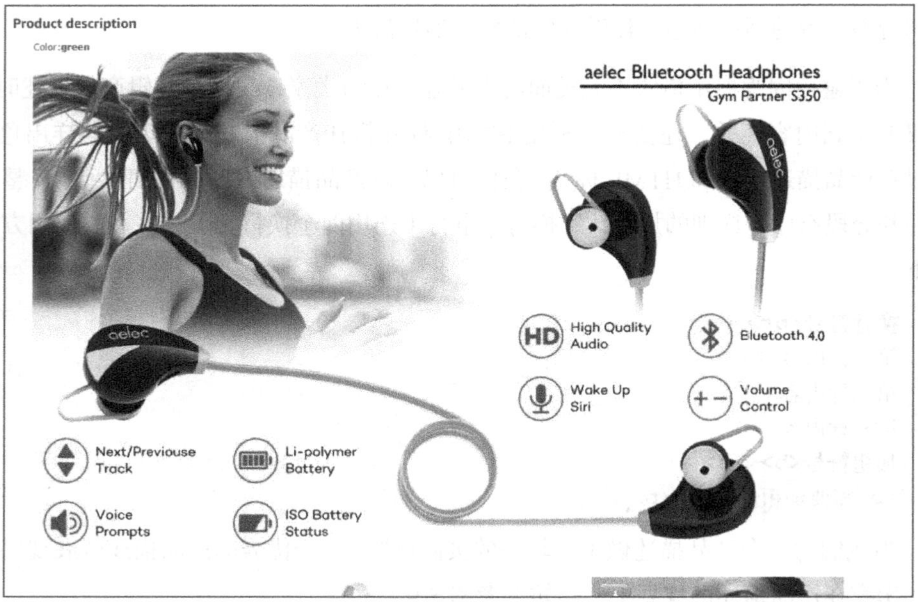

图 5-10

相对于单调的亚马逊产品描述页面来说，A+页面以图片和文字相结合的方式能够更好地展示产品细节，让整个产品描述页面看起来更活泼。如果 A+页面使用得当，图文并茂的页面可以在增加浏览量、延长访客停留时间、提高转化率、拉升销量和减少买家退货和差评等方面，都能够起到明显的作用。有数据表明，使用 A+页面的 Listing 可以带动销量增加 5%左右。对已经做了品牌备案的卖家来说，一定要充分利用其 A+页面的独特作用，推动自己的亚马逊运营向更高层面发展。

从实际运营层面来看，做了品牌备案的卖家可以为自己店铺里的所有产品，尤其是投放了站内广告和准备参加秒杀活动的产品制作 A+页面，在 A+页面中，卖家要做到产品信息清晰准确、卖点突出展现，再配合精美的应用场景和简要的文字补充，让客户能够更深刻全面地理解产品信息，提升消费者的购买欲望。

4．四段式产品描述布局法

综合上述关于产品描述的内容，在实际运营中，我们应该把产品描述分为四个部分（根据实际需要，每一部分可能包含多个段落）打造。

第一部分以情怀和感性为立足点，可以讲述品牌故事，也可以讲述品牌背景和实力，以生动的语言描述，引导消费者看到一个栩栩如生的场景。生动的场景具有很强的代入感，更容易获得客户的认可，引起情感上的共鸣。

第二部分围绕产品本身讲述，产品的参数、工艺等各种细节都可以在这一部分做精准的描述，让客户更准确地理解产品本身。

第三部分可以讲述卖家为客户提供的各种保障，品质保证和售后服务等内容都是这一部分需要重点强调的内容，起到给消费者吃定心丸的作用。

第四部分讲述产品的包装信息，包装里包含的各种配件和赠品等，可以一一列举出来，而对于卖家打算作为赠品的配件，也要详细地罗列在包装清单中，列举得越详细，消费者就越觉得物超所值。

以整齐规范的页面格式，配以生动翔实的内容，再加上上述四段式的产品描述布局，产品功能和情感诉求双双落地，这样的产品描述足以让订单转化率得到极大的提升。

5.1.5　Listing 优化之五——关键词

本节所讲到的关键词，既指标题中使用的关键词，同时也指卖家用在后台 Search Term 中的产品关键词。

标题中的关键词展示在前台，在参与到搜索结果的同时，还起到引导消费者购买的作用，而 Search Term 关键词却隐藏在后台，在亚马逊前台不可见，但参与到搜索结果中来，可以补充和完善标题中不能覆盖的关键词，增加 Listing 被搜索和曝光的可能性，从而最大限度地提升产品的曝光。

关于产品关键词，我们可以理解为消费者用来搜索某个产品时用到的词语。在某种程度上，关键词等于产品名称，比如“Power Bank（移动电源）”，既是产品名称，同时又是关键词，但由于不同的人对一个产品的称谓往往各不相同，这就导致一个产品往往会有多个关键词，比如有人也会把移动电源称为“External Battery（备用电池）”“Portable Charger（便携式电源）”等，这些词语因为被消费者所接受，并且会被用来搜索查找该产品，所以这些词语都是关键词。

理解了什么是关键词，在优化一条 Listing 的过程中，卖家要站在消费者的立场上收集整理尽可能多的产品关键词，然后把这些关键词按照相关性强弱应用于产品标题、产品描述和 Search Term 关键词中。

按照相关性的强弱，产品关键词可以分为精准关键词、宽泛关键词和长尾关键词三种。精准关键词和产品匹配度最高，是大部分消费者直接用来搜索的词语；宽泛关键词和产品有一定的相关性但又不仅仅指这一类产品，宽泛关键词和产品之间是一种包括与被包括的关系，宽泛关键词在涵盖你的产品的同时，也会涵盖其他类似或同类产品，所以相对来说精度不高；长尾关键词是指某个特定群体搜索一个产品时会使用的词语，指向精准但受众偏少，被搜索的次数也少。

举例来说，对一个卖男装的卖家来说，“衣服”属于宽泛关键词，结合其产品，“男式夹克”“男士衬衫”则属于精准关键词，“跑男同款男士西装”“邓超同款夹克”则属于长尾关键词。

通过上述分析，我们不难发现，有些词语虽然是宽泛关键词，但几乎鲜有人搜索，所以卖家在 Listing 优化中可以忽略此类关键词，比如前文提到的“衣服”，虽然代表着产品的属性，但试想当你在打算购买一件衣服的时候，真的会用“衣服”这个词搜索吗？几乎不会。因为这个词语太宽泛了，如果真的搜索，成千上万种不同类型的男女老少款的衣服都会在搜索结果中展示出来，和消费者的真实需求相差太远，匹配不精准。买家一般不会这么搜，卖家也没必要这么设置。

还有一些词语，既是宽泛关键词，同时也是精准关键词的一部分，这类词语往往会被作为核心关键词使用。比如“移动电源（Power Bank）”，本身虽属宽泛关键词，但由于其产品属性本就如此，大部分消费者都会使用该词语搜索购买，所以，就有必要将其作为重点关键词使用。

当然，在使用过程中，卖家还需要根据自己产品的实际情况，添加其他的搭配词语，从而组成更多的精准关键词，比如“Power Bank Fits For Apple（适用于苹果手机的移动电源）”“Power Bank For iPhone 6S（适用于 6S）”“Power Bank with MFI by Apple（苹果认证工厂）”等，而卖家一旦这样搭配，其实就已经跨度到长尾关键词了。

知道了什么是产品关键词以及关键词之间的区分，我们再来看看亚马逊平台对卖家产品发布中使用的 Search Term 关键词有什么具体的要求。

（1）在最新的亚马逊规则中，Search Term 关键词中，能够参与搜索的总数量为 250 个字符，卖家可以把所有字符填写在 Search Term 的第一行，也可以 5 行平均填写，每行约 50 个字符。

（2）为了避免被系统判定为侵权，Search Term 关键词和 Listing 详情的其他内容一样，不能滥用别人的品牌名以及有误导性的、不相干的词语。同时，为了让效用最大化，卖家在 Search Term 关键词中要尽量不用或少用与标题中重复的词语。

（3）在每一行 Search Term 关键词的放置中，卖家可以把精准关键词优先放置前边，而关键词之间用空格分隔。在确保相关性的前提下，关键词放置越多越好，但为了避免被系统误判为关键词作弊，建议卖家尽量不要重复使用某个词语。

（4）如果一个关键词由多个词语组成，请按最符合逻辑的顺序排列。

虽然 Search Term 关键词可以参与到搜索结果中来，但对卖家来说，需要记住的是，和 Listing 其他部分的关键词比较，Search Term 关键词的权重并不突出。在整个 Listing 的搜索权重中，关键词搜索权重排序的 Title＞Bullet Point＞Search Term＞Description 的顺序是没有改变的！

对卖家来说，我们应该从哪里获取更多产品关键词呢？

（1）**从常识中整理：**站在消费者的角度思考，看消费者会使用什么关键词搜索该产品。

（2）**从平台上收集：**选择平台上搜索量最多的关键词，Top Seller 卖家使用的热门关键词，竞争对手标题和描述中使用的关键词，以及搜索框下拉菜单中自动展示出来的 Buying Keywords 都是我们需要收集的对象，如图 5-11 所示。

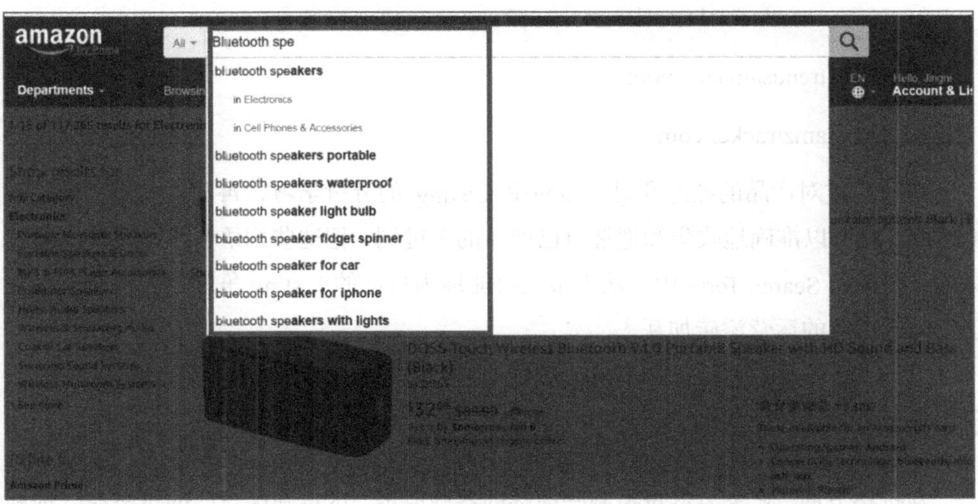

图 5-11

（3）**从销售报表中获取：**通过下载广告报表，报表中会有很多词语是卖家所没有意识到的，其中那些高曝光、高点击、高转化的词语都可以作为关键词搜集和整理的一部分，补充进自己的关键词列表中。

（4）**利用站外的各种关键词工具收集：**在亚马逊站外，很多第三方工具为卖家提供了收集和整理更多关键词的可能性。

① www.seller123.net（赛乐跨境导航，国内最大的亚马逊导航网址，汇集了亚马逊卖家日常运营中的各种必备工具）。

② Google Adwords Keyword Planner（谷歌关键词规划师）。

③ www.keyworddiscovery.com。

④ www.wordze.com。

⑤ www.keywordtool.io。

⑥ www.merchantwords.com。

⑦ www.keywordspy.com。

⑧ www.triplify.com。

⑨ www.scientificseller.com。

⑩ www.keywordtooldominator.com。

⑪ www.camelcamelcamel.com。

⑫ www.trendsamazon.com。

⑬ www.amztracker.com。

卖家通过对产品的熟悉和对竞争对手 Listing 的分析学习，再加上上述各种工具的辅助，就可以准确地收集和把握自己产品的关键词，把这些词语恰当地用在产品的标题、描述和 Search Term 中，从而最大可能地为自己的 Listing 争取更多曝光，为自己亚马逊店铺的运营添砖加瓦。

5.1.6 Listing 优化之六——价格

在价格方面，卖家要尽量控制好前端的各种成本，尽量确保自己的价格在合理利润空间基础上依然能够有竞争力。当前平台上竞争激烈，如果一味地追求利润率而忽视成本方面的控制以及和同行卖家的横向对比，产品价格超出了消费者的预期，那么很容易导致你的运营处于被动的局面。

在价格设置方面，有些卖家习惯只设置一个固定价格，这样的设置虽然符合平台的要求，但因为没有考虑消费者的心理而显得生硬。建议卖家在设置价格时，可以在设置标准价（Standard Price）的同时，再设置一个折扣价（Sale Price），两个价格的对比更易刺激消费者购买。

另外，如果你的产品是变体的 Listing，同时包含多个子体，那么不妨针对不同的子体设置不同的价格，价格以区间的方式呈现出来同样更有利于提高转化率。

5.1.7 Listing 优化之七——库存数量

库存数量既反映卖家运营的稳定性，也同时影响着 Listing 的排名。根据亚马逊的 A9 算法基础，如果一条 Listing 库存数量过少，其 Listing 会在一定程度上遭到降权，从而降低曝光，Listing 排名会相对靠后。所以，在资金许可的情况下，卖家应充分评估销售预期、备货周期、发货时效等因素，尽可能做到备货充足，避免因为库存数量太少而导致排名下降和断货。

5.1.8 Listing 优化之八——产品评价

产品 Review 是指顾客在购买产品之后（根据亚马逊的规则，没有购买该产品的用户同样可以对产品做出评价，但此处我们特指有真实购买的产品 Review），结合实际的购物和使用体验，对产品本身做出的评价。

产品 Review 展示在 Listing 详情页面，影响着 Listing 的权重，如果一条 Listing 的产品 Review 太差，不仅会遭到系统降权，客户也会对其持怀疑和否定的态度而不愿下订单。从某种意义上说，产品 Review 的好坏决定着一条 Listing 的生死。

和前面讲述的 Listing 优化要素不同，产品 Review 是由顾客直接留下的，其主导权并不在卖家手中。但即便如此，考虑到产品 Review 对 Listing 的重大影响，在力所能及的情况下，卖家应该尽量确保自己的产品有更好的 Review 表现——更多的产品 Review 和更高的星级，这都是卖家应该贯穿运营始终的目标和方向。

有数据显示，一条拥有好评的 Listing 和一条没有评价的 Listing，在其他要素都相同的情况下，其转化率会有 5%左右的差别（有好评的 Listing 转化率可以达到 15%左右，而没有评论的 Listing 转化率只有 8%左右），这足可以让我们看到产品 Review 在影响订单转化率方面的重要作用。

卖家还可以通过一些方式让 Listing 度过新品零评期，最常见的是以合并 Listing 的方式实现。因为没有产品 Review，一条新的 Listing 转化率很低，站内 PPC 广告的成本会偏高，在此情况下，如果你的产品属于可创建变体的产品类目，而同时你的店铺里面有其他同类产品已经积累了一定的销售和评价，卖家可以通过合并 Listing 的方式将两条 Listing 合并，合并后的 Listing 就可以共享原 Listing 的产品 Review 了。随着新 Listing 的销量累积，逐步收到了产品 Review，卖家还可以根据运营需要，对合并后的 Listing 拆分。

解决了新品期没有产品 Review 的问题，随着产品销量增加，产品开始陆续收到评价，好的产品 Review 固然让人喜悦和兴奋，但差的评论也着实让人心里焦虑。差评影响着 Listing 的美观，影响着顾客下单时的感受，同时还影响着 Listing 在系统中的权重，所以卖家在收到差评时，一般要在第一时间想办法解决。面对一个产品，卖家可以从两方面入手：①联系客户修改。如果能够联系到客户，卖家就要在第一时间联系客户，向客户赔礼道歉，争取获得客户的谅解，协助修改差评。②联系平台客服申诉。对于某些从评价内容可知非我方责任造成的差评，卖家可以联系亚马逊客服，说明问题缘由，争取获得客服的支持，兴许可以帮助移除掉差评。

刷评是每个电商平台都禁止的，亚马逊平台也不例外，对于大批量的刷评行为，亚马逊从来不手软，所以卖家在运营中一定要谨慎为之。

5.1.9 Listing 优化之九——产品问答

产品问答（Question & Answer，Q&A）展示在产品页面居中的位置，是消费者关于该产品本身的一些相关内容问答的平台，可以有效解决顾客下单前对于产品的疑虑，很多卖家在进行 Listing 优化时往往忽视了 Q&A 的内容。

和 Listing 优化中其他部分“王婆卖瓜，自卖自夸”式的表述不同，产品 Q&A 从买家立场出发，可以提供一些在产品描述中不方便表达的内容。因为一般的产品，客户提问通常都很少，卖家可以通过多个账号之间彼此提问，或者请老客户协助提问的方式实现 Q&A 的呈现。

除了真实的客户提问之外，卖家自己在为 Listing 优化而提问题时，一定要围绕产品细节和服务水平两个方面提问，并且要针对每个问题认真详细的回答。只有这样，才能起到为 Listing 加分的作用。

5.1.10　Listing 优化之十——面对移动端的优化思考

根据亚马逊最近公布的一份用户数据资料，亚马逊在全球的活跃用户数已达到 3 亿多，而就北美站来说，PC 端独立访客约为 4200 万人/月，移动端独立访客约为 1.26 亿人/月。通过以上数据不难看出，亚马逊移动端的流量已经占到总流量的 75%左右，面对如此高比例的移动端流量，卖家自然应该考虑如何更好地把握和利用。

卖家要想精准地把握住移动端流量，必须考虑移动端展示和 PC 端展示的差异。结合实践经验和对比，我们发现移动端展示主要有以下特点。

（1）在产品标题的展示上，从 PC 端最大 200 个字符的展示缩减为 80 个字符，这就要求卖家在对标题优化时要充分考虑这一点，尽可能地把标题中最重要的内容体现在最靠前的 80 个字符中。

（2）在五行特性的展示上，移动端的特性卖点从 PC 端展示的 5 个减少为 3 个，另外的 2 个特性卖点需要再次点击才会显示出来，这就要求卖家在进行 Listing 优化时，要尤其注意前边 3 个特性卖点的内容。

（3）在产品描述的展示上，PC 端往往会有完整的产品描述展示，但移动端只展示出大约 200 个字符。这样一来，产品描述最前边一段就显得格外重要，卖家一定要认真撰写，突出品牌和产品的重点，以达到更好吸引移动端消费者的目的。

能够做到以上三点，再加上原有的 Listing 优化细节，卖家就可以实现把 PC 端和移动端流量双双揽入手中了。

写到这里，关于亚马逊 Listing 优化的内容以及应该采取的优化方案基本上都讲解了。在实际运营中，建议卖家根据以上内容，结合自己的产品实际和市场竞争情况，有针对性地进行 Listing 内容的撰写和调整，争取让自己的产品得到最佳的展示。

在 Listing 优化的过程中，卖家要学会和竞争对手们做横向对比。和同行对比，学习竞争对手的优点，规避竞争对手的缺点，汇总多个同行卖家的特点，形成自己的精彩点。如果做到这些，你的 Listing 在平台上离脱颖而出也就指日可待了。

营销学上有句至理名言，“你忘记的和没有做到的，你的竞争对手都会替你实现”，Listing 的优化也是如此。

5.2 Listing 优化应该保持怎样的节奏和频率

在亚马逊运营中，Listing 优化是贯穿始终的一项工作，虽然需要卖家持续进行，但也不意味着要求卖家每天都要对 Listing 调整。

"优化"用在此，其本身的意思是指"调整"。基于当前对产品的理解，对平台和竞争对手的分析，以及对自己原有视野和认知的反挖掘，意识到之前做得不好、不到位、不全面，所以，在新的认知基础上，对 Listing 做出一些新的调整。当然，调整的目的是让 Listing 得到更好的展现，所以我们才把这种调整称为优化。

这种被大家称为"优化"的行为，其实是一厢情愿的，因为你的每一次调整，都意味着有两种可能的结果：Listing 变得更好，有了更好地展示和转化，亦或者 Listing 变得更糟了。

虽然努力的心情是好的，但结果却是不确定的，需要实践的检验。

为了避免糟糕的情况发生，在 Listing 优化这件事上，我们除了要掌握前文中的优化细节和技巧，还要把握好优化的节奏才行。

每次听到有卖家讲自己日常运营中最核心的工作就是优化 Listing 时，我就有点哭笑不得。Listing 优化固然重要，但绝非需要天天进行。

一条 Listing 的展示效果，很大程度上已经有了客观存在的意味。消费者的审美观会有偏差，你永远无法做到所有人心中的完美 Listing，而同时，基于平台规则下，如果产品在某个时间段内销量和转化率都很出色，这条 Listing 几乎就是"接近于顶峰"的存在了。试想，当一条 Listing 已经表现得非常出色时，何来"优化"之说？

站在山顶，迈出的任意一步都意味着下坡路。

所以，关于 Listing 优化，我的建议是，做到优秀即可，没必要刻意追求完美，反正你永远也达不到完美。

但在运营中，我们没有办法拿出一个标准答案告诉你什么是优秀、什么是完美，所有的判定，很大程度上都需要依赖于从销售数据中得到的反馈。基于此，Listing 优化的节奏，也需要根据销售数据来进行。

Listing 优化不是盲目的调整，每一次调整都需要基于大量数据分析。销量变化是重要依据，竞争对手的 Listing 表现是参考的对象，平台上同类产品的销量是参考的坐标，而自己的 Listing 排名也是调整时要考虑的因素。同时，你对产品更深刻的认识也是优化的必要基础。否则，如果你对外界一无所知，且自身无所长进，那么不调整也罢。

在 Listing 的调整和优化中，我们还需要知道的是，每一次 Listing 调整对于亚马逊 A9 算法来说，都意味着算法的重新运行和排序，系统会根据你最新的产品页面信息进行一次新的运算。简单的理解就是，如果你的调整正好契合平台的算法，Listing 排名提升，如果调整与平台的算法相悖，你只能进入重新排序状态，排名就有可能下降。

我们也可以这么理解，Listing 的排名就好比一群人排队，每个人手中拿着一个号码牌，而排队的规则就是“过期不候”，你的 Listing 的每一次调整都可能意味着要重新从头排起。这就是为什么很多卖家在“优化”了 Listing 之后，排名不升反降的原因。因为你的“优化”破坏了原有的平衡，导致 Listing 权重下降了。

当然，亚马逊的 A9 算法不单纯是“过期不候”规则下的排队，在亚马逊的平台算法下加入了更多的变量，比如每次 Listing 调整之后，如果销量增加、转化率高于同行，那么系统就会为该 Listing 增加权重。此时，Listing 调整导致的原有权重积累得到快速的回复，Listing 排名上升，Listing 有了更高的曝光和流量，这才是我们想要的 Listing 优化。

另外，平台上 Listing 调整之后的排序并不是即时性就可以体现出来的，存在着有一定的滞后性。所以，卖家对 Listing 的调整也要把握节奏，每次调整之后都要适当的观察几天，而不要因为一时没有看到结果就频繁调整，如果像文章开头的卖家所言，“每天都在优化”，那恐怕也只能是每天都在队伍的最末尾忙着排队而已。

通过以上分析，对于 Listing 调整和优化的节奏，我们应该按照以下的方案进行：

（1）当一条 Listing 势头正劲、销量飞速增长时，这意味着其发展趋势是向好的，此时，建议卖家不要对 Listing 做调整，因为此时的调整有可能破坏 Listing 原有的权重，导致增长停滞，甚至销量减少，如果 Listing 确实存在细节方面不完美，建议可以暂时记录下来以后优化时再做变动。

（2）当一条 Listing 销量稳定、排名相对稳定时，且这种销售业绩已经基本上达到你的运营预期，此时，建议卖家暂时也不要做任何调整。

（3）当一条 Listing 销量出现大幅减少，而比照同行卖家时发现自己确实存在着不足，此时，是该对 Listing 优化了。但此时的调整，卖家需要边调整、边记录、边观察效果，调整为你认为更优的内容，记录下调整前后变动的内容，同时观察调整后 Listing 曝光、流量、销量和排名的变化。

（4）对于一条长期处于沉寂状态，没有或只有很少销量的 Listing，随时都是调整的时机，因为长期的沉寂，Listing 权重已经被系统降到很低，每一次的调整都有可能激活 Listing 的各项权重，让 Listing 重新进入排序状态，从这个意义上，沉寂 Listing 的每一次调整都是优化。

（5）如果因为疏忽导致产品描述中出现产品参数错误等硬伤，卖家自觉发现或者已经遭到了客户的投诉，此时，应该即刻修正。

关于 Listing 优化调整的频率，根据实际运营经验，建议卖家以周为单位，每次调整之后，都留出一周左右的观察时间，根据调整后的销量和排名变化，决定是否需要继续调整和优化。

5.3 Listing 优化是学会给用户讲故事

谈及 Listing 的优化，很多卖家往往会把它等同于用好产品图片和更多的关键词填充 Listing。卖家的逻辑是用关键词让产品展示在搜索结果中，用图片吸引客户点击。

是的，这的确是亚马逊 Listing 优化时应该做的内容。可是，这只是其中的一部分，如果仅仅做这些，显然不够。

在当前这个物质极其丰富，需求得到满足的时代，让客户满意不再是一件值得炫耀的事情，甚至在很多营销人的眼中，让顾客满意只是最低标准。对于每一个有企图心的商家来说，让顾客满意也只是最基本的标准，只有能够让客户尖叫的产品才能够让客户记住。

只有能够带给客户惊喜的产品和服务，才能够打动客户，只有提供超预期的增值内容，才能让客户帮你分享和传播，口碑传播会带来二次营销和更长久的客户关系，这才是营销要达到的境界。

虽然这样的标准对尚处在关键词思维阶段的亚马逊卖家来说有点要求过高了，但只有做到“升维思考”，才能具备“降维打击”的能力，才能让你站在风口时立于暂时的不败之地。

对亚马逊卖家来说，在 Listing 优化时，尤其是在产品详情页面的打造上，确实有必要升级自己的思考，从“以关键词导流”的思维模式升级到“以消费者体验”为核心的客户导向模式。

在运营的过程中，产品是客观存在的，而如何让客户通过 Listing 详情页面的信息对产品有感觉，进而产生购买，才是真正对卖家的考验。在客户下单前，产品品质的优良与否，只是一个虚无的存在，卖家只有从 Listing 的展现上下功夫，才能更好地说服客户接受并购买。

很多卖家把 Listing 详情页面简单理解为产品信息简要描述，甚至有卖家干脆把产品描述写成产品说明书，冷冰冰的文字让客户感受不到温度，走向其他卖家，留下的就是很低的转化率和卖家自己无尽的惆怅。

在购物体验升级的现在，真正用心的卖家在优化 Listing 时应该从 Listing 详情页面内容的布局入手，打造出有温度的 Listing 描述详情，把原本冷冰冰的文字转化为有温度的语言，能够感知用户的痛点，能够触及用户关切的点，能够为用户提供内心深处的共鸣。只有这样，才能够在众多同行的竞争中挽留住客户，从而把路人转化为客户。

那么，在 Listing 优化中卖家究竟该怎么做呢？

首先，从 Review 中提取客户的关切点。对卖家来说，你所售卖的任何产品，几乎都不可能是前无榜样的，卖家应该学会从同行竞争对手和前辈们的 Listing 里面学习，尤其是在同行 Listing 的 Review 里，包含着大量有用的信息，用心分析各个差评，你自然会发现顾客对现有产品的不满意之处，把这些不满意的点提炼出来，做优化处理，用准确的文字表达，就会成为击中消费者内心最柔软处的最有说服力的语言，而这些，正是用户所在意和需要的。

另外，亚马逊平台要求卖家注册自己的商标，很多卖家仅仅注册了商标，却没有好好利用。实际情况是，卖家应该充分利用商标，结合自己的经历、背景、爱好、资源等优势，为自己的品牌讲一个有情怀的故事。在多如牛毛的亚马逊卖家群体中，千篇一律的表达让客户乏味，而如果你能够发掘出自己的优势，讲出一个有意思的、有情怀的故事，让客户在浏览你产品页面的一刹那就记住你的品牌、记住你的品牌故事，那成交就是自然的事了。

一个盲人乞丐蹲在马路边，用来乞讨的纸板上写着：我是一个盲人，请给我一点钱吧！无数路人路过，来去匆匆的人流几乎无人停驻，甚至很多人都不曾注意到乞丐的存在。一位好心人为乞丐重新写了一句话，很多路人都纷纷停下来，为乞丐献上了一份爱心。新的纸板上写着：世界如此美好，我却看不见它！

代入感改变一切。所以，当你在 Listing 优化时，试着在自己的产品描述中，为自己的品牌和产品讲述一个情怀故事吧，一定有用户会记住你，更有很多用户会留下来！

第6章

亚马逊站内PPC广告的极致玩法

本章要点：

- PPC 广告投放的意义与前提
- PPC 广告的设置方式
- PPC 广告的优化技巧
- 广告关键词的用法

6.1 投放亚马逊站内 PPC 广告的意义

PPC 是 Pay-Per-Click 的缩写，也有人把它称为 CPC（Cost-Per-Click），是指按点击付费的一种网络广告形式。PPC 广告的最大特点在于曝光不扣费，广告主只需为实际的点击付费。也就是说，只有当用户实际点击了广告主的广告链接后才会产生费用。

亚马逊作为一个网上购物平台，也为商家提供了站内 PPC 的广告形式。在亚马逊上，站内 PPC 广告是以 Sponsored Products 的形式展现出来的，卖家如果希望自己的产品能够出现在亚马逊搜索结果靠前的页面，可以借助 Sponsored Products 项目实现。

对亚马逊卖家来说，随着亚马逊在中国的全球开店计划的推动和媒体中关于亚马逊卖家赚钱效应的广泛传播，越来越多的卖家加入亚马逊平台。卖家数量增加，导致平台上各个类目的竞争越来越激烈，要想让一个产品在激烈的竞争中崭露头角，站内 PPC 广告就成为运营中首选和必选的工具。

亚马逊站内流量精准，PPC 广告针对的目标客户群体匹配度高，精准的流量可以带来较高的转化率，如果投放得当，可以让新品或排名靠后的产品展示在前边，为卖家带来更多的曝光、流量和订单，成为卖家推动一条 Listing 快速提升销量和排名的利器。

可以这么说，对亚马逊卖家来说，在当前的亚马逊平台上，“无广告，不运营”。

6.2 PPC 广告投放的前提条件

虽然站内 PPC 广告的投放对于一个店铺的运营具有举足轻重的作用，但作为卖家，在广告投放之前，一定要确认是否已经具备了如下前提条件。

（1）**自建的 Listing。**对以跟卖为主要运营手法的卖家来说，因为一条 Listing 下面会有多个卖家销售，大家彼此竞争，即便投放广告，其转化也可能流向别的卖家，所以广告的意义不是特别大。

（2）**Listing 拥有 Buy Box（购物车）。**按照亚马逊平台的广告投放规则，一条 Listing 拥有购物车是广告投放的基本条件，如果 Listing 没有购物车，也就没有达到广告投放的基本要求。

（3）**Listing 优化到位。**投放站内 PPC 广告可以带来更多曝光，但要想让曝光被消费者点击，进而转化为订单，Listing 的优化具有相当重要的意义。如果一条 Listing 优化没有做到位，产品展示效果很差，即便可以带来一定量的曝光，其转化率也会惨不忍睹，最终会导致投入产出比不划算，甚至会因为广告而带来亏损。所以，卖家在广告投放前一定要做好 Listing 的优化工作，具体的优化包括产品图片、标题、五行特性、产品描述、关键词等，卖家可以参考 Listing 优化章节的内容。

（4）**投放广告的产品最好是采用 FBA 发货的 Listing。**在亚马逊平台上，约有 60%的订单是经由 FBA 完成发货的。在平台内部，无论是曝光展示、流量倾斜，还是消费者普遍的选择偏好，都倾向于优先购买 FBA 发货的产品。在此背景下，如果对一条自发货的 Listing 投放广告，其广告转化率会大打折扣。

（5）**尽量不要在没有收到产品 Review（评论）的情况下投广告。**投放 PPC 广告可以达到的直接效果是增加 Listing 的曝光量和点击量，但 PPC 广告的终极目的是增加销量和销售额。从曝光到订单，转化率是贯穿始终的重要指标。为了提高转化率，Listing 的优化是基本工程，在做好 Listing 优化的前提下，Listing 是否拥有一定量高星级的产品 Review 则成了促成消费者购买的重要因素。消费者购物中的趋同心理决定了一条带有好的产品 Review 的 Listing 往往会比没有产品 Review 的 Listing 有更高的转化率。所以，在投放 PPC 广告前，卖家一定要想办法为自己的 Listing 增加一定量高星级的产品 Review。

6.3　PPC 广告的设置方式

亚马逊站内 PPC 广告有两种设置方式：自动（Automatic targeting）和手动（Manual targeting）。

自动广告设置相对比较简单，只需要选择 Listing。在设置过程中，不需要设置关键词，系统会根据 Listing 详情页面的内容、用户的搜索关键词和购买意向，把 Listing 展示在潜在顾客的面前。

自动广告的设置步骤如下：

（1）点击 ADVERTISING 下拉菜单 Campaign Manager，如图 6-1 所示。

（2）点击 Create campaign 按钮，开始创建广告计划，如图 6-2 所示。

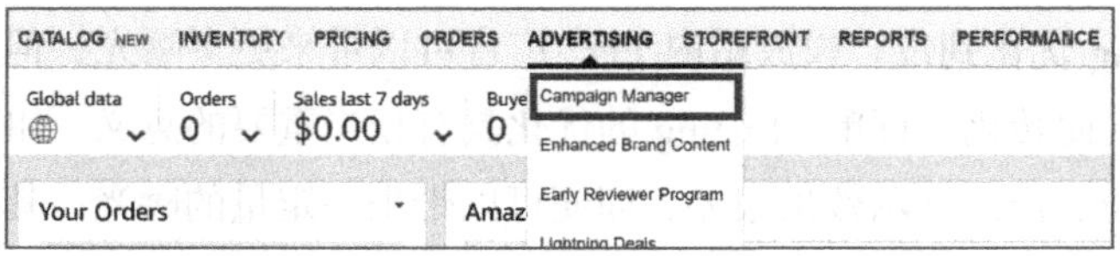

图 6-1

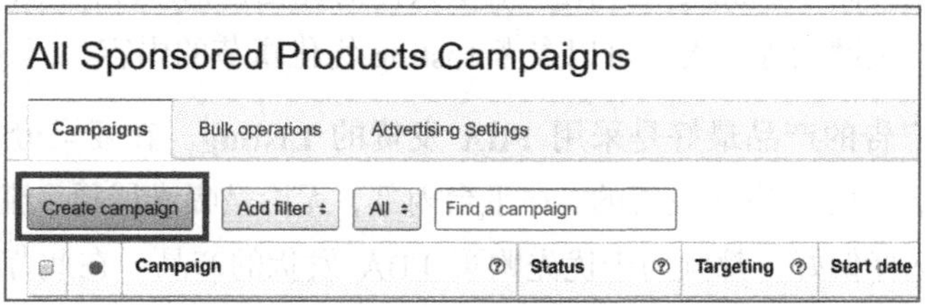

图 6-2

（3）设置广告 Campaign name（计划名），设置 Daily budget（每日预算），将广告期限设置中广告 End date（结束日期）设置为 No end date（不需要），广告类型选择 Automatic targeting（自动），点击 Continue to next step（继续下一步）按钮，如图 6-3 所示。

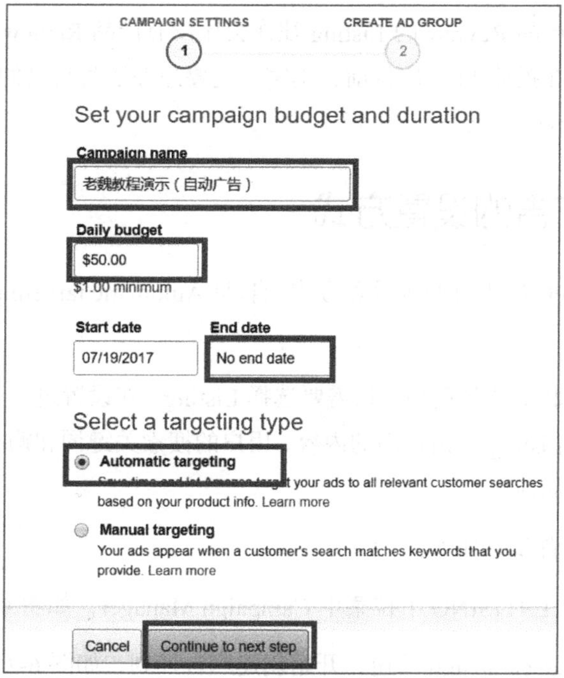

图 6-3

（4）Ad group name（广告组名称）可以自行设置，也可以不填写，点击 Select（选择）按钮选择计划投放广告的 Listing，在 Default bid（默认竞价）里面设置广告的单次点击出价，然后点击 Save and finish（保存并完成）按钮，自动广告设置完成，如图 6-4 所示。

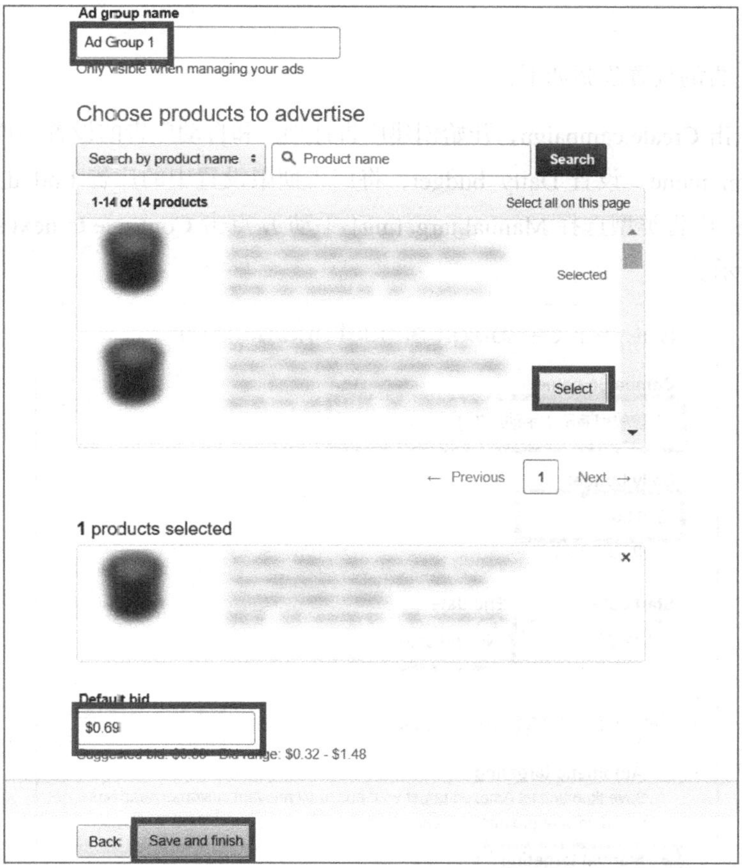

图 6-4

在广告投放中，卖家尽量参考以下原则：

（1）对店铺刊登较多产品的卖家，如果计划投放广告的产品也较多，建议在广告设置时，尽量对产品单独设置不同的广告组，以便于后期查看广告数据时可以更清晰明了。

（2）如果计划对一条拥有多个子体的变体 Listing 投放广告，为了减少广告浪费，卖家只需要选择最符合大众审美观的款式（颜色等）投放，没必要各个子体分别投放。

（3）无论卖家的广告预算有多少，PPC 广告的投放都应该集中优势资源在最有利于转化的产品上。

和自动广告相比，手动广告的设置除了需要选择投放广告的 Listing 之外，还需要选择用于投放广告的产品关键词，并且卖家可以针对不同的关键词设置不同的竞价。

手动广告的设置步骤如下：

（1）点击 Create campaign，开始创建广告计划。和自动广告的设置一样，设置广告 Campaign name，设置 Daily budget，将广告期限设置中的广告 End date 设置为 No end date，广告类型选择 Manual targeting（手动），点击 Continue to next step 按钮，如图 6-5 所示。

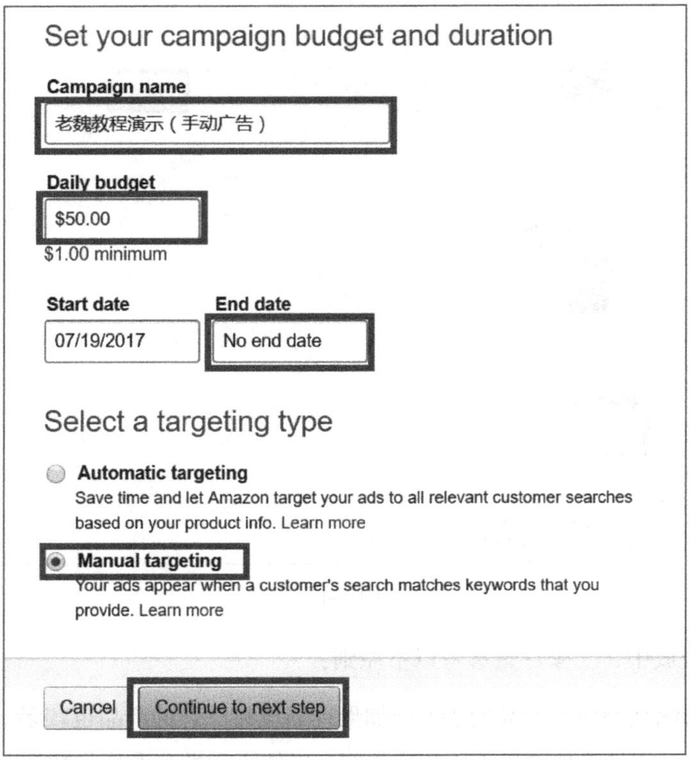

图 6-5

（2）Ad group name 可以自行设置，也可以不填写，点击 Select 按钮选择计划投放广告的 Listing，在 Default bid 里面设置广告的单次点击出价，为了避免竞价超出预期，卖家在广告设置时，慎用 Bid+（竞价+）。

关于 Bid+（竞价+），亚马逊官方给出的解释是，Bid+是提供广告展示在搜索结果最上面位置的一种特色功能，如果卖家开启了此功能，当卖家的广告符合标准时，系统将自动对竞价加价，Bid+功能只适用于手动广告计划中，开启 Bid+功能的广告时，如果符合自动加价标准，系统会自动加价最高幅度不超过原竞价的 50%，设置 Bid+功能之后，卖家可以随时根据广告的整体转化情况对 Bid+功能开启（或关闭）。

在手动广告设置过程中产品关键词的选择上，卖家可以根据系统推荐的 Suggested keywords（建议关键词）逐个筛选，选择和产品 Listing 高度相关的关键词使用，也可以点击 Provide your own keywords（提供你自己的关键词）添加系统没有推荐的关键词。

对于选择投放广告的关键词，卖家可以根据关键词和产品的匹配情况，分别设置各个词语的广告竞价，如图 6-6 和图 6-7 所示。

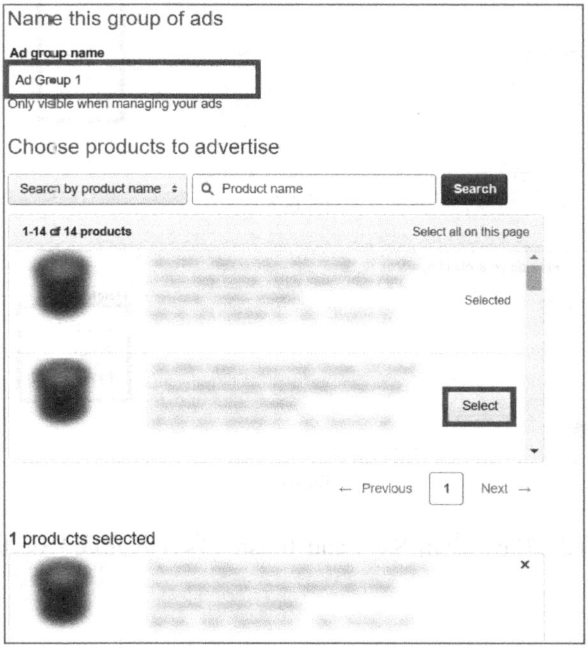

图 6-6

在 Provide your own keywords 页面，卖家添加广告关键词时，关键词的匹配方式有 Broad Match（宽泛匹配）、Phrase Match（词组匹配）和 Exact Match（精准匹配）

三种选择，卖家可以自行选择匹配方式。三种匹配方式的区别和对比，我们将在 6.5 节里讲解，如图 6-8 所示。

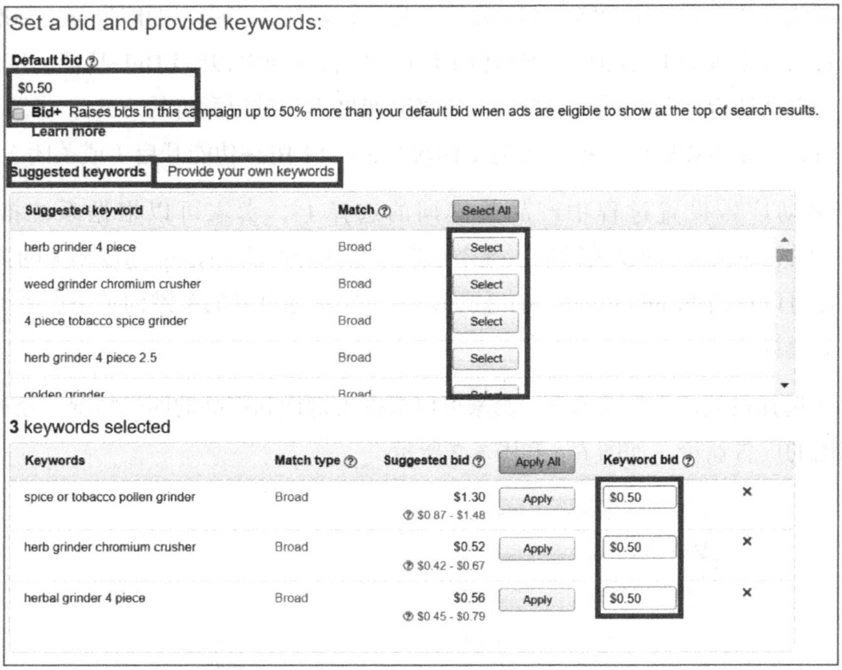

图 6-7

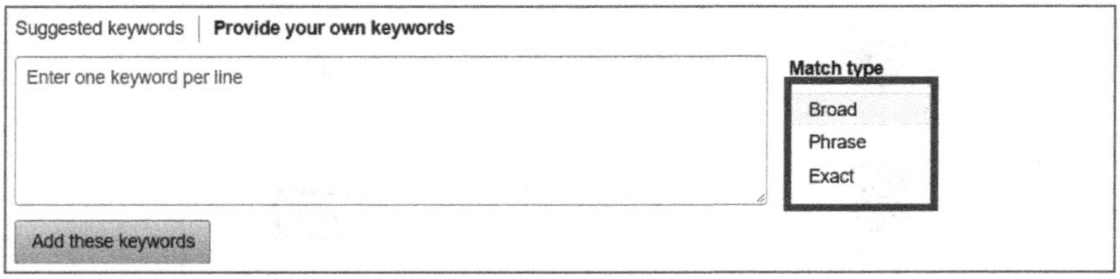

图 6-8

关键词和竞价设置完，点击 Save and finish（保存并完成）按钮，手动广告设置完成。

6.4 PPC 广告的展示位置及原理

广告设置完成，卖家关心的可能就是自己的广告是如何展示在消费者面前的。这个问题需要从消费者习惯和平台运行的原理来看。

当消费者计划在亚马逊平台上购买某个产品，他的购物过程一般是从搜索产品关键词开始的。

消费者按照自己的需求，在搜索框输入想要购买产品的关键词。然后，系统会根据消费者的搜索词把对应的结果展现在消费者面前，而卖家投放 PPC 广告的 Listing 也会展现在搜索结果页。

一般来说，亚马逊会在搜索结果页为投放了 PPC 广告的 Listing 留出四个展示位。以搜索结果的第一页为例，往往最上面的两条 Listing 为广告位，页面最下边的两条也同样是广告位，而在随后的页面上，广告位会出现在顶部、中部或者最下部的位置。为了区别，亚马逊系统为广告 Listing 添加了 Sponsored 标识，如图 6-9 所示。

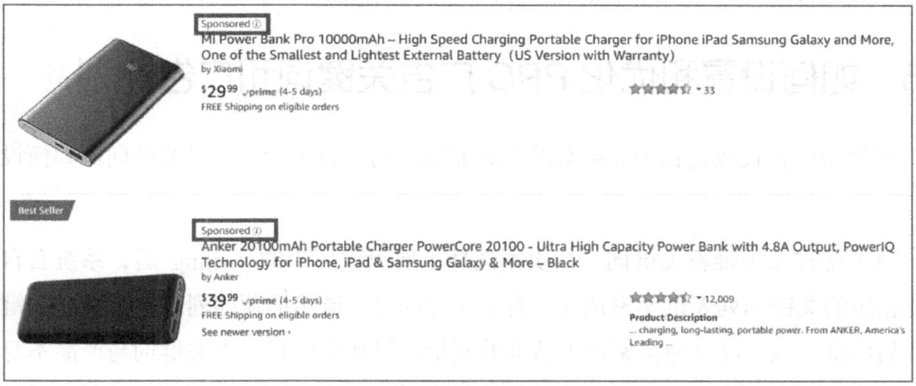

图 6-9

除了搜索结果页面展示之外，更多的消费者会打开一些初步感兴趣的具体 Listing 进一步了解产品的详细内容，亚马逊系统在产品详情页上同时提供了一列 PPC 广告的展示位，如图 6-10 所示。

图 6-10

在广告设置的过程中我们知道，自动广告的设置只需要选择将要推广的 Listing，不需要添加任何的广告关键词，自动广告设置之后，系统会根据产品详情页的信息将该 Listing 自动匹配展示到具有相关性的产品页面的广告位中，而手动广告则需要在选择推广 Listing 的同时，还要卖家添加广告关键词，系统会根据卖家所设置的广告关键词以及卖家对关键词的竞价，优先将这些产品展示在搜索结果页的广告 Listing 列表中。

广告设置方式的不同和系统匹配优先性的差异使得广告的展示位置会有差别。除了来自关键词搜索之外，更有不少消费者会在浏览一个页面的过程中点击查看页面中所展示的其他 Listing 以便获取更符合自己需求的产品信息。如此一来，通过自动广告展示出来的广告位就显得意义重大。所以，卖家在设置亚马逊站内 PPC 广告时，可以同时开通自动、手动两个广告计划，以便最大可能地截获站内的主动流量。

6.5 如何设置和优化 PPC 广告关键词和广告计划

在手动广告投放过程中，卖家需要添加相应的广告关键词，但关键词该如何设置呢？

（1）筛选系统推荐关键词。当卖家选择了要投放广告的 Listing 后，系统会自动推荐相应的关键词列表供卖家选择。需要注意的是，虽然推荐的列表中有不少关键词和产品信息一致，可以为卖家导入精准的流量，但其中也有不少关键词与产品本身及目标客户匹配度不高，甚至可以说是毫不相干，所以卖家在设置广告关键词的过程中，一定要对关键词逐个筛选，挑选出真正有效的关键词使用。

（2）从日常生活常识的角度选关键词。作为卖家，首先应该是产品专家，基于对产品的熟悉，整理出产品名称，然后换位思考，设想作为消费者，为了满足自己的日常生活需求，会使用什么样的词语搜索该产品，把这些消费者可能使用的词语整理出来，添加在广告关键词列表中。

（3）通过 Buying Keywords 收集关键词。卖家可以用核心关键词+26 个字母和数字（比如 Bluetooth Speaker A, Bluetooth Speaker B, Bluetooth Speaker C……Bluetooth Speaker 1, Bluetooth Speaker 2……）的方式，根据 Buying Keywords 下拉菜单的展示，挑选出与自己产品相关度高的精准关键词和长尾关键词，并把这些词语整理并添加到广告关键词列表中，如图 6-11 所示。

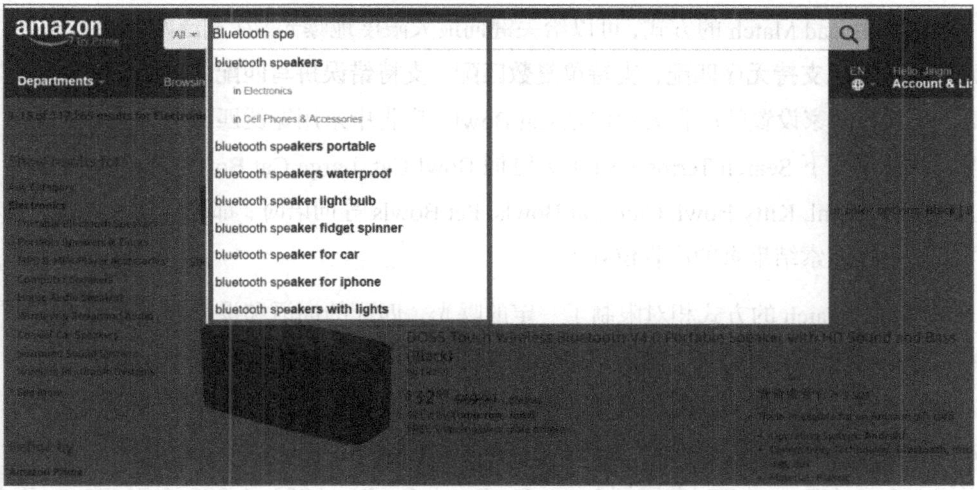

图 6-11

（4）和自动广告的投放相结合，利用自动广告报表筛选广告关键词。在自动广告运行的过程中，卖家可以下载自动广告报表，把报表中的三高（高曝光、高点击、高转化）关键词提取出来添加在手动广告中，补充手动广告关键词词库。

（5）利用第三方工具收集整理产品相关的关键词。卖家在投放手动广告时，还可以通过诸如 Google Adwords Keywords Planner（谷歌关键词规划师）等第三方工具，对自己的产品关键词进行分析。通过大数据分析，整理出更多的广告关键词。

除了关键词的整理和筛选，卖家在广告的设置和优化中，还需要注意关键词匹配方式的选择。

在手动广告的设置过程中，亚马逊系统为关键词提供了三种匹配方式：Broad Match、Phrase Match 和 Exact Match。这三种匹配方式究竟有什么样的区别？卖家在运营中该如何选择呢？

亚马逊官方给出的解释如图 6-12 所示。

Match type	Example keyword	Ads can show on search queries that	Matches to these customer search queries	Doesn't match these customer search queries
Broad match	boys shoes	include misspellings, synonyms, related searches, and relevant variations	boys shoes size 10, waterproof boys shoes, boys footwear	Boys pants, mens shoes
Phrase match	boys shoes	the phrase and close variations of the phrase	boys shoes, boys shoes 10	shoes for boys, shoes boys, boys red shoes
Exact match	boys shoes	the exact phrase and close variations of the exact phrase	boys shoes, boy's shoe	boys shoes 10

图 6-12

采用 Broad Match 的方式，可以给关键词最大限度地曝光。在宽泛匹配的方式下，关键词的匹配**支持无序匹配，支持单复数匹配，支持错误拼写匹配，支持近义词匹配**等。比如，卖家设置的广告关键词是 Cat Bowl，广告中采用宽泛匹配的方式，当用户搜索时使用如下 Search Terms（ST）关键词 Bowl Cat, Large Cat Bowl, Cat Food Bowl, Cat Bowl 200ml, Kitty Bowl, Cute Cat Bowls, Pet Bowls 等词语时，都可以形成匹配，都可以展示在搜索结果页的广告位处。

Phrase Match 的方式相对限制了一定的曝光，匹配的词语和设置的词语相对更一致，用户的搜索词需要与关键词相同，或者在关键词前后增加补充词才会匹配。在词组匹配的方式下，**支持匹配单复数，但不支持无序匹配，也不支持错误拼写匹配**。比如，卖家设置的广告关键词是 Cat Bowl，在采用词组匹配的方式下，当用户搜索时使用如下 Search Terms（ST）关键词 Large Cat Bowl, Cat Bowl 200ml, 200ml Cat Bowl, Cat Bowls 等词语时，可以形成匹配，从而展示在搜索结果页的广告位处；但当用户使用如下 Search Terms（ST）关键词时，则不能被匹配到用户搜索词（ST 关键词），比如 Bowl Cat（词序颠倒），Catt Bowl（拼错），200ml Cat Bowls（支持复数匹配的同时不再支持其他匹配选项），Cat Food Bowl（乱序）。

Exact Match 的方式，最大限度限制了关键词的曝光，只能**支持单复数匹配**，其他词语几乎都不会匹配。比如，卖家设置的广告关键词还是 Cat Bowl，在采用精准匹配的方式下，当用户搜索时，能够匹配到的用户搜索词（ST 关键词）仅有 Cat Bowl, Cat Bowls, Cat's Bowl, Cat's Bowls。

通过上述分析我们不难发现，宽泛匹配的方式可以匹配到更多的用户搜索，有利于产品获得更多的曝光和流量，但如果关键词设置不精准，同样会带来很多无效的曝光和流量，而词组匹配和精准匹配的方式，虽然可以匹配到更精确的搜索，但因为束缚了广告的展示，会错过不少有真实购买意向的搜索。

所以，对于广告投放中的关键词筛选和优化，建议卖家在广告关键词的设置上，尽量采用精准的关键词，避免使用大词（宽泛的不精准的关键词），而在匹配方式的选择上，以精准关键词为基础，选择宽泛匹配的方式即可，这样既可以确保获得尽可能多的有效曝光，又可以尽量减少无效的曝光。

另外，在广告关键词的选择上，卖家可以把竞品的品牌关键词添加在自己的广告关键词中，以达成通过竞品关键词为自己产品引流的目的。这样的设置，既不违背亚马逊的规则，也不会涉及潜在的侵权。

不同的卖家，在广告计划的创建上也会有不同。如果广告预算足够，卖家想着力打造一款爆款，那么可以对同一产品同时创建多个广告计划。比如，同时开启手动广告和自动广告，而在手动广告中，还可以针对同一系列的关键词同时开通 Broad Match、Phrase Match 和 Exact Match 三种匹配方式的三个广告计划。通过广告的实际运行，根据不同广告计划的转化率，分别优化调整，对转化效果好的广告，可以加大投入以便其能够带来更多的订单，而对于经过优化仍然无法达到符合预期转化率的广告计划，卖家可以选择暂停或停止投放。

当然，为了避免自己设置的多个广告计划彼此冲突，卖家可以针对不同的广告计划，设置不同的关键词竞价，用价格要素调节广告计划在不同页面的展示。

由于当前亚马逊尚没有按时间段投放广告的设置模式，且由于中西方的时差，在欧美销售非高峰时段，可能会有较多的竞争对手点击自己的广告，甚至还会有竞争对手恶意点击竞品广告的情况。为了避免广告浪费，卖家可以在非销售高峰时段将广告竞价降价或者暂停，以达到降低浪费、提高广告费用利用率的目的。

6.6　如何阅读 PPC 广告数据报表和优化 PPC 广告

在亚马逊站内 PPC 广告的投放过程中，卖家一定要学会阅读广告数据报表，并根据报表中的信息，有针对性地调整和优化，才能达到投入产出比合理，真正实现通过广告带来更多营收和利润的目的。那么，卖家应该如何阅读广告报表和优化广告呢？

广告数据报表中包含的参量有很多，需要卖家关注的核心参量包括以下几个。

Impression：曝光量。

Clicks：点击量。

Spend：花费。

Sales：广告带来的直接销售额。

ACOS：广告花费和直接销售额的比值。

Click Through Rate（CTR）：点击转化率（点击量和曝光量的百分比）。

Conversion Rate（CR）：订单转化率（订单量和点击量的百分比）。

Impression 是指 Listing 展示在用户搜索页面的总数量。由于产品的每一次曝光都是多条 Listings 结果同时展示的，所以，对单一卖家来说，曝光量并不直接对卖家产生重大影响，但曝光量同时又是点击量和订单量的基础，如果没有足够多的曝光，点击和订单就无从谈起。从这个意义上来看，卖家在广告运行的过程中，需要关注的第一个参量就是曝光量。曝光量的多少，才是一个广告计划运行成败的基础，没有曝光量，一切都无从谈起。

在广告运行过程中，如果曝光量偏少，卖家要从两方面考虑。

（1）广告竞价太低，导致广告展示页面太靠后了。此时，卖家应该适当提高广告关键词的竞价，以抢占更靠前的位置。

（2）Listing 页面所使用的产品关键词、描述详情和产品属性等内容与产品本身有偏差，系统对该产品的识别不够准确，没能将产品匹配到属性一致的相关产品页面，卖家要考虑对自己 Listing 的各项属性进一步完善和补充。

当一条广告中的 Listing 有了足够多的曝光量，卖家就需要关注 Clicks 参量的表现了。如果点击量和曝光量成比例增长，此时，说明广告基本面不错，继续维护良好表现。但如果一条 Listing 的曝光量很高，点击量却不高，卖家同样需要考虑两个方面的因素。

（1）Listing 优化不到位。卖家要考虑自己的产品主图是否太差、缺少吸引力，自己的产品标题是否突出了产品的重要特性、独特卖点和差异化的亮点，自己的产品 Review 星级是否太低，数量是否太少（甚至没有 Review），自己的价格是否太高、和同行卖家对比没有竞争优势、超出了消费者的接受度等。

（2）Listing 的展示位置是否恰好被置于偏靠下的地方。卖家要考虑自己的广告展示位是否偏离了用户搜索结果的第一屏，卖家需要自己尝试翻看搜索结果，找一找自己的广告位置。如果确实位置偏下或靠后，在其他要素不变的情况下，卖家可以适当调整广告关键词的竞价，用竞价改变广告展示位。广告关键词的竞价可以向上或向下调整。如果产品利润空间足够大，广告关键词竞价可以适当上调，而如果产品利润空间不大，可以适当下调竞价，通过调整竞价使广告展示位置发生变化，进而影响消费者点击。

ACOS 数值也是卖家在广告运行过程中应该关注的一个重要参量，我们知道 ACOS=Spend/Sales（花费/销售额），所以影响 ACOS 数值的变量有两个：Spend 和 Sales。

Spend 是指一定时间区间内单次点击所产生的费用×点击次数的总额（实际上，每次点击所产生的费用可能都会不同，所以 Spend 实际上应该是每次点击花费的累加。为了简便起见，我们姑且假设每次点击所产生的费用相同），而 Sales 则是产品单价×销售数量的总金额，指通过广告点击所带来的直接销售额，即点击广告后 24 小时内所产生的顾客下单的总和。

假设 ACOS 数值是 20%，意味着投入 20 美元的广告成本可以带来 100 美元的销售额。从这个意义上，ACOS 数值越小，就意味着投入产出比越高，所以很多卖家都期望 ACOS 数值越小越好。但“理想丰满，现实骨感”，影响 ACOS 数值变化的，既有产品单价的要素，又有广告单次点击所产生费用的要素。ACOS 数值同时受到分子和分母两个变量的影响，不可能无限小。

既然不能做到无限小，那对卖家来说，在实际运营中，ACOS 数值多少才算比较合适呢？

结合长期以来运营亚马逊过程中的实践经验，我的建议是，卖家在广告运行中，可以把自己的产品毛利率作为参考，只要 ACOS 数值等于或者小于产品毛利率，该广告计划就是良性的，可以被接受并值得持续投放。

原因很简单，当 ACOS 数值等于毛利率时，意味着该广告计划所带来的直接投入产出是平衡的，而 ACOS 数值小于毛利率，该广告计划所带来的直接转化已经是盈利状态了。从这个意义上说，ACOS 数值和毛利率对比的大小就是衡量广告计划是否划算的一个重要参考指标。

随着亚马逊平台上的竞争越来越激烈，广告计划想一步到位做到 ACOS 等于或者小于毛利率已越来越难，这就需要我们在广告投放过程中，要持续观察广告数据的变化，并有针对性地对广告优化和调整。

广告转化率的变化既和广告投放的持续性有关，又和广告关键词的质量得分变化紧密相关。

一般来说，一个广告计划在投放初期其转化率往往是偏差的。此时，ACOS 数值会偏高，甚至有些卖家的广告 ACOS 数值会出现大于 100%的情况。在这种情况下，广告的投入产出比自然是亏损的。面对这种情况，卖家切忌因为暂时亏损而不做任何数据分析就匆忙停掉广告计划。

当 ACOS 数值过高时，卖家一定要认真分析广告转化趋势，卖家要设置好广告监测和评估周期（建议 1 ~ 2 周为一个周期），观察广告周期内 ACOS 数值的变化。如果随着广告投放的持续，后一个广告周期的 ACOS 数值呈明显下降趋势，这说明广告已经在向趋好的方向发展。此时，广告就值得持续投放。

在站内 PPC 广告的投放和优化过程中，卖家还需要关注广告关键词的竞价、关键词质量得分、广告 Listing 排位以及订单转化率等几个参量的变化。

在广告投放的最初阶段，因为缺少数据参考，广告关键词的竞价建议在参考系统推荐出价的基础上，加入对产品毛利率的考虑，以毛利润的 1/10 左右为参考。之所以选择毛利润的 1/10 为参考，原因在于，如果产品质量很好，Listing 优化到位，根据当前亚马逊平台的实际成交情况，订单转化率一般可以达到 10%左右，即当广告竞价为产品毛利润的 1/10 时，站内广告所带来的订单利润可以达到和广告成本持平，这对一个刚开始投放广告的 Listing 来说，是一个不错的开始。

在当前亚马逊广告位排序算法下，广告展示排位不是单纯以关键词竞价为唯一衡量标准的，在竞价之外，广告关键词的质量得分也是影响广告排位的重要因素。

关键词质量得分主要用于衡量产品关键词、产品信息详情以及用户搜索意向之间的相关性，而转化率在很大程度上影响着关键词质量得分的高低。质量得分和卖家的广告关键词竞价的结合，就是广告排位的基本依据。

举例来说，假设有 A、B、C 三个卖家，对于同一广告关键词，他们的竞价分别是 1.8 美元、2 美元、3 美元，而同时这三个卖家的关键词质量得分分别是 10、7、4 分，那么他们该关键词的广告排位分数分别为 18、14、12 分，最后的结果是，虽然卖家 A 的关键词竞价低，但因为其质量得分高而形成了最高的广告排位分，所以卖家 A 的广告会展示在第一位，B、C 两家依次排后。

了解了亚马逊站内 PPC 广告的排位规则，我们再来看看广告的扣费是怎样的。

在亚马逊广告的运行中，我们不难发现，广告的实际扣费往往低于自己的竞价，甚至会出现比自己竞价低很多的情况。广告的实际扣费低于竞价，是和亚马逊广告扣费核算公式有关的。

为了让广告扣费更公平，同时也为了让卖家能够重视产品本身为消费者带来的购物体验，亚马逊站内 PPC 广告的实际扣费公式如下：广告实际扣费=（下一名的出价×下一名的质量得分）/自己的质量得分+0.01。

以上文的举例来说，A、B、C 三个卖家的实际扣费将是 A：（2×7）/10+0.01=1.41

美元，B:（3×4）/7+0.01=1.72 美元，而 C 的实际扣费也同样会参考比 C 排序低一名的那个广告的情况而产生。

由于关键词质量得分、竞争对手的关键词质量得分、竞争对手的出价等都是随时可能发生变化的变量，所以即便在卖家自己的关键词出价不变的情况下，单次点击所产生的实际扣费也会有波动。

通过以上分析，我们不难发现，PPC 广告作为亚马逊站内主动引流的工具，是卖家运营中必不可少的，而要想提高 PPC 广告的运行效率，卖家需要在 PPC 广告投放过程中，持续对广告优化。在优化过程中，卖家既需要关注关键词的删除与添加，又要关注转化率的高低和趋势，只有持续地优化，才能够降低广告成本、减少广告浪费、提升广告效果，真正起到为店铺运营助力的作用。

6.7　Negative Keywords（否定关键词）的应用技巧

在站内 PPC 广告的投放设置中有一个选项——Negative Keywords，很多卖家在广告投放和优化过程中没有注意到此项目，也有卖家虽然知道它却不知道该如何利用它。那么 Negative Keywords 对广告运营来说，究竟意味着什么？可以对我们的实际运营起到什么样的帮助呢？

Negative Keywords 可以帮助卖家在广告运行的过程中，根据广告数据报表中各个关键词转化的具体情况，排除无效关键词，同时优化产品定位，以便于更好地节省广告成本，提高广告转化率。所以，设置和利用 Negative Keywords 也是 PPC 广告优化的一部分。

具体来说，在一个广告计划中，如果某个关键词的曝光量很大、点击量很多，但通过数据分析发现，经由该关键词转化来的订单却很少，甚至压根没有带来订单，这就说明该词语虽然热门，但导入的流量不精准，产生了不必要的广告浪费，卖家可以酌情将这样的词语添加到 Negative Keywords。

比如，对一个销售手表的卖家来说，在广告运行的过程中，可能会发现自动广告报表中有类似于“Cool Watch”这样的词语，曝光量和点击量都很高，但实际转化却偏低，分析原因发现该词语虽然流行，但和自己的产品匹配度不高，那么卖家就可以将“Cool Watch”添加到 Negative Keywords 词表里。

当一个词语被添加为 Negative Keywords，再有顾客搜索该关键词时，卖家的广告将不再显示，也就为卖家节省了不必要的广告支出。

Negative Keywords 的匹配方式有两种——Phrase Match 和 Exact Match，建议在 Negative Keywords 的设置上，使用 Exact Match 的方式，这有点类似于我们日常所说的“对事不对人”的处事原则。

6.8 亚马逊运营中投放站内 PPC 广告的必要性

关于亚马逊站内 PPC 广告，经常会遇到卖家这样询问：我必须要投放站内广告吗？我该给哪些产品投放广告呢？如果投入产出不划算怎么办？我不投放广告可以吗？询问这些问题的卖家，往往刚刚开始做亚马逊不久，还没有开始使用站内 PPC 广告作为运营手段。

日常还会遇到另外一些卖家询问：为什么我做的站内广告没有曝光量和浏览量呢？为什么我投放了几天有点击却没有成交呢？我的 Listing 排名已经很好，我是否有必要持续投放站内广告呢？询问这类问题的卖家，一般是刚开始把站内广告纳入运营，但对站内广告还没有很深的理解。

对于尚未开始使用站内广告的卖家，我想说的是，站内广告是亚马逊运营中一个很好的工具，如果使用得当，那么一定会给你带来不错的甚至超预期的丰厚回报；而对于已经在使用站内广告却尚不熟练的卖家，我想说的是，站内广告的投放需要有长远的眼光和必要的技巧，春种秋收，站内广告的投放不是一蹴而就的事，运行中同样需要播种、施肥、灌溉、捉虫。

但无论哪个卖家，在投放站内广告之前，都必须首先明白的一点是，站内广告只能起到提高产品曝光和流量的作用，至于是否能够带来更多的订单，即订单转化率如何，这就要看你的 Listing 优化是否到位、图片是否吸引人、价格是否合理、产品描述是否清晰、用户口碑（通过产品 Review 数量和星级体现出来）是否足够好……这些都是影响转化率的核心要素。

站内广告虽然可以增加获得订单的机会，但广告不等于订单。

关于站内广告投放的必要性，我想强调的是，对于一个刚刚创建的 Listing，没有曝光、没有排名，很难出现在亚马逊搜索结果的前 20 页，这就意味着几乎没有自然流量和订单。在此情况下，站内广告可以帮助卖家把产品推送到搜索结果的前几页甚至第一页，或者推送到同类产品热卖 Listing 的详情页面中展示，从而获得更多的曝光和流量。

对卖家来说，与其坐等，不如主动。我认为站内广告在卖家打造一个产品的过程中，具有举足轻重的作用。

虽然运营中投放广告具有必要性，但这并不意味着卖家要一股脑地对所有产品都投放广告。除非你只有区区几款产品，否则对所有产品都投放广告只会让你处于另一种被动局面，即广告费浪费了不少，转化出来的订单却未必能够达到预期。

我在前文提到，广告只是带来曝光和流量，而转化，则要看内功。这就要求我们在广告投放之前，首先确保自己的准备工作做得足够好。如果你的 Listing 详情页面做得一塌糊涂，广告转化就会很差，投放广告就失去了意义。

另外，亚马逊运营中要重视“爆款”的打造，而所谓的“爆款”，是指店铺里多个产品中某一个销量最好的产品。由此可知，你不能也没有必要同时把所有产品都投放广告。选择产品质量好、利润空间大、市场容量大、客户接受度高的产品作为运营的主推产品，重点投放广告即可。一个爆款可能带动整个店铺的活性，在运营中学会抓关键很重要。

站内 PPC 广告是运营好一个店铺必不可少的工具。至于卖家所关心的投入产出比，这需要在广告的投放过程中，持续对 Listing 优化，有针对性地对广告计划优化和调整。只有根据实际数据反馈后的持续优化，才能够确保广告投放效果越来越好。

对于那些投放了站内广告却没有曝光和流量的卖家，这既要看你的 Listing 是否出彩，同时也要看你广告出价是否具有竞争力。比如，有卖家把广告关键词的单次点击出价设置为 0.05 美元，把广告每日预算设置为 1.00 美元，出价和预算都太低，其曝光和流量可想而知也必然寥寥。至于广告关键词的出价多少是合适的，我在前文中已有详细地讲解，卖家可以结合前文表述，并结合自己实践中的经验，总结经验，逐步调整，毕竟对于不同的产品，有竞争力的广告出价是不大相同的，一切都需要回到竞争的实际中。

而对于投放了广告之后，广告有曝光、有点击却没有成交的情况，卖家要认真思考自己的 Listing 优化是否到位，要主动地把自己的产品和竞争对手的优质 Listing 做对比，找差距，然后有针对性地优化调整、弥补不足。

在对比和优化 Listing 的同时，我们还要明白，广告所带来的转化具有一定的滞后性。比如，今天点击了广告的消费者可能因为种种原因，没有立即购买你的产品，但他的需求依然存在，当明天他又打开电脑登录亚马逊页面时，系统根据其浏览记录，再次推荐了你的 Listing 给他，然后，他下单购买。这样的订单因为时间差的问题，可能并没有统计到广告所带来的转化中，但这样的订单确实真实地发生了。

所以，卖家在评估广告效果时要意识到，广告所带来的转化在数据报表中的统计只是其中的一部分，除了广告数据之外，卖家不妨对比一下，在广告投放前后，你的订单总数量是否增加了，增加的幅度是否大于广告所带来的直接订单数量，如果是，那说明广告的隐性效果已经出现了。

我一直觉得，当站内广告带来的转化比较理想，达到我们的预期时，广告必然应该值得持续、长期投放，而即便广告转化稍差，但只要参照总的销售额情况，如果销售额增长幅度所带来的利润大于广告支出，我们同样应该持续地保持站内广告投放。

原因很简单，投放广告可以直接带来订单，而订单总量增加，带动 Listing 的排名上升，更好的排名带来更多的自然流量，流量转化为订单，两项订单相加，你的总订单量超过了竞争对手，你的 Listing 才有可能脱颖而出。

总体来说，站内广告是投资，投资会给我们带来回报，但回报多少，和我们的用心程度和专业程度有关。就当前的亚马逊平台来说，用心打理，站内广告的回报率还是非常不错的。

任何投资都需要用心，站内广告也是如此，离开了用心打理，站内广告可能仅仅是损耗和透支。

6.9 亚马逊的站内 PPC 广告该如何做才有效

在课堂上讲到站内广告的转化率问题，我解释说，站内广告虽然可以给卖家带来更多精准的站内流量，但也不能盲目投放，所有投放都应该根据转化率优化，通过 ACOS 的情况优化，从而让广告真正发挥作用，这样投放才是最有效的。

站内广告能够带来更多的流量，这是毋庸置疑的。但对卖家来说，一定要努力让站内广告带来销售业绩的增长才行。

在投放广告的前期，我建议卖家不妨以自动广告和手动广告结合的方式。投放自动广告的 Listing，系统会根据产品类目和 Listing 详情页面的各产品细节、关键词等要素，向潜在客户做关联推荐展示，而手动广告则需要卖家基于对自己产品和潜在消费者行为的理解，精选广告关键词，精准投放。

通常来说，自动广告可以带来更多曝光量和浏览量，但如果产品详情和属性填写不准确，转化率可能会出现偏差，而因为手动广告关键词精准，转化相对来说会好一些，但如果一个产品精准关键词较少，广告设置的关键词少，其曝光量和流量也会偏少。

我们都知道站内 PPC 广告需要优化，那么该怎样优化呢？

在自动广告和手动广告运行的过程中，卖家可以参考两个广告计划的数据报表，相互做出调整优化。

从自动广告报表中，我们可以看到流量来源、关键词的点击率和转化率。通过阅读报表，你可以发掘出某些“三高”（高曝光、高点击、高转化）的词语恰恰是你在手动广告中没有添加的关键词。此时，不妨把它们添加到手动广告关键词列表中。通过对手动广告的曝光和转化的分析，卖家可以更容易理解产品精准关键词的出价情况。基于这种理解，卖家可以参考手动广告中精准关键词的出价，更有针对性地调整自动广告的出价。

当然，对于手动广告中没有曝光、没有点击和转化的关键词，广告优化时要果断删除；对于高曝光、高点击、低转化的关键词，要酌情删减；对于自动广告报表中所体现出来的高曝光、高点击、低转化（无转化）的关键词，也要使用 Negative Keywords 将其屏蔽，以达到广告成本更合理、转化更划算的目的。

关于站内广告的关键词出价，我的建议是既不要盲目标高，也不要出价太低。出价过低，没有曝光和点击，而出价过高，虽然可以抢到靠前的位置，但如果转化率不高，将会导致广告投入产出不成正比，导致广告亏损，这自然也是我们不愿意看到的。

一般而言，前期设置时，广告关键词的单次出价可以以产品毛利润的 1/10 为参考。在广告运行的过程中，根据实际转化情况再做出适当的调整。这样的出价，如果 Listing 优化出色，十次点击转化出一个订单，即可以达到广告投入产出比持平。在此基础上，如果再加上亚马逊站内关联推荐带来的额外销量，由广告带来的总体转化还是可以接受的。

相信进行亚马逊站内广告投放的卖家应该还会关注到一个 Bid+的项目，即系统会根据竞争情况自动为卖家加价以实现产品展示到首页的目的。有卖家喜欢使用此工具，因为可以自动竞价，减少手动操作的频次，但卖家需要注意的是，在抢占广告排位带来快感的同时，对应的销售额和 ACOS 却未必能够达到预期，结果可能是广告费烧了很多，订单却没有同比增长。从投入产出比的角度考虑，我建议还是不采用为好。

6.10 你的广告费有一半被浪费了，你知道是哪一半吗

随着亚马逊对产品 Review 监控力度的加强，很多原本靠刷单刷评提升 Listing 排名拉动销量的卖家们开始大受挫折。在亚马逊秋后算账式的清查中，曾经有过刷单行为的卖家，轻则产品 Review 被删除，Listing 被降权，重则 Listing 被删除，甚至账号都可能被移除销售权限。

在严格的平台政策下，运营上要想有所突破，出路只有一条：在遵守平台规则的前提下，充分利用平台所提供的工具，抢占更多的流量入口。

在现行的亚马逊平台规则下，站内流量来源主要有两个：①根据 Listing 表现和销量排名带来的自然搜索流量；②通过站内 PPC 广告所带来的付费流量。自然流量依赖于 Listing 自身的表现，并不是你想要就能有的，而站内 PPC 广告的流量，经由付费产生，在很大程度上可以通过主动投放、调整和优化而获得。

虽然站内 PPC 广告流量精准、转化率好，是不可多得的优质流量，但也不是每个卖家都可以达到投入产出成正比的。很多卖家在广告投放中居高不下的广告费、非常高的 ACOS 指标等，都让卖家非常头疼。

广告界曾经有这么一句至理名言：你的广告有一半被浪费了，但你却不知道是哪一半。对正在亚马逊站内投放 PPC 广告的很多卖家来说，这句话也同样适用。

既然有浪费，就应该把浪费的部分找出来。对亚马逊卖家来说，如果能够分析并找出自己广告中不精细的部分，通过对各种因素的分析和各方面数据的对比，有针对性地对广告调整和优化，那么被浪费掉的那一半就可以节省不少，广告的转化率也可以得到提升，“不做广告没单，做了广告亏钱”的局面也许就可以得到有效扭转。

那么，对正在投放站内 PPC 广告的亚马逊卖家来说，究竟该如何设置和优化站内 PPC 广告来达到减少广告浪费、提升广告转化率的目的呢？

在站内广告设置上，亚马逊有自动广告和手动广告两种设置方式。我的建议是，把自动广告和手动广告结合起来同时投放。

在自动广告中，系统根据产品详情（标题，五行特性，产品描述，Search Terms关键词，产品类目及属性等）信息为产品做匹配的推荐展示，这就意味着一个通过自动广告推广的产品，上述产品详情页面的诸多信息都会影响广告的展示。这就要求卖家在发布产品时一定要对 Listing 详情页面的各个细节极尽可能地做到极致优化。具体怎么做，卖家可参考 5.1 节中的内容，在此不做赘述。

上述的产品详情页面相关的文字内容影响产品在广告设置后的曝光和客户查看页面后的转化，而产品图片（尤其是主图）则影响点击率。我们知道，网上购物在很大程度上是看图购物，图片直接影响客户看到产品页面后点击的欲望。只有主图精美大气有质感，才能激发消费者点击，才能转化为实实在在的流量。转化为流量之后，再结合完美的详情页面内容，才能最终促成客户购买。所以，就广告所带来的转化而言，Listing 的主图占有举足轻重的作用。

在手动广告设置中，涉及广告关键词选择和竞价。广告关键词通常包含宽泛关键词、精准关键词和长尾关键词三类。有些卖家之所以转化率差、ACOS 指标过高，就是关键词设置错误和盲目出价所致。在手动广告投放中，建议卖家以精准关键词和长尾关键词结合的方式设置，而宽泛关键词虽然可以带来更多曝光和流量，但由于转化率差，建议不要过多设置。毕竟，单纯的流量毫无意义，只有能够带来转化的流量才是值得关注的。从这个意义上，转化率就是一切。

一个好的广告计划，仅仅有好的 Listing 详情页面和精准的关键词设置还不够，广告关键词出价也会影响广告的展示位置。如果出价过低，那么广告无法在搜索结果的前边页面展示，没有曝光就失去了广告的意义；而出价过高虽然更容易展示在前面页面，但在 ACOS 这个投入产出比指标上，就未必能让你愉悦了。所以，单次点击出价就成了非常重要的一种技巧。

在广告关键词出价上，我的建议是，以自己产品的毛利润衡量。在设置广告时，出价大概以毛利润的 1/10 为参考。广告计划运行之后，卖家可以按照广告的展示位置、转化率、预计首页展示出价等指标，对不同广告关键词出价有针对性地调整，以达到转化更划算的目的。

在广告投放过程中，卖家还需要具有自我修正的能力，即要能够对广告做出有针对性地优化调整。这就要求卖家在广告设置和投放过程中要避免以下误区。

误区一：对店铺里的所有产品全部投放广告。

广告投放一定要考虑投入产出比，而一个店铺的运营，注定了在有热卖爆款的同时也有冷门产品，有高利润的产品也有低利润的，那么，对于市场容量小、竞争不激烈、销量低、偏冷门的产品，以及一些利润非常低的产品，并不适合投放广告。如果计划对这类产品投放广告，一定要严谨和有节制。对于市场容量小的产品，即便投放广告，其销量也十分有限，而本身售价低、利润低的产品，广告成本侵蚀了利润，投放必亏，也就没有投放必要了。

当你决定投放广告时，首先要对自己的产品做区别对待，选择出利润绝对值高、市场空间大的产品投放，这样才能够保证广告带来的转化更理想一些。

误区二：手动广告和自动广告同时投放，自己的广告会形成竞争，白白浪费钱。

理论上来说，同时对多条同类产品进行广告投放会造成彼此之间的竞争，对同一条 Listing 同时投放自动和手动广告也同样会存在类似情况。但是不要忘了，自动广告和手动广告的曝光路径和展示页面是不同的，手动广告的曝光大部分经由关键词搜索而来，展示在搜索结果页，而自动广告则更多的是通过产品相关性展示在相似产品的详情页面中间位置的两列广告 Listing 清单中。这样的展示结果，决定了对同一个产品设置两种形式的广告计划，彼此竞争的可能性非常小。

另外，对同一条 Listing 设置两个广告计划时，卖家还可以通过设置不同的出价和不同的关键词匹配方式，让产品展示在不同的页面增加曝光和流量。毕竟，展示在第一页的产品有人买，展示在第二、第三页的产品也同样会有人买。

误区三：广告设置完成，就可以坐等销量增加了。

需要注意的是，广告虽然能够带来更多曝光量和流量，但并不能直接带来订单，之所以销量增加，很大程度上还要靠你的 Listing 自身的表现。在广告转化上，内功起着非常重要的作用，而内功就在于 Listing 优化，即 Listing 详情页面的完美展现。

除了 Listing 本身的表现之外，卖家还要注意对广告计划的优化。一般而言，广告投放初期转化率较差，ACOS 往往会比较高，这就需要卖家多观察、多总结，对转化率差、曝光量低、没有点击的词语果断舍弃，而对新发掘的针对性强、匹配更精准的词语，要及时补充到广告计划中。

通过持续的广告优化，让转化率逐步提升，让 ACOS 数值降低，广告的效果会随着广告的优化变得越来越好。你会慢慢发现，自己可以用更低的投入带来更多的销量。良性循环形成“强者恒强、强者更强”的局面，这才是广告要达成的结果。

在亚马逊站内广告投放上，散养式的放羊心态万万要不得。用心，努力追求每一次投放都精准而有效才好。

6.11　站内 PPC 广告运行中的优化策略

随着亚马逊平台卖家增加，越来越多的卖家反映，亚马逊站内广告的成本越来越高，效果越来越差，很多卖家进入一种非常窘迫的境地。投放广告吧，转化很差，ACOS 居高不下，投入产出比不划算，不赚钱甚至亏本；不投广告吧，店铺没有流量、没有订单，更让人焦虑。

那么，关于亚马逊站内 PPC 广告，我们究竟该如何对待呢？它真成了“食之无味，弃之可惜”的鸡肋了吗？

首先，我认为投放还是必需的。当涌入的卖家越来越多，各个类目的竞争都空前激烈，卖家要想在激烈的竞争中抢得先机，就必须让自己的产品凸显出来，而这仅靠自然流量是远远不够的。站内广告可以让你的产品展示在搜索结果靠前的页面，可以让你的产品有更多机会展示在竞品的详情页面，这些曝光以及其带来的成交都可以大大提升卖家在竞争中获胜的可能性。

其次，对卖家来说，我们必须明白，任何工具在使用时都有便捷的方法，任何一项技能都有优化和提升的空间，站内广告的玩法也同样如此。“工欲善其事，必先利其器”，要想用好站内广告这个工具，我们必须熟悉其基本功能，掌握其操作技巧。只有这样，才能够让工具发挥其最大的作用。

最后，作为卖家，我们也必须了解，站内广告虽然是一个引流利器，但并不是对所有的产品都同样有效。在广告投放决策上，一定要有选择、有重点，不要盲目地全盘投放，五指撑开难敌一拳。在广告投放中，同样要筛选出优质产品投放，而不是店铺里所有产品全盘投放，太分散的广告投放只会让你白白浪费很多精力和金钱。

那么，卖家在投放站内 PPC 广告时，该如何选择产品呢？

第一，不能选择单价太低的产品。虽然一个店铺为了运营的平衡，可能会有高价和低价产品的搭配，但在投放广告时，要坚决把低价产品排除在外。产品单价高，意味着产品的利润绝对值大，利润绝对值大才可以支撑广告支出，从而达到广告带来的产出大于投入的结果。如果你在销售单价为3.99美元的手机贴膜，无论你掌握多么高超的广告运营技巧和玩法，恐怕结果只是亏损而已。如果利润空间太小，那么根本不足以支撑广告的支出。

第二，对于设置了变体的产品，优选大众认可的颜色（款式）投放即可，不要所有变体全部投放，也不要仅仅投放看似个性却受众很小的颜色（款式）。原因很简单，无论什么产品，无论有多少颜色选择，都一定有某些颜色更符合大众的审美观，对于这类产品，我们称之为大众款，果断地把这些大众款产品拿出来投放广告，通过大众款的广告为整个变体 Listing 导入流量。点击进入页面浏览的消费者，如果有个性化的需求，他自然会关注变体中的个性款。对卖家来说，没必要因为个人偏好而把个性款拿出投放广告，虽然可能赚取了眼球，却未必能够得到太好的转化。举个例子，曾经有销售耳机的卖家，投放广告时选择了浅绿色和天蓝色的子体，产品图片非常漂亮，也确实带来了很高的曝光量，可是点击和转化却很差。为什么呢？因为按照常识我们就知道，在大多数消费者的认知中，黑色和白色的耳机才是大众的偏好，而对于卖家投放广告的浅绿色和天蓝色，大家也仅仅是“看看而已”。

当我们选择好了要投放的产品，该如何设置广告呢？

亚马逊站内广告有两种设置方式：自动广告和手动广告。在广告方式的选择上，我建议卖家最好以自动和手动结合的方式投放。原因很简单，这两种广告的展示途径不一样，两种方式同时投放，卖家可以同时获得两种不同路径进来的客户。

手动广告需要设置关键词，广告往往会优先出现在搜索结果页面，而自动广告不需要设置关键词，更多的是系统依据你的产品和竞争对手产品的相似度把产品展示在竞争对手产品的详情页面里。虽然客户进入路径不同，但对卖家来说，只要是潜在客户，都是我们需要抓住和珍惜的。

当然，有些卖家可能会觉得如果两种广告方式同时设置，会不会在同一页出现自己的两条广告造成浪费。其实这是完全多虑的，且不说你的产品能不能在数以千计的竞争中展示在同一页面，即便你的广告展示在同一页面，又有什么关系呢？如果首页20多条产品全部都是你的产品，那你该有多开心！在前面页面多几条自己产品的展示，增加了自己产品的曝光和流量，这本身就是一件好事。当然，按照亚马逊系统的算法逻辑，一个卖家的同一条产品在同一页面上最多可以出现两次，所以你无需担心广告的浪费。

选择了要投放的产品，设置了广告，只是广告投放的第一步，真正重要的是如何在广告运行的过程中进行广告优化，以达到广告有更好展示和更低点击成本的目的。

在亚马逊站内广告的优化上，我们一般要从以下几方面进行。

（1）**Listing 优化要先行。**一个产品投放广告是为了能够让产品展示在靠前的页面以获得更多曝光量和流量，但如果产品详情没做好，则达不到引流和转化为订单的目的。所以，当你选定一款产品做广告时，这条产品必须是完整的、有吸引力的，甚至应该是极尽完美的，一个干瘪瘪的 Listing 既勾不起消费者的关注，更不能带来转化，只会浪费你的广告费。Listing 优化包括产品图片、标题、五行特性、产品描述、Search Terms 关键词、产品 Review 以及在发布产品过程中的相关属性选择要准确无误等所有和 Listing 详情有关的信息。

（2）**价格领先，售价要有竞争力。**虽然广告可以让产品展示在搜索结果靠前的页面，但消费者购买一个产品时，往往还会做横向对比，即你的产品和别家的产品相比你的价格是否有优势。如果价格虚高，即便产品展示在搜索结果首页，即便图片精美描述细致，消费者还是会在横向比较中生出几多犹豫，而如果你的价格有优势，消费者的购买意向就会强烈很多。投放广告很重要，但不要忘了，价格才是成交过程中最敏感的因素。

（3）**较多的产品 Review 数量和较高的 Review 星级。**一个产品如果在没有任何 Review 的情况下裸做广告，即便展现在靠前的页面，也会因为没有产品 Review，缺少口碑支持而显得单薄和没有说服力，转化率必然偏低。很多买家在购买过程中往往更趋向于从众心理，“评价越多，说明购买的人越多，产品 Review 星级越高，说明产品得到大众的认可度越高，这才是我需要的。”这对于一个没有 Review 的 Listing 来说，显然是不利的。所以，在对投放站内 PPC 广告前，卖家一定要想办法为 Listing 增加优质的产品 Review。

下面，我们讨论很多亚马逊卖家在日常运营中经常纠结的关于站内 PPC 广告的几个问题。

问：新店铺没有购物车，该如何投放站内广告？

答：购物车是站内广告投放的必要前提，但运营是一个循序渐进的过程，新店铺暂时没有购物车是不能投放站内广告的，但卖家不用着急。其一，站内广告只是运营的一个方面；其二，在没有购物车时，卖家可以通过采用 FBA 发货、低价促单等方式让 Listing 产生订单。一般来说，当一条 Listing 采用 FBA 发货，货物入仓后或者出了几个订单后，一般就会拥有购物车了，Listing 有了购物车，就可以投放站内 PPC 广告了。

问：投放站内广告时是否要紧跟系统建议出价设置自己的广告出价呢？

答：对卖家来说，系统建议出价仅仅是参考而已，卖家自己出价需要根据产品的售价和利润额确定。考虑到平均的订单转化率一般只有 10%左右，建议广告关键词出价在产品毛利润的 1/10 左右浮动为宜。

问：站内 PPC 广告投放对自然流量是否会有影响呢？

答：有影响。自然流量是亚马逊系统根据产品的销量、排名、转化率等因素综合衡量之后的分配。站内广告为店铺带来流量，如果带来的流量得到很好的转化，那么销量增加、转化率上升，这样可以拉升产品排名，进而会有更多自然流量进来。反之，如果站内广告在带来流量的同时转化率很差，甚至没有转化时，因为转化率的因素，会导致 Listing 权重下降，自然流量有可能减少。

问：在自动广告报表中，我看到有些关键词曝光量很高，却只有很少的点击，我该如何做呢？

答：自动广告是按照产品相关性自动匹配展示的，如果自动广告报表中出现很多和自己产品不太相干的词语，曝光量大但点击量少，说明自己产品发布过程中使用了不太精准的或者和产品匹配度不高的词语，建议卖家可以对 Listing 优化，包括标题、五行特性、产品描述、Search Terms 关键词，以及产品属性列表中的相关内容。

问：在手动广告中，Listing 详情页面的相关内容对广告的影响有多大呢？

答：手动广告是以卖家设置的广告关键词作为匹配的基础，如果 Listing 详情页面的内容和广告关键词相关度高，广告关键词的质量得分就会高一些，在同样出价的情况下，更有利于展示在搜索结果靠前的位置。如果广告关键词和 Listing 详情页面的内容不一致，那么关键词质量得分就低、广告的曝光量就少。

问：创建站内广告计划时，我可以把多个产品放在同一个广告组里吗？

答：当然可以。但为了广告投放的精准和查看数据报表时得到的反馈更清晰准确，建议如果不是特别相关的产品，最好分别建立广告计划。不同的产品，相关性的体现是不一样的。比如，同样是卖鞋，有些产品的相关性关键词是“Shoes”，可另一些产品的高度相关性关键词却是“Men's Shoes”。更进一步，对一个卖男鞋的卖家来说，其产品的相关性关键词则可能是“men's sneakers”。产品不同，相关关键词是有很大区别的，建议广告投放尽可能精确化，以减少相关性差的关键词带来无效点击。

问：我是否可以按照系统的提示以 0.05 美元的出价投放广告呢？

答：0.05 美元是当前亚马逊平台上系统建议的广告竞价的最低价，虽然可以设置这个价格，但按照当前平台上的实际状况，卖家众多，广告的竞争非常激烈，过低的广告出价并不能给自己的 Listing 带来有效的曝光和点击。

问：在激烈的竞争中，如何才能够让广告投放更有效果呢？

答：建议卖家可以以 1 ~ 2 周作为一个评估单元，监测自己的广告转化效果，设置合理的每日广告预算，并根据广告效果调整自己的每日预算。在广告投放过程中，尽量以精准的关键词为主选，避免选择大词造成不必要的浪费。同时，要定期根据广告报表对广告关键词调整。

问：对于一个已经成为 Best Seller 的 Listing，有必要持续投放站内广告吗？

答：Best Seller 排名是按照一定时间内的销量排序的。对于一条已经成为 Best Seller 的 Listing，同样会随着销量减少或者竞争对手的销量增加而失去 Best Seller 的地位。对卖家来说，无论一条 Listing 是否是 Best Seller，只要该 Listing 对应的广告计划转化率划算，都值得持续投放广告。

问：有没有必要对全店铺产品投放广告？

答：答案当然是 NO（没必要）。除非你的店铺真的是一个绝对精品化运营的店铺，产品数量少且产品之间彼此都是独立的不相干产品，并且产品的单价和利润都可观，广告的投入产出比划算。

如果你的店铺是铺货模式，有很多很杂的产品，那显然也是不适合逐个产品投放广告的；如果你的店铺里面同款的产品有无穷多的变体，显然不适合对每个子体都投放广告；如果你的产品单价太低，比如 3.99 美元包邮的手机贴膜，显然不适合投放广告；如果你所销售的产品太冷门，比如卖电子元器件的 IC 芯片、电阻电容，显然也不适合投放站内广告。站内广告投放与否，要根据产品而定，不能一概而论。

问：投放站内 PPC 广告的基础是什么？

很多卖家告诉我，PPC 广告的基础是选词，通过各种关键词工具收集整理，然后筛选投放，或者先投放再筛选。我对此持否定态度。在我看来，PPC 广告投放的基础是 Listing 的完美优化。

如果一条 Listing 没有做好，产品就没有办法得到很好的展现，在此基础上投放广告，转化率必然不高。PPC 广告投放的目的是让 Listing 有曝光和流量，但运营的目的是转化，是为了获取更多的订单，网上购物是一个看图购物的过程，如果你的 Listing 颜值不高，其转化必然惨淡。所以，在 PPC 广告投放之前，一定要把优化做到位。

Listing 的优化包括以下方面。

产品图片：1 张主图+6 张副图都不能掉以轻心。主图要大气、展示清晰，要做到比你的竞争对手的图片更好，这非常有必要。

标题：在标题中，要把产品关键词、特性词、功能词和卖点结合，让标题能够突出产品重点并且生动地说话，关键词可以让亚马逊系统识别并抓取到你的 Listing，而生动的语言可以打动消费者的内心，把流量转化为订单。

五行特性和产品描述：既要学会精准表达，还要学会讲故事，让语言生动，学会“说人话”。什么是“说人话”？就是把产品的特性和卖点用消费者能理解的语言表达出来。从哪里提炼这样的语言呢？竞争对手的 Listing 中的产品 Review 是最佳来源之一。在 Review 中，很多消费者会表达出自己的关切点和满意点。把这些内容整理出来，提炼加工，为自己所用。最忌讳的是把五行特性和产品描述写成产品说明书，冷冰冰的语言是打动不了消费者内心的。

价格：毋庸置疑，让你的价格具有竞争优势吧。

FBA 发货：这个是运营的基础，亚马逊平台上约有 60%的订单是经由 FBA 发货的，亚马逊系统会给 FBA 发货的 Listing 更多流量倾斜，消费者也会更倾向于选择 FBA 发货的产品，很难想象单靠自发货的方式运营能够做大做好。

产品 Review：对站内 PPC 广告来说，重要的事情说三遍：不要裸做！不要裸做！不要裸做！

问：进行站内 PPC 广告优化时，卖家应该从哪些维度考虑呢？

对卖家来说，每次对站内广告的调整和优化都必须基于两个基本数据：对产品的熟悉程度和广告报表反馈的数据。基于以上两个条件，卖家对站内广告优化时，要考虑以下几个方面。

（1）Listing 优化。要想让广告呈现得更精准、转化率更高，那么 Listing 优化是基础。Listing 优化需要基于卖家对自身产品的熟识度和对竞品的深度分析。只有熟悉自己的产品，才能表达更准确，而只有熟悉竞争对手，才能知道孰优孰劣。

（2）曝光量和竞价。如果一条 Listing 优化到位，此时卖家应该关注的第一个数据是曝光量。如果曝光量少，说明竞价偏低，缺少竞争力。此时，应该提升广告竞价增大曝光量。竞价的高低将直接影响曝光量的多少，而曝光量是站内广告数据的基础。

（3）从曝光量到点击量（CTR）的转化率。有了足够多的曝光量，卖家还需要关注点击量，如果曝光量高点击量低，首先需要考虑自己的 Listing 优化（尤其是产品主图、标题、Review 和售价）是否到位，如果优化没有问题，那么卖家需要考虑自己的广告排位在哪里。同样的曝光量，不同的广告展示位，其点击量也是会有明显差别的。如果广告展示位置较差，卖家可以通过调整竞价（加价或者降价）让广告位置发生变化，从而影响点击量的变化。

（4）从点击到订单（CR）的转化率。有了点击，消费者看到了我们的产品详情页面，我们需要面对的就是订单的多少了。如果订单数量少，即 CR 偏低，我们需要审视自己的产品详情的每一个细节，页面是否完美，是否吸引人，价格是否有竞争力，Review 的数量和星级是否足够起到口碑作证，以及五行特性和产品描述是否足够细腻、足够吸引人等，这些都是影响 CR 的重要参量。

（5）关键词质量得分。关键词质量得分是亚马逊 A9 算法在广告运行中的底层建筑，影响关键词质量得分的既包含 Listing 详情页面的精准和匹配，也包含 CTR、CR 转化率等，为了能够在低成本的基础上让广告带来高产出，通过提升转化率拉升关键词质量得分是卖家必须铭记在心的重要原则。

问：站内 PPC 广告的数据那么多，广告优化时应该围绕的核心是什么？

广告优化的维度有很多，细节更是不计其数，但总结起来，要想让广告优化见效，一定要从对广告的“加”和“减”上做足功夫，我们可以简称为加减法广告优化法。

在广告运营中，我们可以获得大量数据，这些数据既是对广告自身的一种反映，也是对 Listing 详情表现的一种反映。根据这些数据，我们需要做“加法”的有以下几点。

（1）当 Listing 优化已经做得足够好，但广告曝光量却很低时，表明我们的广告竞价有点偏低了。此时，我们要适当地提高广告竞价，以便于我们的广告有更多曝光，获得更多潜在客户的关注。

（2）当一个广告计划转化率很好、ACOS 百分比很低但每天的广告预算却总是 Out of Budget（超出预算）时，说明我们的广告预算少了，为了能够获得更多订单，此时可以适当提高我们的广告预算额度。

（3）如果广告中某些关键词的曝光量偏低、点击量却较多、CTR 数值高于其他词语，且订单转化率高，该关键词的 ACOS 数值很低时，或者某些关键词的曝光量大、点击量也大、CTR 数值高，订单转化率也高时，我们都可以对广告竞价和预算双双提升，以此增加曝光，争取获得更多订单。

（4）在广告运行过程中，如果我们通过自动广告报表发现了一些曝光率高、转化率高的产品关键词，自己却疏忽了并没有编辑在产品详情（标题、Search Terms 关键词、五行特性、产品描述等内容中均没有体现）中，此时非常有必要在随后对 Listing 优化时将这些词语添加进去。

广告运行中应该做“减法”的有以下几点。

（1）对关键词做“减法”：在手动广告中，如果前期设置的某些关键词的曝光量低、点击很少、订单转化率差，或者很高的曝光、很高的点击，但很低的订单转化率，导致 ACOS 百分比远远高于产品毛利率，且 CTR 和 CR 都远远低于其他关键词时，卖家应该做“减法”，将这些关键词从广告计划中删除；在自动广告中，如果通过数据报表看到某些词语高曝光、高点击、低转化或无转化，且长期都是这样，卖家同样应该做“减法”，将这些词语添加到 Negative Keywords 列表中，以减少无效流量，减少浪费，节约广告成本。

（2）对广告预算做“减法”：根据广告报表，如果一个广告计划虽然产生了一定数量的订单，但 ACOS 一直偏高（高于产品毛利率），同时广告所带来的订单在总的订单数量中所占比重很小，卖家经过各种优化，广告转化率一直得不到有效提升。此时，卖家可以对广告预算调整，既降低广告竞价，也减少广告预算。在这种情况下，广告可以暂时不停止，以减少可能因为系统识别到广告停止而对 Listing 暗中降权。因为此广告计划所带来的订单数量本来就少，竞价和预算的降低虽然会影响曝光、点击和广告直接订单的数量，但广告成本节省下来，整体的利润率和利润总额却会增长。

概括来说，广告的优化一定要围绕降低成本和提升转化两个指标，成本降低的同时转化却在提升，这才是一个好的广告优化方案。

6.12　为什么站内广告的成本越来越高，转化却越来越差

有多个卖家反映站内广告投放过程中的情况，一个产品在投放广告之初，出价和点击扣费都比较低，广告成本很低，却有着不错的曝光、流量和转化，但中间经由其他一些情况后，同样的广告计划，出价更高了，转化却差了许多。

所有卖家都期望能够以较低的投入带来较高的产出，要想达到这样的效果，广告投放中有些坑是我们必须要注意的。

6.12.1　广告暂停

站内 PPC 广告的投放讲究连续性，无论任何原因，如果卖家把广告计划暂停，之后重启时，由于该广告计划在前期累积下来的关键词质量得分权重在暂停期间被降低或消失了，导致此时的关键词质量得分降低，即便卖家提高了广告关键词的出价，转化也很难恢复到原来的状态。

6.12.2　Listing 优化频繁

有些卖家误以为只要对 Listing 调整就是 Listing 优化。需要注意的是，Listing 的调整可能使 Listing 向好的方面发展，也有可能因为调整不当而让 Listing 的整体表现下降，得到更好结果的调整我们称为 Listing 优化，但效果变差的调整则得不偿失；另外，每一次对 Listing 的调整都意味着亚马逊系统会重新评估 Listing 权重并重新排序，如果在系统重新抓取时，因为调整后的 Listing 自身权重下降，那么必然导致 Listing 排名下降，进而造成 PPC 广告成本升高。

通常来说，对 Listing 的优化应该是在 Listing 销量下降严重或者长期处于没有销量时进行，而对于一条销量稳定或者销量呈持续上升的 Listing，卖家应尽量减少调整的频次。

6.12.3　增加变体

有些卖家看到某个 Listing 销售向好时，会在原 Listing 上添加变体，以此达到用

热卖 Listing 为新子体引流的目的。但实际上，增加变体和 Listing 优化类似，都会破坏 Listing 在系统中原有的权重。所以，增加变体同样可能会导致广告成本上升，销量减少。

6.12.4 产品涨价

在整个运营中，产品价格是影响销量的最敏感要素。一个产品前期售价低、销量好、转化率高，但如果此时对产品做较大幅度的涨价，往往会导致转化率下降，进而导致 PPC 广告成本上升。

运营的目的是利润，价格过低带来的结果是要么亏损要么利润达不到预期。所以，卖家结合运营的实际需求，对产品的价格做调整也是必要和必需的。为了减少调价对 Listing 权重的伤害，建议卖家在调价的过程中，尽可能以“小步慢跑”的方式进行，每次调整幅度小一点，经过以 3 ~ 7 天为周期的销售盘整后，销量稳定，Listing 权重恢复，再进一步上调价格。在调价过程中，一旦某个价格导致销量大幅减少，卖家要果断降价拉升销量和恢复 Listing 权重。

6.12.5 遭遇断货

运营中的断货对 Listing 的权重影响是非常严重的，往往会导致 Listing 排名下降，各个相关关键词的权重下降，从而造成后期的 PPC 广告成本上升。

为了稳定 PPC 广告的成本，卖家在运营中应尽量确保不断货，当遭遇不可控因素而造成 Listing 断货时，建议卖家能够以自发货的方式跟卖自己的 Listing，确保 Listing 持续在线，以此减少因为断货下架给运营带来的伤害。

6.12.6 收到差评

相信很多卖家都遭遇过差评对 Listing 的影响。实际上，差评不仅影响销量，会导致销量大幅减少，同样的，体现在站内广告上，差评也会导致广告成本大幅上涨，所以卖家在运营中一定要尽量提供优质的产品和服务，确保发货时效快速，尽量避免不必要的差评。而一旦遭遇差评，卖家要尽量联系到买家，通过友好沟通，争取得到客户的谅解，能够修改或移除差评。

6.13 卖家在站内 PPC 广告投放过程中应有的姿态

我做了一个关于亚马逊站内广告的线上分享课，在课后收到一些学员的提问，从提问中发现了一些问题，虽然大部分卖家都知道站内广告在整个运营中有着举足轻重的作用，可是不少卖家却错误地认为广告只是投放即可，疏忽了后期的优化，以至于广告的整体转化很差，不尽如人意。

具体来说，在广告的投放中卖家应该有怎样的姿态？该怎样优化呢？

6.13.1 广告优化应该是从 Listing 优化开始的

投放广告的基础是 Listing 已经优化得非常出色。有些卖家的产品详情页面内容做得马马虎虎、粗枝大叶，就急匆匆地投放站内广告。在这种情况下，导致的直接结果就是广告转化率很难做上去，而如果转化率长期徘徊在低位，又会导致广告成本一直居高不下，成了一个恶性循环。

具体来说，在选品确定下来之后，开始准备发布 Listing 前，一定要从图片、标题、五行特性、Search Terms 关键词、产品描述等内容进行细致的规划。又因为无论搜索结果还是广告展示中产品主图都是最关键的要素，是吸引用户的首要条件，所以 Listing 优化中重中之重的工作就是做好产品的主图。除了主图之外，产品 Review 的有与无、多与少、星级高与低也都在一定程度上影响着用户的购买意向。所以，一个产品在投放广告之前，一定要有一些高星级的产品 Review 辅佐。

6.13.2 广告优化意味着卖家要熟悉产品，熟悉产品的关键词

广告投放最直接体现在关键词上，对同一个产品投放不同的关键词产生的效果不一样，不同的关键词带来的转化也截然不同，但哪些是产品的关键词，如何选择更精准的关键词等问题，都是需要卖家对产品有深刻理解和非常熟悉才行的。卖家在投放广告之前，一定要熟悉自己所售产品的基本属性、各种特性、适用群体等，在理解产品和受众的基础上选择广告关键词。

当然，如果卖家虽然熟悉产品，却依然把捏不好关键词，不妨借助一些关键词工具做辅助。

6.13.3 广告优化是一个长期持续的过程

设置了广告不意味着广告投放的完成，这只是个开始。在当前激烈的竞争中，要想让广告的效果最大化，为卖家带来更多的订单，广告必须持续优化才行。很多卖家在广告投放过程中做甩手掌柜，广告设置之后就不管不问，这样导致的结果是很高的投入对应很少的产出，ACOS 数据长期居高不下，惨不忍睹。

关于广告的优化，既包括关键词方面的调整，也包括关键词出价的调整。

在广告投放之初，可能因为对产品认识不足，投放的关键词未必是最恰当的，但随着广告投放的持续，可获取的数据越来越多，卖家可以根据广告报表对广告关键词调整，要重点对待高曝光、高点击、高转化的词语，而对于高曝光、低点击、低转化的词语，可以酌情删除。同时，还要补充新发掘的关键词，以带来更多曝光的机会。

除了关键词的优化，广告关键词的出价也是需要持续调整的。在广告运行的过程中，卖家要根据转化率的情况，有针对性地调整（降低或提升）关键词出价，甚至可以根据每天的销售高峰和低谷分时段设置广告出价，以期达到最优的转化效果。

亚马逊站内广告是一个实操性很强的模块，没有千篇一律的技法。不同的产品，广告的投放方法会有差别，因为竞争的原因，不同的时段也要求我们需要对广告做出调整，但无论怎样调整，广告是为了提升销售额和利润额的目的始终不变。所以，只要 ACOS 数值呈下降趋势，广告就值得持续关注，只要能够带来超出投入的广告就是好广告，就值得持续投入。对卖家来说，切忌“三天打鱼两天晒网”式的投放，既浪费了广告成本，又会影响到广告的效果。

6.14 PPC 广告要持续投放才是上策

有一部美国情景喜剧《成长的烦恼》曾深深地烙印在众多“80 后”的记忆中，在当时并不丰富的信息来源中，这部剧成了大家了解外部世界的一个窗口。成长中，有憧憬，有欢笑，也有着数不尽的烦恼。

对亚马逊卖家来说，在成长的路上，也同样会遭遇数不尽的烦恼。

比如，在选品阶段，往往会因为经验不足、掌握信息不全面而不敢过多订货，小批量的货物发到 FBA，广告投放出去，本来还忐忑是否会有销量，不曾想销量居然突飞猛进，很低的广告成本，很高的转化率，发到 FBA 的货物瞬间销售一空，兴奋的心情不言而喻。

于是，大批量的订货、备货、发货，期待着销量能够继续保持强劲势头，让自己的创业路能够登上一个新台阶，但结果却可能恰恰相反。新一批货物入仓后，突然发现流量变得很少，销量也几乎没有了，连正在投放的站内 PPC 广告的点击价格也远远高于前一次产品刚上线时，转化率低到让人心底发慌。

你不禁问：这究竟是怎么了？一切似乎都没有变化，但又似乎整个天都变了。

问题究竟出在哪里了呢？

这就要首先谈一谈亚马逊的排名规则。

作为一个网上购物平台，亚马逊的 Listing 排名规则有很多，但其中之一就是对于新建的 Listing 会有一定的新品曝光流量倾斜期，即系统会额外给出新上架的 Listing 更多曝光机会和流量支持。在此阶段，如果卖家操作得当，把流量转化为销量，同时配合站内广告投放，利用高转化率带来的关键词质量得分权重，站内广告的效果就会显得格外明显。

亚马逊站内广告的逻辑就是根据转化率等几个要素的结合提升关键词质量得分，而关键词质量得分的高低又反过来影响广告排位和单次点击的实际扣费。如此下来，一般的结果是，因为转化率高，所以会有更多曝光和流量，又因为转化率高，所以点击时产生的实际扣费会偏低；而当转化率下降时，广告就会向相反的方向发展。这就是很多新卖家在运营中看到的关键词出价不高、点击成本不高却转化出很多订单的原因，因为订单转化率影响了这一切。

而当一条 Listing 遭遇断货下架，Listing 的权重受到损伤，当补货入仓，Listing 重新上架，前期积累的权重丧失导致广告成本增高和转化率下降。这就好比你在银行或者饭店排队，你取了号，号码纸上写着四个字：过号不候。

前期积累的权重消失，系统分配的新品流量倾斜也没有了，此时打造一个 Listing 难度就大了，这就是很多卖家在断货之后所遭遇的成长烦恼的原因。

既然如此，卖家该怎么办呢？尽量保持不断货是必需的，除此之外，在广告投放过程中，不要随意暂停或停止，广告运行中的每一个点击，都在不同程度上为广告累积着更多的权重。雪崩来临时，每一片雪花都负有责任。同样的，每一次广告点击都对 Listing 权重的提升做出了贡献。

但持续投放广告又会产生两个问题：第一，在目标市场的非销售高峰时段竞争对手点击所带来的垃圾流量该如何避免？第二，Listing 已经到了自然搜索结果首页后，是否有必要停止广告投放？

对于第一个问题，我的建议是，即便非销售高峰时段会产生一些垃圾流量，也不建议将广告暂停，卖家可以在非销售高峰时段降低广告关键词的出价，用价格杠杆调整广告展示位置，减少遭竞争对手恶意点击的概率。

当一条 Listing 已经到了自然搜索结果的首页，只要广告的转化率是划算的，广告都值得持续投放。只要获得更多的曝光，抢占更多的市场份额，就增加了自己在竞争中获胜的筹码。

第7章

防范跟卖，小心胜利果实被剽窃

本章要点：

- 跟卖的概念
- 跟卖的后果
- 如何驱赶跟卖

7.1 跟卖的概念

由于亚马逊是从网上书店转型而来的综合型电商平台，延续着书籍销售中不同卖家可以同时销售同一产品（同一版本的书可能会有多个卖家销售）的逻辑，如果一个卖家的产品和平台上已经在售的某个产品相同，在符合平台规则的前提下亚马逊允许其将自己的产品直接挂接在别人的 Listing 上，这也就是我们通常所说的“跟卖”。

跟卖的基本逻辑是 Listing 所有权属于亚马逊，跟卖的所有卖家共用产品页面的信息，包括图片、标题、描述、五行特性、EAN/UPC 码等，Listing 会汇总为同一条 Listing，所有卖家共享产品页面的曝光量和流量，跟卖者只能设置自己的价格、物品新旧状况和库存数量。按照消费者购买习惯，在多个卖家跟卖的 Listing 下，占有 Buy Box（购物车）的卖家的成交概率更高。因为购物车意味着销量，所以所有卖家都会争抢购物车，而按照亚马逊 A9 算法的逻辑，购物车由平台自动分配，其依据包括不同卖家的价格、发货方式、销量和账号表现等因素。

对一个新卖家来说，跟卖别人的 Listing 往往可以共享别人的曝光，截获的是原 Listing 的流量，站在别的卖家前期积累的基础上，容易快速地产生订单。正是由于这些原因，很多卖家在运营初期往往把跟卖别人的 Listing 作为自己运营的手段。

但对被跟卖的卖家来说，自己辛辛苦苦打造的一条 Listing 被别人跟卖，导致销售下滑、销量减少，甚至如果跟卖者的产品品质差，还可能给 Listing 带来差评，进而影响整条 Listing 的权重和排名，这就好比辛苦养大的孩子被别人祸害了，其心情可谓不爽。

7.2 Listing 被跟卖的后果

具体来说，如果 Listing 被跟卖，可能导致什么样的结果呢?

（1）Buy Box 被抢占，卖家自己的 Listing 销量减少。

对亚马逊卖家来说，Buy Box 的意义不言而喻，根据亚马逊官方的统计，约有 87% 的消费者通过添加购物车完成下订单和购买。如果自己打造的一条 Listing 被别人跟卖，购物车就不再固定为你独家所有，系统会根据各个卖家的表现进行购物车的分配，如果跟卖者恶意降低自己的产品价格，可能有更多的时段占有购物车，原卖家的购物车占有率下降，销量必然减少。

（2）多个卖家竞争打价格战，利润被稀释。

虽然亚马逊平台上的竞争由来已久且持续存在，但对被跟卖的 Listing 来说，竞争更加明显。一条 Listing 的打造需要 Listing 创建者投入大量的时间、精力和资金，而一旦 Listing 被跟卖，跟卖者因为投入少、成本低、获利心太急，往往会以较低的价格销售。对 Listing 的创建卖家来说，如果不降价跟进，购物车会被抢走，导致销量减少，而如果跟进降价，又会引起价格战，导致利润被稀释，一条跟卖者众多的 Listing 甚至会在价格战出现亏本血战的情况。跟卖者可以随时撤离，但对创建这条 Listing 并倾注心血的卖家来说，则会在和跟卖者的激战中损失惨重。

（3）被跟卖的 Listing 可能发生编辑权限被抢走，创建者丧失了对 Listing 的控制权。

根据亚马逊平台的规则，在亚马逊上销售的产品，其 Listing 的所有权都是属于亚马逊的。基于这一规则，系统会根据不同卖家的销售情况把 Listing 的编辑权限分配给该 Listing 下面卖得最好的卖家。

所以，Listing 被跟卖，并且跟卖者的销售状况比 Listing 创建者更好，系统就有可能把该 Listing 的编辑权限暂时让渡给卖得最好的卖家。一旦拥有编辑权的跟卖者对 Listing 修改和编辑，甚至恶意篡改成完全不同的产品信息，Listing 创建者的运营则可能被打乱，甚至会遭遇客户投诉产品与描述不符的情况，会严重影响运营的节奏和效率。

（4）跟卖者的价格过低会影响参加秒杀活动时系统要求的价格，使创建者错失秒杀的机会，破坏其运营规划。

一些卖家在运营中会把参加平台的秒杀活动作为运营中的必要补充，但如果你的 Listing 被跟卖，当你报秒杀时，系统会依据该 Listing 最近三个月的最低价要求你的秒杀活动定价，如果此前有跟卖者的价格过低，参加不了秒杀，则可能破坏了你原来的运营规划。

（5）跟卖者的产品质量差、货不对版等可能导致 Listing 收到差评，影响 Listing 的整体表现。

和前边几条的危害相比，跟卖者的产品质量差而导致 Listing 收到差评则更让 Listing 的原创建者抓狂。当一条产品被多个卖家跟卖时，所有订单所产生的产品 Review 会全部汇总在该 Listing 页面。某个跟卖卖家的产品质量差，客户收到货后不满意，留下了低星级的产品 Review，对一条 Listing 的打击是摧毁性的。好的产品 Review 能够提升 Listing 权重和排名，进而带来销量的增加，而差的产品 Review 则可能导致销量瞬间归零，整条 Listing 的打造也可能前功尽弃。

跟卖者像梦魇一样，当他们发现一条没有有效保护的 Listing 时，就会鬼鬼祟祟地跟卖，和 Listing 的创建者玩起“猫捉老鼠”的游戏。你休息时，他们开始跟卖；你上班时，他们下架产品休息去了。如果被发现了，你驱赶，他就走，你稍微舒一口气，他们又悄然而至。

针对跟卖所带来的这些风险和危害，亚马逊卖家一定要在运营中做好防范，防止自己的产品被跟卖，而一旦被跟卖，也要果断采取行动，将危害降到最低。

7.3 针对被跟卖，如何采取行动

具体来说，我们可以采取以下几步行动。

7.3.1 注册本地商标

为了防止运营中自己创建的 Listing 被跟卖，注册所售站点的本地商标必须是第一步工作。

一个产品如果没有商标，就意味着是通用的产品，得不到平台的保护，给跟卖者留下了跟卖的机会和空间。从长远的眼光来看，一个卖家要想让自己的运营更顺畅，减少后期运营中不必要的干扰和麻烦，非常有必要在运营起步时就注册属于自己的商标。

因为商标是具有地域属性的，在中国注册的商标在美国市场上并不受保护。抛开百年品牌的远大理想不谈，为了更好地在亚马逊平台上销售，卖家非常有必要注册一个本地商标。如果你在亚马逊美国站上经营，那就注册美国商标，如果你在亚马逊欧洲站上经营，那自然要选择注册欧盟商标。

因为商标注册是分品类的，所以卖家在注册商标时，一定要选择注册自己经营（或将要经营）的产品品类，避免后期因为注册品类和经营品类不同而保护作用不能发挥到最大效果。

同时，在商标取名上，卖家要充分考虑品类特点、目标市场和消费者习惯，为自己的商标取一个易读、易懂、易记，且在目标客户群体中不易产生歧义的名字，要读起来朗朗上口，让消费者过目不忘，同样可以对销量起到推动作用。好的名字是成功的一半。以美国市场为例，取商标名称时尽量不要用中文全拼，同时尽量不使用“g”“x”“z”等字母开头（连准确地念出来都很困难，更不要提传播这个品牌了）。

需要提醒的是，虽然可以在网上找到注册美国商标和其他国家商标的教程，但因为一个商标从注册到拿到商标证书，通常需要 10～12 个月，而在没有拿到商标证书之前，会出现各种变数，商标局可能会要求注册人补充材料，也可能因为第三方提出异议而导致商标注册被驳回等情况，为了减少注册商标过程中的各种不确定因素，建议买家可以选择专业的商标注册代理机构处理自己的商标注册事宜。

在老魏我之前接触的卖家中，就曾发生过多起卖家自行注册商标几个月后，因为商标异议而被驳回的情况，既浪费了时间，也白白损失了注册费用。

在选择商标注册代理机构时，建议卖家尽可能选择可靠、负责、有实力的机构，毕竟商标注册始于提交注册资料，完成却是十个月后拿到商标证书时。有些卖家选择在某网站上找中介，虽然前期注册和提交资料一切正常，可是几个月后卖家发现所注册的商标显示为无效状态，再联系卖家时，卖家的店铺早已关闭了。

把专业的事交给专业的人去做，作为卖家，我们要做的是努力积累运营经验，打造自己的运营优势。

另外，在当前全国都在鼓励和保护知识产权的浪潮下，各地分别出台有针对性的商标补贴办法，比如深圳，针对本地居民和企业注册的美国商标，可以享有最高不超过 5000 元的商标补贴，而注册欧盟商标则可以享有最高不超过 10000 元的补贴，基本上等于政府出钱为你买单了。

7.3.2 进行 GCID 商标备案

商标注册只是第一步，亚马逊卖家在拿到商标注册证书之后，还需要在平台上进行商标备案，才能够得到平台的认可和保护，起到防止被跟卖的作用。

亚马逊商标备案是平台针对已持有注册商标（或拥有商标授权）的卖家在亚马逊系统内所进行的商标登记。当一个品牌在亚马逊成功备案后，亚马逊系统会自动为其分配独一无二的 Glcbal Catalog Identifier（全球目录编码，GCID）号码，也就是我们通常所说的 GCID 号码。GCID 号码是一串由字母和数字组成的十六位字符，进行了 GCID 商标备案的卖家，在随后发布产品时可以无需使用 UPC 码，直接使用 GCID 号码发布即可。同时，做了商标备案，有了系统生成的独一的 GCID 商标备案，在 Listing 被跟卖时，可以用 GCID 号码和相应的商标资料向平台投诉，平台对这类投诉会更加重视。

完成 GCID 商标备案的卖家在运营中享有很多优势，首先可以保护自己的商标，防止产品被跟卖，同时，拥有更完善的产品编辑权，可以申请产品加锁，可以较好地防止 Listing 信息被别人篡改。

那么，进行 GCID 商标备案需要提交的资料和流程有哪些呢？

（1）拥有平台对应站点本地的带®的商标，即注册并拿到商标证书的商标；

（2）已注册商标的官网（官网需要是英文版网站，有自己注册商标品类的产品，产品页面带有购物功能，能够完成支付）；

（3）以官网域名为后缀的企业邮箱；

（4）清晰的带有商标 Logo 的产品图片；

（5）清晰的带有商标 Logo 的产品包装图片。

具备了上述资料，卖家可以按照以下 GCID 商标备案流程进行商标备案：登录卖家中心后台，在右上角的 Search（搜索框）输入 Amazon Brand Registry 搜索，选择 Applying for the Registry 按钮，然后点击 Online Application 按钮，进行在线申请，按照平台的要求提交商标和产品的相关文件。

平台受理成功后，在 48 小时之内系统会自动为商标生成 GCID 号码。

完成备案后，GCID 号码被系统生成并自动分配到你的每个产品，但并不会出现在产品页面或库存页面，卖家要查找自己的 GCID 号码，可以登录卖家中心后台，在库存管理页面下，选择 Inventory Report（库存报表），然后选择列表中的 Active Listing Report（在线库存报表），点击下载。下载完成后，把下载的报表用 Excel 表格打开，表格中 W 栏（Product Id 栏）的 16 位字元就是自己的 GCID 号码。

7.3.3 发邮件警告跟卖者

为了防止自己的 Listing 被跟卖，我们注册了商标，在商标注册下来之后，我们又做了 GCID 备案，但就亚马逊的现状来说，要想防止被跟卖，仅靠上述这些是远远不够的。这些措施可以在一定程度上起作用，但并不能绝对避免被跟卖。

总有一些卖家，或因为新手无知，不熟悉平台规则，或作为害群之马的有意抢掠，会在你的一条 Listing 打造得初有成效时进来跟卖，破坏了你原来的运营计划，既影响了运营节奏，还可能为 Listing 带来潜在的隐患。所以，一旦发现自己的 Listing 遭到跟卖，卖家一定要在第一时间对跟卖者采取行动，而行动的第一步就是发邮件警告。

下面的邮件模板可供大家参考。

Dear "B",

It has come to cur attention that " B " is using the " A " trademark without license or prior written authorization from " A ".

" A " holds federal trademark registrations in the United States. So " B " listings violate " A " trademark and intellectual property rights. You are also in breach of Amazon's Participation Agreement.

Therefore, we demand you remove all listings on Amazon.com in which " B "utilizes our trademarks and images protected by copyrightimmediately.

" B " currently has at least one listing on Amazon.com for products that utilize " A " trademarks and/or copyrights without authorization. See the following ASIN: XXXXXXX.

While " A " has many options available under this state. But we would prefer to resolve this matter amicably. Please confirm to us in writing within 24 hours, that you have:

(1) Removed all of " A's " trademarks and copyright material from your Amazon.com listings and any other website or public display you operate;

(2) Removed all of " A's " listings of products it claims to be associated with " A's ", including but not limited to the ASINs listed above.

Failure to take action within 24 hours will force us to report this serious violation to the Amazon seller performance team. This is licensed products to Amazon.com as well, Amazon seller performance team will take such violations very seriously, possibly resulting in removal of your selling privileges on Amazon.com.

Thank you for your attention to this matter. Please contact us if you have any questions.

Legal on behalf of " A ".

上面的邮件模板强调了作为商标持有人的权利，并指出了跟卖者的不当行为，同时对这些行为予以警告，提醒跟卖者停止跟卖，避免由此导致的不利影响。虽然考虑到了方方面面的内容，也有理有据，但必须承认的是，在当前的亚马逊平台上，大部分的跟卖者都是中国卖家，而且有相当一部分卖家的英语水平不高，甚至对上述警告邮件的阅读和理解都有问题。

针对这种情况，为了让警告邮件更有效，建议卖家在警告跟卖者时，不妨直接以中文邮件的方式警告，义正词严地讲述利害，直击要害地驱赶。

用中文写驱赶跟卖的邮件时，你无需拘谨，也不需要优雅，既然用地道的母语，该表达的意思和态度可以恰到好处，用强硬的态度，甚至粗暴一点的语言都可以，赶走跟卖者才是最重要的。

7.3.4　下测试购买订单（Test Buy Order），然后向亚马逊投诉

如果卖家已经注册了商标，已经完成了 GCID 商标备案，也反复向跟卖者发了警告邮件，但跟卖者却置之不理或装聋卖傻，在这种情况下，卖家可以通过下测试购买订单并向亚马逊平台投诉的方式，请求平台协助赶走跟卖者。

具体的操作步骤如下：卖家用账号自带的买家账号（卖家账号同时也是亚马逊平台的买家账号）在跟卖者的店铺里下单购买。然后，等收到跟卖者的发货后，针对跟卖者产品和自己产品的差异向平台投诉，平台核实投诉内容后，删除跟卖者的 Listing，跟卖者被赶走。

为了让投诉的处理进度更快，把损失降到最低，卖家在投诉跟卖前一定要做足准备：第一，需要用自己卖家账号自带的买家账号购买跟卖者的产品；第二，需要把收件地址设置为站点本国的地址，收件人可以协助你接收订单包裹，最好是自己的亲戚朋友或熟悉的客户；第三，测试订单要悄悄下单，要在跟卖者没有警惕的状态下单；第四，跟卖者发货后，你要确认发货状态，确认货物投递成功后，用订单单号（Order ID）向亚马逊投诉。

在投诉中，订单单号是很重要的证据，而物品图片也是必须提交的证据，你要在提交的产品图片里向亚马逊客服说明自己所售产品（Listing 描述中的产品）与跟卖者产品的区别。所以，要把最明显的差别在图片中呈现出来。

为了得到亚马逊客服的快速回应，投诉邮件要包含 ASIN 码、Seller ID、侵权状

况简述、订单号码、图片、差异说明等。

虽然跟卖让人恼火，但在下测试购买订单之后，被跟卖者切忌不要留差评。差评虽然可以给跟卖者造成不好的绩效表现，但 Listing 也同样可能因为差评而被降低权重，反而伤害了自身的利益。

测试购买之后，如果跟卖者被驱赶走，卖家可以对测试订单申请退款，如果跟卖者对此有异议，被跟卖的卖家还可以直接开启 A-to-Z 纠纷，将事件升级。

在采用下测试购买订单对跟卖者投诉中，卖家可能因为资料不齐全或者缺少束缚力，收到亚马逊如下的回复：Based on the information you provided in your complaint, we are unable to remove the items listed at the end of this message.（抱歉，我们没有办法帮您删除跟卖者的 Listing。）

遇到这种情况，我们该怎么办呢？

1．转换立场，以权利人的身份继续向平台投诉

如果通过测试购买的方式投诉却被亚马逊客服以证据不足等理由拒绝处理，那么我们可以换一个立场，以权利人的身份继续向平台投诉。

参考邮件如下：

"我是 XXX 商标持有人，我发现亚马逊平台上有卖家在销售我品牌下的产品，经过我方核实，当前在售的几个卖家中，除了卖家 A 是经由我方授权的合法销售之外，其他卖家的产品均为非法销售，建议亚马逊平台能够下架非授权卖家的 Listing，保护我方权利……"

邮件中所谓的授权的"卖家 A"自然是你自己了。

作为平台，亚马逊在对知识产权的保护上还是蛮给力的。作为注册了商标的卖家，只要有理有据的投诉，一般是可以得到平台的支持和保护的。

2．以法律的手段，威慑跟卖者

如果通过上述的投诉方法，跟卖的情况依然没有得到解决，卖家还可以直接通过在美国（站点本地国）的代理律师投诉和驱赶。当然，由于欧美律师费昂贵，对一般卖家而言，真实地发律师函或进行法律诉讼成本太高，那我们不妨换一种思路。

跟卖者之所以选择以跟卖的方式做运营，是为了蹭别人的流量，快速地赚取利润，但跟卖者也有软肋，他们既担心跟卖导致账号受限，又忌讳在未曾预知的情况下惹上法律纠纷，所以被跟卖的卖家可以利用跟卖者的这种心理，以心理战赶走跟卖者。

具体该怎么操作呢？

被跟卖的卖家在其他方式驱赶跟卖无效的情况下，可以用另外的买家账号购买跟卖者的产品，把收货地址填写为某个美国律师事务所的地址，要有板有眼、一本正经地写。然后，等对方把货物发出后，直接发邮件告知对方：鉴于无视我方的警告，我们已经委托美国的律师进行了测试购买，并将在美国对你进行法律诉讼……相信收到这样的警告，大部分的跟卖者都会选择不再恋战、飞速撤离了。毕竟，谁又真的愿意拿账号被冻结和货款被截留的风险，去死缠烂打地死磕跟卖一条 Listing 呢？

7.3.5 独特的产品才是防止被跟卖的根本

你的产品之所以被跟卖，首要的原因是别的卖家能够在市场上找到和你一模一样（高度相似）的产品。所以，要避免自己的 Listing 被跟卖，核心在于你的产品是独一无二的。如果别的卖家在市场上压根找不到这个产品，他自然也不会跟卖了。

为了达到产品的独一性，独家开模，做私模产品自然是最好不过的。但这种方式的产品开发周期长，运营一款产品的前期成本偏高，如果市场反馈不好，那么亏损的风险大，所以独家私模并不是一般卖家能够做到的。

卖家可以后退一步，选择有实力的工厂合作，包销工厂的某些款式，或者在约定的期限内独家承销某个产品。如此操作，既可以实现一定时期内所售产品的独一性，又可以在一定程度上有效地防止被跟卖。

当你打算包销某一款产品时，工厂往往会对一定期限内的销售数量有要求，如果销售少，那么工厂一般不会同意你独家包销的。但不能独家包销并不意味着卖家不能实现产品的差异化和独一性。

为了让自己的产品具有独一性，不被别的卖家跟卖，我们可以从以下方面入手：

（1）为产品设计商标，并把商标（Logo）丝印在产品上（如果因为批量小，厂家无法丝印，那么卖家可以制作独立的 Logo 标签，贴在产品合适的位置，然后在产品图片处理时，尽量让 Logo 和产品融为一体）。

（2）制作独家的包装，在包装上印制自己的 Logo，并把产品包装图添加在 Listing 副图中。

（3）为产品搭配个性化的配件或独特的赠品等。

7.3.6　壮士断腕，以“毁掉”自己 Listing 的方式驱赶跟卖

通过上述的方法基本上可以成功赶走一般情况下的跟卖，但不可避免的是，有时候我们还会遭遇被恶意跟卖的情况。

如果自己的 Listing 被人恶意跟卖，无论如何驱赶和警告，对方都不理不睬，这时我们可以用删掉自己 Listing 产品图片的方式达到赶走跟卖者的目的。

当 Listing 的产品图片被删除，Listing 后台就会提示“禁止显示”，而前台也无法销售。这样，不管有多少跟卖者，全部都会因为“禁止显示”而无法销售。

此时，卖家可以按兵不动，如果你的 Listing 是变体，并且已经积累了不少产品 Review，那么可以把变体拆分，把没有评价的子体删除，保留有评价的子体，等跟卖者们撤离后，再把有评价的子体 Listing 添加上产品图片，合并到专门为其新建的同类型的 Listing 上面。Listing 合并后，库存数量可以暂时设置为 0，该 Listing 依然在前台不可见，但产品 Review 已经出现在新的 Listing 页面了。采用这种方式，既赶走了跟卖者，又达到了为新 Listing 增加产品评价（Review）的目的，一石二鸟。

当然，在“毁掉”一条 Listing 之前，你需要确定以下信息：自己是否有 Listing 的编辑权，Listing 是否是变体，Listing 是否有评价等。如果答案是否定的，以“毁掉” Listing 的方式驱赶跟卖也就意义不大了。

防止被跟卖的方式有很多，当 Listing 遭遇被跟卖时，卖家一定要根据实际情况，从自身和跟卖者双方的立场全面考虑，有针对性地采取有效的措施，以确保自己的胜利果实不被别人窃取。

讲完了在运营中如何防止被跟卖，老魏我在这里也要提醒刚进入亚马逊平台的卖家朋友们，虽然跟卖可以增加曝光量，提高订单量，带来运营的快感，但跟卖的前提是不侵犯别的品牌的专属权。在你打算跟卖某个产品时，首先要在侵权判定上做足功课。

在亚马逊平台政策日益收紧的今天，在各个卖家越来越重视自我保护的当下，如果判定不准或盲目跟卖，侵犯了别人的知识产权，很容易招致平台的惩罚，轻则 Listing 被删除，情节严重的，可能导致账号被移除销售权限，这就得不偿失了。所以，面对跟卖与否，卖家一定要谨慎为之。

第 8 章

多维度的亚马逊运营

本章要点：

- 亚马逊四大商业理念
- 亚马逊运营的要义
- 亚马逊运营的五部曲

8.1　亚马逊的四大商业理念

经常会有卖家问起：亚马逊除了站内广告之外，还有哪些广告资源可以为卖家所使用呢？我该怎样才能联系到下单而未付款的客户呢？我怎样才能引导客户在我店铺里面购买更多的产品呢？我日常运营中遇到的问题可以怎样向亚马逊客服求助呢？如果向亚马逊客服求助，我的问题可以得到解决吗？

诸如上述的问题，恰好包含在亚马逊面对用户的四大商业理念里，这四大理念分别是**重推荐、轻广告，重展示、轻客服，重产品、轻店铺，重客户、轻卖家。**

8.1.1　重推荐，轻广告

在亚马逊 A9 算法体系中，购物为导向是最核心的脉络。亚马逊基于客户留存率和订单转化率的需要，对平台上各个页面做了非常详尽和细致的排列。

当用户搜索一个产品时，亚马逊系统会根据消费者的搜索词，识别到其真实的需求，然后在搜索结果页中展示出来；当用户打开某一个产品页面，在产品详情页，系统又会为其提供很多相同或相关的产品供参考选择；当消费者把一个物品加入购物车，亚马逊会继续相关推荐，在新页面上，为其提供“购买了该产品的客户还购买了……”和“浏览了该产品的客户还浏览了……”的产品列表，充分利用消费者的趋同心理，通过关联推荐，促成其购买更多的物品。

除了关联推荐之外，在每一个产品详情页面，亚马逊系统还为消费者提供产品排行榜，让消费者可以轻易地找到该类目排名前 100 名（Top 100）的产品。除了热卖排行榜，亚马逊还提供热卖新品榜等榜单，每一个排名榜对消费者来说都是信息的传递。在反复的刺激下，消费者的购买欲望被激发出来，购买的概率得到大幅度提升。

对消费者来说，无论你购买与否，只要你曾经在亚马逊平上搜索过某个产品，当你再一次打开亚马逊首页时，曾经搜索的产品又会被推荐到你的眼前，提醒你关注它，多次刺激的结果往往会强化消费者的购买欲望，最终达成平台所期望的下单成交。

正是这些反复出现、相互交叉的精准推荐，在很大程度上提升了用户的购买可能性和购买频次。当然，这正是平台所期望的结果。

而在广告方面，亚马逊的站内推广形式很少，主要是产品广告（Sponsored

Products）一种。较少的广告形式和广告位减少了用户对广告的排斥心理。虽然平台可能少了一些广告收入，但既平衡了用户排斥广告的心理，更凭借精准的关联推荐所带来的高转化率为平台创造了更多的营收。

“重推荐，轻广告”也成了亚马逊平台长期贯彻的理念。

8.1.2 重展示，轻客服

相信很多卖家在进入亚马逊之初，都会非常用心地把自己的店铺信息尽可能填写完整，期待着有消费者咨询购买，同时也做好了随时为消费者解难答疑的准备，但实际状况是，亚马逊与其他电商平台不同，既没有即时在线交流的工具，甚至还有意淡化买卖双方沟通的渠道，由此带来的结果是让卖家既担心又高兴，担心的是缺少沟通是否会影响成交，高兴的是订单并没有因为缺少与卖家的沟通而减少。

亚马逊强调的是产品展示，通过产品展示促成订单。同时，通过把客服联系方式往后放置淡化买卖双方的沟通，把卖家的下单流程简化为“看中就买”，并且还将其培养和固化成为消费者行为习惯。

“重展示，轻客服”，鼓励卖家做好产品的呈现，鼓励买家筛选比对后自主购买。对买卖双方来说，都达到了省力、省心、省事。

8.1.3 重产品，轻店铺

经常有卖家询问，我的店铺需要设计装修吗？我店铺里可以多个不同类目的产品交叉混卖吗？如果店铺里产品混杂混卖会不会让客户觉得不够专业而另选其他店铺呢？我该用怎样的方法把客户吸引到我的店铺里，进而促成其二次购买或搭配购买，以此拉动店铺的整体销量呢？我能通过一款产品超低价促销带动店铺里面其他产品的销量吗？

诸如类似的询问都紧紧围绕着一个词：店铺。是的，在别的跨境电商平台上，比如 eBay、速卖通等，卖家确实可以通过各种手法把客户吸引到自己的店铺里，然后利用各种营销组合促使客户购买更多数量或者更多频次的回访回购。但对亚马逊平台来说，店铺的概念非常弱，甚至可以说是被平台有意识地淡化了。

对一个顾客来说， 其在亚马逊的购物过程大概是这样的，顾客想购买 A 产品，于是，在亚马逊首页搜索，从搜索结果中选择到合适的产品，添加到购物车，如果他暂时不需要其他产品，那么他直接付款，然后坐等收货。如果在购买 A 产品的同时，顾客还想购买 B 产品，在把 A 产品添加到购物车之后，顾客的行为往往是继续在搜索框内搜索 B 产品。在整个购物过程中，客户几乎没有留意产品 A 和产品 B 的卖家是谁，也几乎不在意他们的店铺里有什么产品。对消费者来说，产品 A 和产品 B 只是一座名为“亚马逊”的大超市里面某个货架上的两个产品而已。

在亚马逊的平台架构下，所有产品都只是亚马逊的一个 SKU，而不是某个卖家店铺的 SKU。卖家的店铺被后置，店铺的概念被弱化。

在弱化店铺概念的同时，亚马逊又非常重视产品的呈现。如果一条 Listing 的图片精美、内容翔实、价格适宜、订单转化率高，亚马逊会根据该 Listing 的订单转化率和订单数量，为其分配更高的 Listing 权重、更多的曝光和基于订单数量的排名。订单越多，排名越靠前，而排名越靠前，订单又会越多，强者更强的循环让很多卖家都格外重视打造爆款的重要性。

所以，在亚马逊运营中，你一定要深刻意识到 Listing 的重要性，把打造爆款放在运营的首位。至于店铺，即便暂时搁置也无可厚非。

8.1.4 重客户，轻卖家

客户是一个平台发展的根本，只有更多的客户，更多忠实的客户，才能够维持一个平台的持续发展，亚马逊平台也是如此。

为了贯彻“以用户为中心”的企业理念，亚马逊搭建了两套评价体系——店铺 Feedback 和产品 Review 让顾客对购物体验发出声音。对亚马逊卖家来说，店铺 Feedback 的好坏决定着店铺的存亡，产品 Review 的好坏则直接影响到是否有订单，更高的评价星级意味着可以获得更多的曝光、流量和订单，而很差的评价星级则意味着没有订单的同时，账号安全也岌岌可危。所有卖家都紧紧围绕这两个指标运营，而这两个指标也正好成为亚马逊衡量卖家是否做到了“以用户为中心”的重要依据。

亚马逊对客户的重视不仅仅体现在评价体系上，在整个交易过程中，亚马逊都尽可能地提升客户的购物体验。在购物过程中，只要客户对产品和服务有任何不满意，亚马逊都接受无条件退货。

对买家的高容忍也意味着对卖家的高要求，但这样的高标准让买家更加信任和依赖亚马逊。更多的忠实客户也为卖家带来了更多的订单和更高的发展空间。

“重推荐，轻广告；重展示，轻客服；重产品，轻店铺；重客户，轻卖家。”在亚马逊平台经营得越久，越能够感受到这些理念背后的强大力量。作为卖家，当我们理解并接受了这些理念，然后把它们应用于自己的运营实践中，我们就可以走得更久远，运营得更出彩。

8.2 亚马逊运营没你想象的那么难，听话照做就行

我指导过不少卖家，从选品到 Listing 优化、从价格到发货，再从站内广告到产品评论等内容，分别给出卖家建议和要求。经过三个月左右的运营，能够听话照做的卖家，一般都能够实现从每天零星几单到后期每天稳定出几十上百单，解决温饱是没有问题了。没有了后顾之忧，这些卖家会长长舒一口气，随后的运营也会变得更自信，发展会更容易。所以，经常有卖家感激地说，听话照做太重要了。

卖家意识到听话照做的重要性，并从中受益，而我呢，向他们传递的无非是运营中最基础、最本质的东西。那具体来说，在指导这些卖家做运营的过程中，我都给了哪些建议呢？

8.2.1 选品

在辅导卖家的过程中，我尤其强调的是选品的重要性。对亚马逊运营来说，选品是重中之重的事，是头等大事，所有的运营技巧最终都要落到产品上，好的产品意味着市场容量大、竞争小、利润空间大，而匆匆忙忙、随心所欲的选品，面临的极有可能是失败，是错失机会，而一款产品的失败，不仅带来资金上的损失，可能导致后续资金匮乏，还会让卖家心浮气躁，在后期失去了运营的信心。

在选品上，我给卖家的建议是，选品可以慢一点，但一定要精挑细选，只有从多维度对自己挑选的产品进行全方位的评估，才能减少后期运营中的风险，放大打造爆款成功的概率。

我给予上述建议，听话的卖家也是这么照做。经过多方挑选，最终确定几款产品，这些产品既满足刚需的标准，客单价又不高，但利润可观，客户需求稳定，不受季节和更新换代的影响。产品质量稳定避免了后期的纠纷和差评，如此下来，销量增加自是必然的了。

8.2.2　Listing 优化

如果说优质的产品属于内在本质美，那么完美的 Listing 优化则属于外在的展现和吸引。

在 Listing 优化方面，我给所辅导的卖家提出很多建议，包括标题、图片、关键词、五行特性和产品描述等，任何一点都容不得马虎，产品页面的每个细节都可能成为最终影响转化率和订单的重要因素。我这么要求，卖家也这么执行，最终展示出来的页面相对来说是比较出色的，即便称不上出彩，但至少没有硬伤。

8.2.3　价格

有了完美的 Listing 详情页面就能够卖得好、卖到爆吗？还远远不够。

对于一条新建的 Listing，面对的是众多早已在前期积累了很多销量和产品 Review 的强劲对手。先天不利，凭什么你能够凸显出来？此时，价格这个成交中最敏感的因素往往可以成为一把利器。

对于价格，我给出的建议是，产品刚上线时，以低价取胜。忘掉预期的利润率，学会做横向比较，你的价格要比竞争对手更有竞争力！我不是鼓励大家打价格战，但是，为了生存、为了更好的发展，你必须得有阶段性的策略。

我辅导的卖家们参考我的建议，新品定价相对偏低，但保证了基本的利润率。有竞争优势的价格让他们的产品上线后很快就有了订单，旗开得胜。

8.2.4　FBA 发货

虽然在一些卖家的观念里，采用 FBA 发货可能会造成库存积压。这固然是事实，但这又何妨呢？我们总不能因噎废食。

在辅导卖家的过程中，我给出的建议是，从一开始就全部采用 FBA 发货，避免因为零星几个自发货订单给账号增加一个不可控的自发货订单绩效指标。也许有些卖家会觉得，对一个小卖家来说，采用 FBA 发货成本压力大，不可控因素太多，所以运营起来会很难。但是，如果不采用 FBA 发货会怎样呢？只会更难！

我辅导的卖家一般都会听话照做，所有的产品都采用 FBA 发货，资金量小一些的卖家，会想尽办法以小批量、多批次的方式，尽量保证不断货。同时，为了确保发往 FBA 的产品能够销售出去，卖家在选品上会更用心，在优化上更细致，再加上有竞争力的价格和 FBA 发货所抢得的曝光优势，一个完满的圆就基本形成了。

对于站内广告和产品评论，我的建议是根据产品的售价和利润情况，适当地投放广告。就当前的亚马逊运营环境来说，站内广告成本比较高，卖家要避免纯粹靠广告驱动。在产品评论方面，卖家应该结合实际销量，按比例有效地增加一点产品评价，既要避免有很多销量后还没有产品评价的尴尬，又要避免因为评论比例过高被系统判定为“操纵产品评论”而遭到惩罚。在产品评论方面，合适的才是最好的。

亚马逊的运营谈不上复杂，但也不能轻言简单。看似简单的道理和逻辑，做到了、做好了，就会有成绩，而懒于做或不屑做的卖家，其结果可能就只能是在迷茫中挣扎。

8.3　运营的要义是流程和执行

某天有卖家对我说，老师，我几乎读过你所有的文章，也看过很多其他人写的运营技巧文章，涉及运营中的问题，我基本上都略知一二，也大概知道操作的方向，可是在实际运营中，却总显得不得要领，业绩也一直没有明显的突破，这是什么原因呢？

对于卖家反映的情况，我一点也不觉得意外。

我们从一篇篇文章中读到的，往往都是零散的技巧，而一个人如果缺少系统性的思考，没有把问题归纳总结的能力，是很难把一堆零散的东西应用于实际中的。这就和我们经常说的“碎片化的阅读永远代替不了系统性的读书”一样，掌握一堆零散的素材，就好比拥有一堆砖头，虽然每一块砖都是建设高楼大厦的好材料，可你拥有的砖头再多，如果缺少系统性的规划、缺少图纸，那么你也建不起一栋楼。

从这个意义上说，碎片化生存是个伪命题，碎片化的亚马逊运营也不可能成功。

亚马逊运营复杂，需要注意的细节众多，又怎么能仅靠读一些文章就掌握得了呢？在早期的亚马逊平台运营中，确实有一些卖家几乎什么都没做，仅仅靠跟卖，仅仅靠广告，仅仅靠刷单刷排名等，就赚得盆满钵满。随着平台规则越来越规范，越来越多的漏洞被堵上了，再加上卖家增多，竞争越来越激烈，系统化的运营流程和踏实到位的执行力就显得越发重要了。

经常听卖家说平时没什么事情可做，也不知道该做什么事情，业绩呢，自然也乏善可陈。什么原因呢？就出在缺少系统化的运营流程，就更谈不上执行力了。

一位朋友几经辛苦挖到了一位高级运营，朋友的感叹是什么呢？终于知道自己之前的业绩为什么一直做不起来了！

新来的高级运营没有向公司提任何要求，只是告诉老板，给我一个月的时间，看结果说话，然后运营就开始工作了，自己制订方案，自己安排运营节奏，一切都按部就班，但一切也都水到渠成。

在选品过程中，新来的运营不是简单地随便看看，在确定每一款产品时，运营都同时给老板一份详细的数据报表，在报表里，这个产品的前世今生，从几年前的走势到当下的价格、销量和利润情况，全部都罗列得清清楚楚，不需要一句话解释，已经是最有说服力的解释了。

对于采购样品和订货，这个很多亚马逊运营人员觉得和自己无关的工作，这位新来的运营同样是做得细致，产品方案、品质要求、外观、包装等，全部有要求、有说明、有交代，甚至对一些细节还做了特别的备注，朋友拿着运营给出的清单，到工厂一次就全部搞定了，少了从前的 N 次返工。

美工拍照，算是基础的工作了，新来的运营为了保证图片的质量和效果，甚至专门做出一份 PPT，告诉美工要从哪个角度拍摄以及要达到什么样的效果等，要求清晰，摄影和后期美工的工作一下子简单了许多，关键是图片出来后，很有“大片”的感觉……

朋友在讲述中说，新来的运营对公司提得唯一要求就是希望公司能够全力配合她的要求和进度，剩下的就是等她呈现结果。朋友感叹说：“我一定要努力做好配合，新来的运营承诺了一个业绩目标，我看到了一个可以预期的明天。”

朋友说的配合，是指执行，我知道执行力恰好是朋友的强项。

8.4 玩转亚马逊运营的五部曲

任何一个出色的亚马逊运营团队，都会有一套相对系统化、体系化的运营逻辑。在这个体系下，各种因素相互促进，形成合力，最终达成期望的结果。通过对亚马逊运营中各种因素的分析、归纳和总结，我们能够看到，要想在亚马逊平台取得成绩，并确保业绩长期稳定，我们至少要从以下五个方面努力。

8.4.1 多账号呈梯队状配置，确保运营安全

亚马逊卖家一般都会拥有多个账号，而且团队越大，拥有的账号往往也会越多。原因无他，作为依托于第三方平台生存的卖家，如果仅有一个账号，把鸡蛋放在一个篮子里，那么无异于高空走钢丝，任何风吹草动导致账号受限，整个团队可能瞬间就分崩离析了。

所以，即便亚马逊平台不允许卖家多账号、多店铺运营，即便同一卖家拥有多个账号与平台的规则相悖。但对卖家来说，为了确保能够长期稳定的运营，一个团队在有人力、能力和资金操盘的情况下，还是有必要配备多个账号的。

行业的大卖家们动辄几十个、上百个账号，因为团队人数多、分工细，所经营的品类也多，一般会把账号分配给不同的小组，由不同的人员负责经营，一个个账号成了独立的运营单元，往往可以运营得不错；但一些中小团队、单一创业者或者夫妻店卖家们资金和资源有限，精力也有限，账号太多可能分身无术，既做不到平衡发展，还有可能失去重点，所以，和大卖家们的多账号并行发展不同，小团队卖家们更应该以梯形结构布局自己的多账号运营。

所谓梯形结构，是指卖家应该确保运营中有重点打造的大账号，同时也有中等销量的账号，而对于暂时没有太多精力打理的账号，可以少许发布产品，让它成为处在正常销售中的小账号，而不是搁置不管的僵尸账号。

具体应该怎么做呢？

团队中的大账号，顾名思义就是团队倾力打造的账号，整个团队投入精力和资金量最大，用心程度最高，当然，销售金额也最高，为团队带来最大份额的利润，在团队的总体运营中，大账号可能贡献 80%以上的销售额和利润额。团队中的大账号可以支撑整个团队的成本和发展，这是团队的命脉所在。在账号的布局上，根据团队大小，拥有 1~3 个大账号即可。

但无论大账号的销售状况多么绚烂，团队都需要同时培养一些中型销量的账号。中账号可能需要抽调出一两个运营专职负责，这些人未必是团队中运营水平最高的，但一定要踏实、主动、有思路。账号的运营要严格遵守平台规则，在稳定的前提下适当的发挥主动，账号的销售业绩不要求很多，但其创造的利润要能够在平衡直接员工

的基础上有盈余。根据团队的人力状况，有 1 ~ 3 个中账号即可。

中账号的产品既可以和大账号类似，也可以让彼此形成互补，但是，要避免销售和大账号完全一致的产品，尽量采用不一样的商标、不同的产品图片和产品描述文案等。总之，中账号和大账号的区别要非常明显，至少在外部人看来，这就是完全不相干的账号。

小账号的运营比较简单，几款功能简单、品质优良的产品，采用 FBA 发货，店铺销量不要求多高，也不需要太多的运营策略，只要保证账号能够正常产生一些订单就可以了。根据实际情况，每天出几单也行，每周零星出几单也行，订单能带来利润最好，如果没有利润，零星的订单也不至于带来太多的亏损。总之，小账号的运营就是要避免长期不出单。因为不需要花费太多的精力，账号的管理可以安排员工兼职处理。同样的，根据团队的资源状况，有 1 ~ 3 个小账号即可。

小账号存在的意义在于，有账号，账号里有产品在售。同时，账号里在售的产品有销量，因为产品品质优良，又采取 FBA 发货，所以账号表现还不错。小账号的销售金额不需要太多，一个月有一两千美元就好，几百美元也行，通过销售带来的利润能够平衡店铺租金即可，如果能够稍有盈余，那是最好。

在这样的配置中，大账号作为运营的主力军，承担着为公司创造利润的重担；中账号作为替补队员，随时做好准备，一旦大账号因操作不当等原因导致风险时，中账号可以快速替补上去，减少团队发展受重创的风险，另外，如果团队发展迅猛，人力、资金都足够，那么中账号也可以另起一门，快速打造成为大账号，为团队带来业绩增长；而小账号呢，作为最坏情况下的预案，它们是大账号和中账号出现问题时的缓冲，同样的，小账号还可以应对其他风险，比如某些时段注册账号困难时的账号储备等。

在公司运营中，既要考虑稳定发展，也要确保稳中有进，而大中小账号梯队分布，可以达到稳定和发展的相对平衡。只有不处于被动，发展才会更快一些。

当然，既然拥有了多个账号，在运营中，卖家自然要注意避免账号之间的关联问题，我在前边篇章里有对关联要素的详细讲解。总之，不同的账号要尽量采用独立的电脑和网线，以物理上的绝缘避免被系统判定为关联账号才是最有效的。

8.4.2 选品，坚持以“站内为主，站外为辅”

在亚马逊运营中，拥有账号只是基础，如果没有合适的产品，再多的账号也是徒劳的。但很多卖家纠结的就是不知道该卖什么。运营尚未发生，选品就成了一道坎。

在选品方面，对大部分中小卖家来说，我的建议是尽可能按照“站内为主，站外为辅”的方式进行。

虽然我们可能听过很多关于“站内热销产品竞争激烈，基于站内选品等于是一头扎进红海”的论调，但对中小卖家来说，自身拥有的资源有限，对市场的认知不强，引领行业趋势更是空中楼阁，在此情况下，如果脱离了平台选品，很容易成为无头苍蝇，而基于平台的站内选品方式，“从市场中来，到市场中去”，成功的概率更高。

中小卖家基于平台选品，便于以同行的销量和产品 Review 的表现对市场容量和产品质量做评估，这样的数据可以有效地为后期运营和推广提供参考，从而能够在一定程度上保证产品选出来，销量不至于太差。

毕竟，一个蛋糕够大的市场，切下来一块总不会太少，这远比脱离市场实际，仅凭拍脑袋做决定最后却在实际运营中撞得头破血流才发现预期的市场压根不存在要来得有效。

基于站内分析选品的方式，并不意味着一定要选择竞争白炽化的产品。除了我们通常讨论的 Best Seller 和 Hot New Release 等选品维度外，卖家还可以根据自己的偏好和资源优势，选择某个细分类目的产品。即便这些产品的市场容量也许不是特别大，但平台的数据便于卖家对市场形成初步的预判，以同行的历史销售数据作为参考，自己的预期销量往往不会出现太大的偏差。

当然，随着自己对平台和商业数据熟悉度的增强，随着对供应链资源把握的加深，基于运营中销售的反馈，卖家一步步成长，会逐步形成自己的运营思路。什么类目有优势，哪些产品好卖，甚至你对产品的设计有了自己独特的见解，把这些想法反馈给供应商，或者按这些念头寻找能够对口的供应商，你开始有了自己的选品逻辑。此时，站外选品的分量也许就加重了。

8.4.3 Listing 优化，努力体现细节之美

在第 5 章，我详细讲解了在亚马逊运营中应该关注的内容，读者们在运营中可以查阅对照，本节作为运营五部曲中不可缺少的一部，我想谈一谈如何用简洁的 Listing 详情页全面展现产品之美。

关于 Listing 优化，每个卖家都可以说出很多要点，图片的拍摄与展示，主图、

副图的搭配，标题中关键词与卖点、特性的结合，五行特性的内容提炼，产品描述的撰写与格式，Search Terms 关键词的收集、整理与排列，EBC 内容（A+页面）的排版等，都是 Listing 优化中必不可少的内容。

但知道是一回事，如何把这些内容完美地体现出来则是更重要的事。

很多卖家在发布产品时不细心、随意发布，不仅页面不美观，而且会出现拼写错误，例如产品参数、包装数量等内容都有写错的现象，这样导致的结果轻则遭遇退货、收到差评，情节严重的可能导致本来具有爆款潜质的 Listing 成为滞销品，影响运营的节奏。所以，对卖家来说，在产品发布和 Listing 优化的过程中，一定要关注产品详情中的每一个细节，信息准确是最基本的要求。

仅仅信息准确是远远不够的，在当前顾客对购物体验的期望越来越高的情况下，在线下实体的销售中，很多商家已经把“让客户尖叫”作为产品和服务要达到的目标，对线上交易来说也是如此。客户被培养得越来越挑剔，如何在简洁的页面中让客户自然而然地理解并接受你的产品，这就要求卖家一定要把 Listing 详情页面优化的目标定为“简洁中体现出大气，自然舒适中充满诱惑”。

具体来说该怎么做呢？

关于图片：很多卖家只知道亚马逊的要求是主图纯白底，可是往往忽略了图片的尺寸，随着移动端购物比例越来越多，卖家在 Listing 优化时必须考虑和迎合移动端购物的实际需求。移动端购物对图片尺寸的要求是什么呢？简单来说就是：不！能！太！大！如果一个图片尺寸太大，在移动端打开时就会非常慢。有研究发现，如果 3 秒还没有打开一个图片，成交的概率就会下降 60%以上。所以，为了抓住移动端客户，图片一定要适当，按照亚马逊对图片像素的要求为 500×500px 就可以，如果同时还考虑 PC 端打开时图片放大的视觉效果，那也不要超过 1000×1000px。

关于标题：你可能听过有人建议标题要精短，甚至举一些 Listing 的标题很短卖得却很好的案例，言之凿凿，仿佛真是如此。但对一般卖家来说，不要忽略的是，标题短却卖得好的 Listing 往往是有品牌背书在前的，即这些产品本身就是线下知名品牌，客户的购买不是来自某个产品关键词的转化，而是来自对品牌的忠诚和认可，这是中小卖家所不具备的。要想做好一个产品，标题的优化非常重要。简而言之，标题的优化要做到：关键词和特性卖点结合，以小句子的方式呈现。想进一步了解关于标题的优化，可以查看第 5 章的内容。

五行特性和产品描述：很多卖家不知道如何撰写这两部分内容，要么是长篇累牍的技术参数，要么是完全照抄别人的内容，这两种方式都是不可取的。在实际运营中，五行特性要突出产品卖点、产品特性和产品的差异化，要告诉消费者，本产品的特点是什么，要能够像种心锚一样引起消费者的购买欲；而产品描述则应该在产品参数之外，讲述一些故事性的有情怀的内容，技术参数的描述只是冷冰冰的工程师语言，购买行为的发生却需要以能够引起共鸣的内容驱动，在产品描述中，卖家既要对产品参数表述准确，又要用消费者能够理解和接受的语言获得认可和共鸣，“说人话”很重要。当然，除了语言，产品描述的页面形式同样重要，如果不确定自己的产品描述页面是否美观，不妨把 Anker 的产品描述页作为对比，参考学习吧。

ST（Search Terms）关键词：ST 关键词是要从消费者搜索习惯和用法的角度考虑的，卖家在收集整理关键词的时候，既不能盲目整理无限多，也不能填写很少。卖家可以通过亚马逊搜索框下拉菜单的 Buying Keywords，Google Trends 或其他关键词工具收集整理，关键词一定要和产品有较高的相关性。相关性不强的词语，虽然可能在前期为 Listing 带来流量，但如果转化率低，最终还是会伤害 Listing 的整体权重。关于关键词收集和整理的方法和技巧，读者可以参考第 5 章关于 Listing 优化部分的相关内容。

关于 EBC 内容：EBC（Enhanced Brand Content）内容也被称为 A+页面，是注册了商标并且做了亚马逊品牌备案的卖家可以在产品描述中设置的内容。EBC 内容尽量和产品图片、产品描述不重复，同时 EBC 内容在图片和文字的搭配上也做到整齐统一、美观大气，包括图片的长宽比例、图文之间的搭配、文字的字体和颜色等，图文描述要达到为 Listing 加分的效果，如果只是简单放置，反而造成页面混乱，倒不如不添加来得好。

由于亚马逊对产品详情页面有严格的要求，卖家并不能有太多发挥的空间，所以卖家一定要认真考虑、合理布局。如果把亚马逊的 Listing 比作一位女性的话，不要浓妆艳抹，不要蓬头垢面，简洁大气就是最适宜的。

8.4.4 投放站内 CPC 广告，主动引流拉销量

曾经在相当长的时间里，亚马逊卖家是不需要复杂运营技巧的，无论是选择跟卖，还是自建 Listing，都可以取得不错的业绩，此时的业绩无关于运营技巧，仅仅是因为

作为卖家正好展示了客户需求的产品，那是一个没有白热化竞争的时代。

但在亚马逊针对中国卖家的全球开店招商实施以后，随着大批中国卖家涌入，原本蓝海的亚马逊平台变得竞争越来越激烈，开始变成一片红海，甚至血海。在如此激烈的竞争中，产品处于严重饱和状态，任何一个产品都有无数的卖家销售，卖家彼此竞争，产品质量和 Listing 表现“没有最好，只有更好”，而产品的价格也“没有最低，只有更低”了。

面对激烈的竞争，卖家还想单单依靠自然流量就带来销量已经不现实了。要想在竞争中取胜，只能主动出击。能够为卖家提供主动出击的工具，最有效的是站内 CPC 广告。

站内 CPC 广告可以让产品展示在搜索结果靠前的页面上，也可以让产品和同行卖家的产品关联起来，有利于产品获得更多曝光和流量。同时，站内广告因其流量精准、转化率高而著称，已成了众多卖家首选的主动推广手段。

站内 CPC 广告的投放绝非易事，一个有效的投放需要很多基础工作配合，比如产品的质量、Listing 详情页面的展现、广告关键词的筛选等，这些因素都好比是大厦的地基，只有地基牢固，大厦才能够雄壮挺拔。

在广告投放中，广告关键词的筛选、广告的投放方式、投放出价和日均投放金额、广告计划的设置、广告计划与转化率、订单量以及 Review 数量的配合度等都是广告投放和运行中需要卖家全面考虑的要素，每个细节都会对广告的效果产生影响，但同时，卖家又不能单独依赖于某一个要素，只有各个要素恰当结合，才能达到广告效果的最大化。

站内 CPC 广告的投放和优化是一个动态的过程，卖家除了要关注 Listing 的表现外，还要随时关注竞争对手和行业趋势，既要做好对自己广告计划的优化调整，又要分析、学习竞争对手的方法和策略变化。竞争对手永远是最好的老师，在站内 CPC 广告的玩法上，也是如此。

在此我想强调的是，站内 CPC 广告的投放和优化类似于小马过河，卖家需要尝试和摸索，更需要总结。

站内 CPC 广告的投放技巧有很多，大家可以参考第 6 章关于站内广告章节的内容。

8.4.5 多维度立体化运营，成就最终赢家

我曾经写过一篇“一招鲜，吃遍天”，讲述了一个卖家的故事。曾经，亚马逊的卖家确实可以靠“一招”就可以做得很好。在 2014 年之前那个闷声赚钱的岁月里，有些卖家凭借独到的产品，有些可能是大批量跟卖，也有的卖家采用狠投广告，抑或悄悄地使用一点不那么高明但大多数卖家还都没有意识到的奇招，都可以让自己赚得盆满钵满，数钱数到手抽筋。但随着竞争越来越激烈，靠一招制胜已经不太现实，单维度运营已死，运营变成了一个立体打造的过程，多方结合才是良策。

在本章的前面几节里，我分别就账号的搭配、选品的方法、优化的技巧、推广应注意的事项等内容作了讲解，但对相当多的卖家来说，在运营中往往是“只见树木，不见森林”，做好了某一个方面，却把其他内容忽视了，更有甚者，只是站在自我的角度想当然地认为自己做得挺好。

没有对比就没有发现，在运营中，卖家一定要在不同层面上找对手、找老师，从他们的运营上学习。只有这样，才能够发现自己的不足，让自己快速修正运营中的错误，弥补运营上的盲点。

比如关于账号，很多卖家会纠结于自己只有一家公司，只能注册一个账号等，通过查看一些跨境电商行业上市公司的公告我们不难发现，一般大公司都会使用公司员工或其他人员的资料注册亚马逊账号，充分利用好身边的熟人、朋友、同事和员工，进行协商，足以解决账号注册的资料问题。

在产品发布上，同样有卖家纠结自己处理的图片不够理想，美工没招到，所以不能及时发布产品等等，我觉得这些都是瞎扯，市面上有那么多提供外包美工服务的，要什么样的图片不能达到呢？从这个层面上来说，你所抱怨的所谓的条件不成熟，只不过是自己的惰性在作怪罢了。

很多卖家发布完产品后，开始纠结是否有必要采用 FBA 发货，想采用 FBA 发货是因为经常听人说大卖家都是用 FBA 发货的，而之所以迟疑是因为担心如果卖不好该怎么办。卖不好该怎么办呢？担心卖不好，你前期的选品是怎么做的呢？靠掷硬币的吗？如果你在选品过程中已经做了很好地把握和评估，那又何必担心卖不出去呢？退一步讲，如果一款产品采用 FBA 发货的方式运营都销量惨淡，那么自发货的方式就更不用谈了。当采用 FBA 发货已经成为亚马逊卖家的标配，这就不应该再是你纠结的内容了。

产品确定了，发布上架了，也采用了 FBA 发货，甚至还投放了站内 CPC 广告，可是转化率却很差，什么原因呢？该怎么办呢？这又是很多卖家遭遇的状况。很简单呀，你的 Listing 有产品 Review 吗？没有。那就想办法增加几个产品 Review 吧，具体的方法参考第 9 章。

还有卖家说，你说的我都做了，可是还是没有订单呀？！

创业的人，总该见山开路、遇河架桥的，遇到问题，想办法、找方法解决这些问题，这才是创业的跨境电商人应该有的态度。

最后，做个总结，在当前的环境下，要想做好亚马逊店铺的运营，你首先需要踏踏实实地做好基本功（当然，首先你得知道基本功有哪些，他们的标准是什么，参考第 5 章）。在基本功之外，你还需要开阔自己的视野，多掌握一些运营的技巧，充分了解行业信息和实操经验手法，对平台和行业的熟悉可以让你比竞争对手有更高一筹的认知，把这种认知的优势应用到运营的实践中，再加上到位的执行力，细微的差距可以呈倍数放大，最终形成自己在运营上的绝对优势，只有这样，才能促成你在运营上的成功。

第 9 章

爆款打造，亚马逊运营的终极玩法

本章要点：

- 案例解析
- 爆款模型
- 玩转低价
- 销量恢复

9.1　案例说（1）：从店铺 Etekcity 看亚马逊爆款打造的五要素

很多卖家谈及选品，谈及优化，谈及亚马逊运营，以及谈及爆款打造时，总觉得满眼信息却漫无头绪，就像有读者反馈：我读了无数关于亚马逊选品的文章，可还是不知道该如何选品！

马云曾把自己取得的成功比作爬到了珠峰山腰处，他说站在 5000 米海拔的高度，和站在山脚下的人们看到的东西是不一样的。对于亚马逊的选品和运营来说也是如此。

很多人之所以读了很多干货文章，依然不知道该如何运营，要么是惰性使然，要么是所站高度不够。前一种是病，得治，但解药需要你自己调配；但对于后一种情况，我倒是希望借助下面这个案例的分析，能够引导你站得稍微高一点。

下面以 Etekcity 店铺为例，做一个分析，让我们看一看是哪些因素促成了一个店铺拥有无数条 Best Seller，并实现日出万单的。Etekcity 店铺的详细情况如图 9-1 所示。

图 9-1

从搜索结果中可以知道，该店铺里一共有 87 条 Listing，而细数下来，一共有 27 条产品是 Best Sellers，店铺里最近 30 天的 Feedback 数量是 3809 个。

对很多卖家来说，店铺里面有三五条 Best Seller 就可以运营得很幸福了，Etekcity

店铺却长期稳定地保持着 30 条左右的 Best Sellers。我们再评估它的销量，根据亚马逊消费者留评价的习惯和比例，对一个平稳运行的亚马逊店铺来说，30 天 Feedback 数量的 4 倍大概相当于该店铺的日均订单数量，Etekcity 店铺最近 30 天的 Feedback 数量是 3809 个，以此可以得出，该店铺日均销售大概在 15 000 单左右。这是足以让很多卖家垂涎的数字。正是如此大的销量支撑，Etekcity 的年度销售业绩在 5 亿元人民币以上，成为亚马逊官方重点推荐的标杆卖家。

一个如此耀眼的爆款店铺，其产品构成是怎样的呢？通过查看其店铺的产品，我们可以看到，产品涵盖了人体秤、厨房秤、LED 太阳能户外帐篷灯、工业温枪、户外燃气灶灶头、万用表、厨房计时器、户外净水器、pH 测试笔，还有一些当下比较流行的蓝牙产品和智能插座等。

看起来很普通的产品，是什么因素促成了如此多的 Best Sellers 呢？我们从选品、Listing 优化、推广、FBA 发货和价格 4 个方面分析。

1．选品方面

从产品方面看，Etekcity 的选品无疑是紧紧围绕刚需产品的。在之前的章节中我讲过，刚需产品是指生活必需品，消费者对产品功能的需求大于对产品的外观、款式、颜色等个性化主观要素的追求，Etekcity 店铺里的大部分产品，正好符合这一标准，如图 9-2 所示。

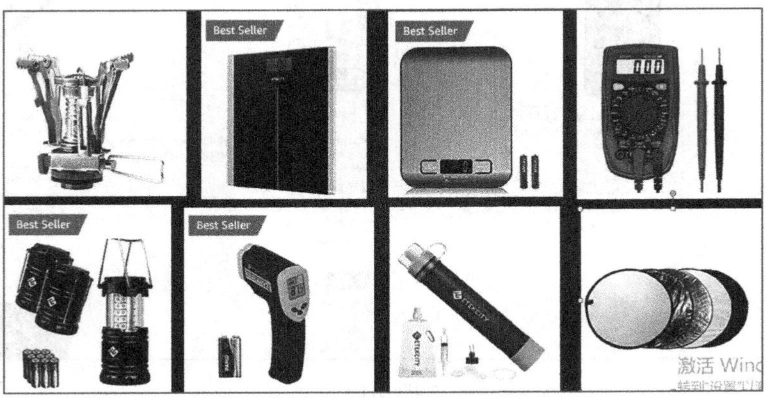

图 9-2

站在一个消费者的角度思考，你不难发现，上述产品基本上都符合刚需产品的定义。刚需产品意味着可以满足有此需求的几乎所有消费者的期望，既可以减少卖家备货的复杂程度，又确保了潜在的市场足够大。一个爆款产品的打造，刚需是第一要素。

2．Listing 优化方面

在第 5 章中，我们对打造一个优秀 Listing 的各个要素做了详细讲解，对比 Etekcity 的 Listing 详情我们不难发现，他们每一条 Listing 的呈现，都优秀到了极致，产品图片、标题、五行特性、产品描述等内容，每个细节都做得非常出色。

在 Etekcity 的产品中，图片真实生动，清晰大气；标题既包含产品关键词，又准确凸显出产品特色，同时在语言的组织上，美感很强，便于阅读；在五行特性和产品描述方面，无论是内容还是格式都非常用心，每个细节都把握得恰到好处，如图 9-3 所示。

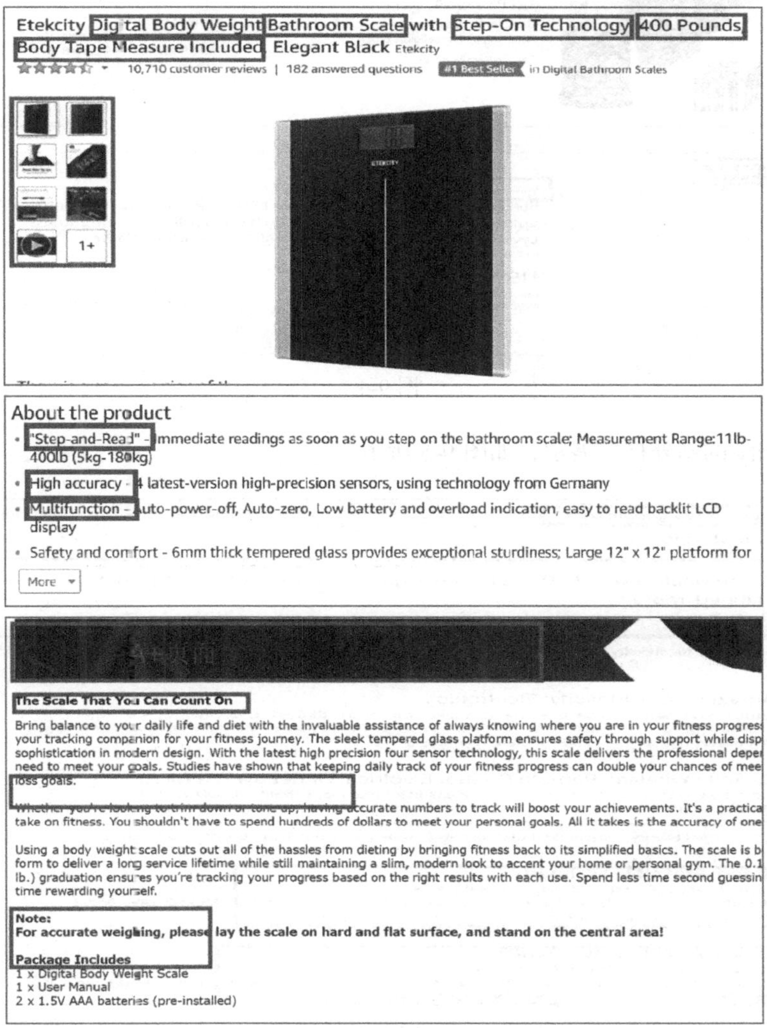

图 9-3

3. 推广方面

一个爆款的打造离不开卖家主动的推广引流，Etekcity 对自己的店铺和 Listing，既投放了站内广告，也做了站外推广。

Etekcity 的站内广告展示，如图 9-4 所示。

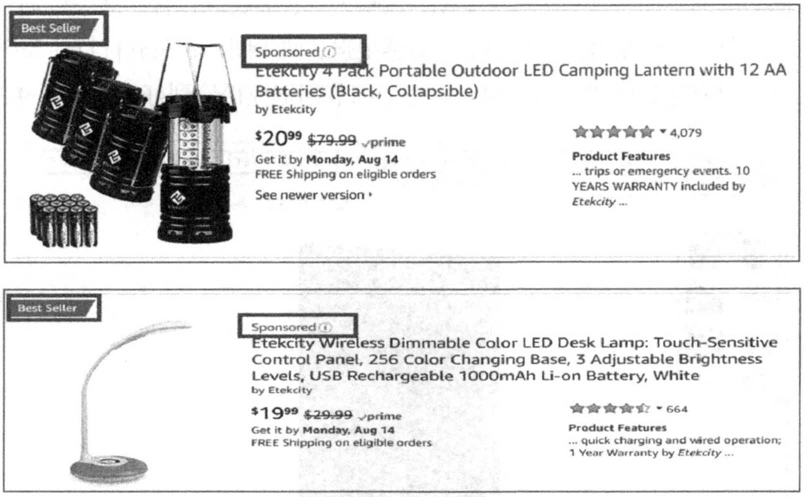

图 9-4

Etekcity 的站外推广展示，如图 9-5 所示。

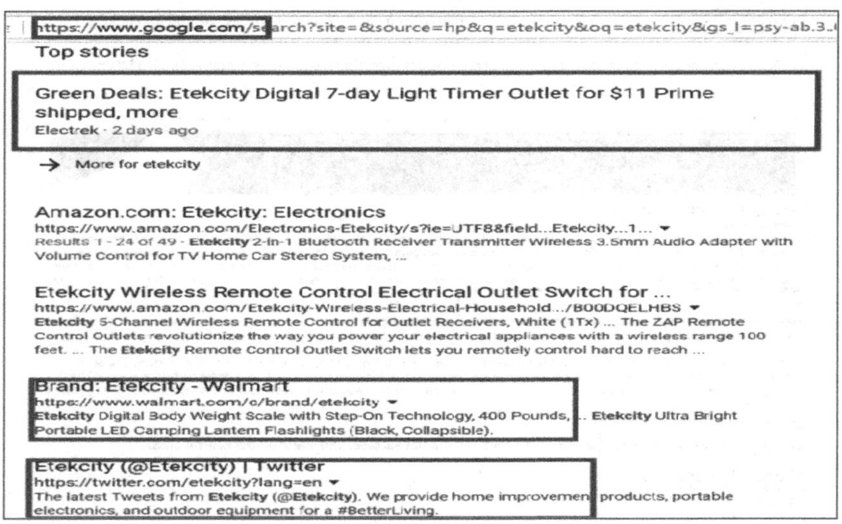

图 9-5

4．FBA 发货和价格方面

FBA 发货成为亚马逊卖家运营的标配，在对 Etekcity 的店铺分析中，如图 9-6 所示，我们也可以看到，该店铺的所有产品都采用了 FBA 发货。同时，绝大多数的产品，和同行在价格上对比，还是比较有竞争力的。

FBA 发货让卖家获得更多曝光和流量，而有竞争力的价格让自己在和同行的对比中优势明显，更容易凸显出来，确保了运营中的优势，这都是爆款打造过程中不可或缺的要素。

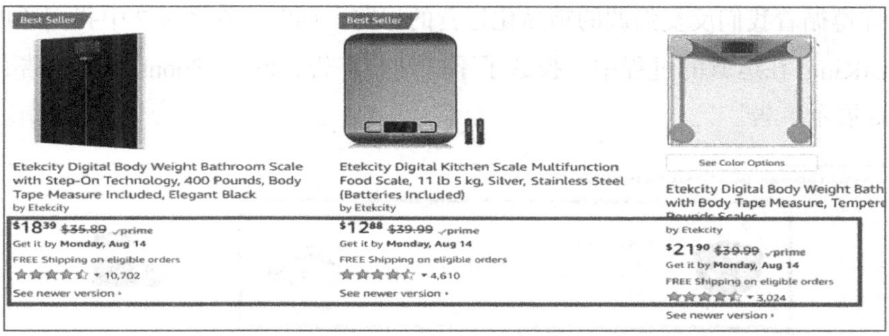

图 9-6

通过上述案例分析我们知道，任何一个爆款都不是凭空出现的，需要卖家缜密运营才能实现，而运营的基础是选择出消费者存在刚性需求的产品、把 Listing 页面优化到极致、配合站内和站外的各种资源主动营销推广、采用 FBA 发货、让产品的价格具有竞争力等。爆款的打造不能凭借某个单一维度的努力取得，需要我们在运营中全面思考、统筹规划、立体打造。

9.2　案例说（2）：从 KastKing 店铺看如何在细分类目专注运营

我对 KastKing 店铺的关注源于 Anker 的母公司安克创新对波塞冬的投资，而 KastKing 正是波塞冬在亚马逊平台上的主营店铺。在跨境电商圈，被亚马逊平台上最出色的卖家看中并结成联姻，这是一件大事。

循着对 KastKing 的深入了解，我又看到了一个专注到极致的标杆店铺。专注一直是我想对跨境电商卖家们传递的一种理念，当大家都浮躁着到处找机会时，专注的精神更加意味深长，守着一个细分类目，通过不懈的努力，打造出自己的绝对优势，这也许是我们从 KastKing 店铺所能够学到的。

虽然专注的精神可贵，但并不意味着专注就能成功，如果把专注看成战略层面的事，那在战术层面上用心做好运营的每个细节必不可少，缺少了战术层面的支撑，战略就成了空想和妄想。

运营技巧的讲解脱离了具体的案例也只是空洞的理论，我们以 KastKing 店铺为例，看看亚马逊运营的各个细节是如何被这家优秀的店铺应用于实践中的。

图 9-7 中，我用品牌名 KastKing 搜索，得出的搜索结果只有 42 条，可见其运营中也同样遵循着我们反复强调的精品化运营的思路。同时，在图 9-7 中我们还可以看到，KastKing 在运营的过程中，投放了不少站内广告，既有 Sponsored 广告，也有 Headline 展示广告。

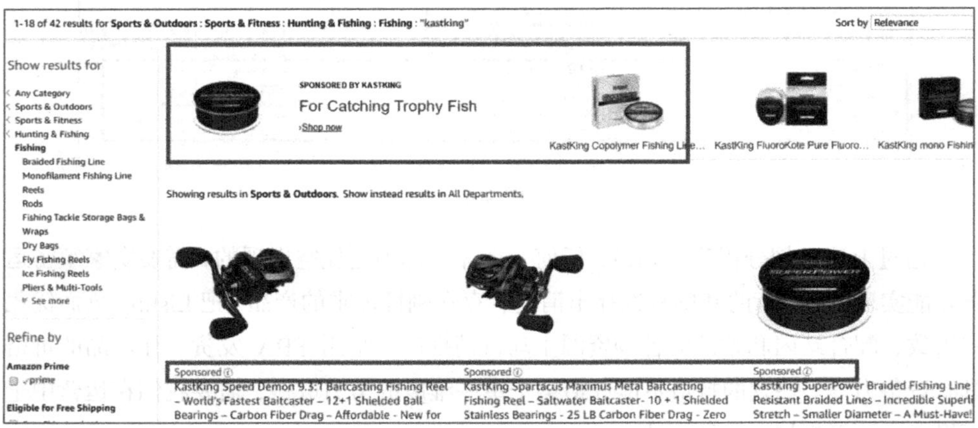

图 9-7

在运营中，站内广告引入的流量相对精准，是亚马逊卖家运营中不可缺少的运营手段，这也是快速打造一款产品的重要利器，关于站内广告的玩法和技巧，读者可以查阅本书关于广告章节的内容。

当我们循着上述的搜索结果查看各个 Listing 所归属的店铺时，会发现 KastKing 品牌下，有多个店铺在交叉运营。虽然亚马逊平台一般不允许同一卖家经营多个店铺，但从降低运营风险的角度看，大部分卖家都拥有多个账号，或使用不同品牌独立运营，或使用同一品牌交叉运营。只要确保彼此账号不关联，同一品牌是可以由多个账号分别运营的。这样运营的好处是卖家不用把鸡蛋放在同一个篮子里，便于账号彼此之间相互协作，当一个店铺的库存断货时，其他店铺还可以快速跟进，以免肥水流入了外人田。

进入 KastKing 的产品详情页面，我们不禁对 KastKing 在 Listing 页面细节上的用心而心生钦佩之情。大卖家之所以能够快速成长为行业领头羊，和他们在每个细节上严格把控和精益求精是密不可分的。

KastKing 的 Listing 示例，如图 9-8 所示。

图 9-8

图片方面：KastKing 的主图和副图除了按照亚马逊的标准采用白色背景之外，图片本身非常清晰，仅仅是清晰也就罢了，当你一张张浏览他们的产品图片时，产品的质感在每个细节中展现出来，喷薄而出，你可能说不出它具体的出色之处，但你能够感受到图片中的那种渗透力和厚重感，而这些，正好是很多卖家所未能达到的。

标题方面：在 KastKing 的标题里，产品关键词被精准地提炼出来，放在整个标题最显眼的开头位置。另外，在标题中还巧妙地突出了产品的重要属性和特性，在格式上 KaskKing 把多种标点符号用在标题中，把长标题变成了短句子，让消费者读起来朗朗上口，当消费者在标点处停顿时，也就意味着一个重要特性点在你的内心里轻轻敲击了一下，让你印象更深刻。这种效果是很多在标题中不使用任何标点符号的中小卖家所不具备的。

五行特性（如图 9-9 所示）：在五个特性点的表述上，KastKing 的每个特性点都用一个总括性的词语开头。然后，用一两句简短的话对该词语进行较详细的阐述，我们不能说它的特性点写得多么出色，但相比较很多照抄说明书作为特性点的卖家来说，不知道要好多少倍了。

- Powerful – KastKing Spartacus Maximus low profile baitcasters have an amazing 25 Lbs/ 11.33 kg of carbon fiber drag. That's right; a fantastic drag pressure that can handle saltwater monsters!
- Tough – All aluminum alloy zero-flex bod and frame. CNC machined aero-grade aluminum spool; anti-corrosion stainless steel main shaft and components. Fights stronger; lasts longer.
- Smooth – 10 + 1 superior quality shielded stainless steel ball bearings and one-way instant stop anti-reverse for solid hooksets. These features make KastKing Maximus baitcasting reels the perfect fishing reel for saltwater and freshwater species.
- Versatile – 6.3:1 ratio with strong brass gears. High performance centrifugal brake prevents backlash. Large flat paddle EVA knobs for a non-slip grip.
- Go Farther – KastKing Spartacus Maximus has more line capacity for greater casting distance and deep water bottom feeding species. One-year warranty. KastKing keeps fishing fun…by keeping it affordable.

图 9-9

产品描述：KastKing 的产品描述采用的是 A+页面，每一张图片都是精心拍摄的，既有对生产工艺的体现，也有对应用场景的表达，同时这些图片和标题处的图片区分出来，图片配上文字，为消费者提供了尽可能多的有说服力的材料。

营销方面：KastKing 店铺里创建了大量的促销活动，通过 A+B 方式的促销让店铺内的产品产生了一种系统可以识别的联系，强化了店铺内关联流量闭环的形成，他们还积极使用 Coupons 促销，Coupons 标识的吸睛效应也可以为提升店铺转化率做出贡献。

以上几方面，只是作为亚马逊卖家，从学习的角度对 KastKing 店铺运营的一个简单分析，也许分析会有偏颇，但如果我们在运营中能够敞开胸怀，学习优秀店铺的运营思维和方法，打造出自己的优质店铺就指日可待了。

9.3 运营中最有效的螺旋式爆款打造模型

亚马逊的运营玩法很多，但如果能够在店铺里面打造出来几个爆款，以“精品+爆款”的模式运营，无疑是最吸引人的。但现在亚马逊上卖家众多，竞争激烈，如何才能够高效快速地把一个产品打造成热卖爆款呢？

在对运营实践的总结中，我觉得采用螺旋式爆款打造模型打造爆款，进而推动整个运营的发展，是成本最低、效果最好、速度最快的方法，下面我们围绕这个话题详细展开。

玩过竹蜻蜓的人都知道，竹蜻蜓往往是呈螺旋式攀升的。如果从同一平面看，在某些时段，竹蜻蜓的状态未必是上升的，只是在同一平面上的盘旋，这些同一平面上的盘旋，恰好保证了其稳定性，为后续的攀升提供了强力的支撑。在亚马逊的运营中，想要打造一个爆款出来，我们同样可以采用螺旋式的打造方法。

在日常运营中，我们的运营团队在对一款产品打造的过程中，通常是这样做的。

（1）**激活销量：FBA 入仓，新品上架，把出单作为第一要务。**

很多卖家选出一款产品，因为缺少运营思路和方法，FBA 发货之后基本上就进入了“上架即滞销”的状态，产品上架很久都不见订单，很迷茫也很无措，一番折腾下来，既对产品没了信心，也对运营没了信心。

为了防止发生类似的情况，我们的运营是这样的。当一款产品到达 FBA 仓库，入仓上架后，我们会直接将产品售价设置为超低价销售，以超低价激活销量，快速实现该产品在销量上零的突破。在我看来，对一条新上架的 Listing 来说，出单的意义大于利润。

为什么这么说呢？

我们知道，对于新上架的产品，亚马逊系统会给予一定的流量倾斜。当然，流量倾斜是有期限的，同时，系统会根据 Listing 的转化情况做后续的流量分配。亚马逊之所以给新的 Listing 流量倾斜，某种程度上是为了让卖家们“先甜后苦”，通过前期流量倾斜让卖家更容易接到订单，然后留下来，当你对平台产生依赖，剩下的就要看你自己的实力了。

作为卖家，我们应该充分利用这个流量倾斜期。但流量倾斜不是倾倒，对新上架的 Listing 来说，流量终究还是有限的，要想利用好这个窗口期，卖家就应该想办法把有限的流量效果发挥到最大，即让流量转化为订单，并且要确保自己的订单转化率高于同行。怎么办呢？

新上架的 Listing，产品没有 Review，客户购买时会有疑虑，要想化解这种疑虑，低价是最有效的方式。举例来说，面对类似的两个产品，一个 100 元，另一个 98 元，那消费者肯定会考虑选择口碑好的那个，但如果一个 100 元，另一个只卖 50 元，这时消费者的选择则极有可能是低价的那个了，即便低价的那个还没有口碑积累（在亚马逊上体现为 Review）也没关系，因为巨大的价格差促使消费者愿意尝试。基于消费者的这种心理，一条刚上架的产品可以通过低价获取订单，把流量转化为销量。

卖家眼中看到的是订单，系统记录下来的却是转化率。新品流量不多，凭借低价却成功转化出订单，其订单转化率如果高于同行，系统就会分配给你更多的流量，流量越多，订单自然也就越多。

在这个过程中，螺旋上升通道被打开，流量上升，订单增长。订单从无到有，从少到多，同时还带动了 BSR 排名上升。我们知道，新品上架是没有 BSR 排名的，但随着产生订单，随着订单数量增多，排名也开始突飞猛进地上升。

从这个意义上说，低价接单对于打造一款产品意味着：流量、订单和排名。

（2）**主动增评：配合订单的增长，主动增评，为 Listing 补充口碑要素。**

新品 Listing 上架时产品没有 Review，而对一条光秃秃的 Listing 来说，消费者在购买时心理上还是会有不少纠结的，虽然我们用较低的价格对消费者起到了心理破冰的作用，但低价毕竟只是手段，产品 Review 对一条爆款 Listing 来说显得非常必要。

针对亚马逊平台上客户留评率不足 1%的现状，想要让一条新品自然地产生产品 Review 就显得有点漫长。在这种情况下，卖家非常有必要采取主动的方式为 Listing 增加一定量的评论。我这里说的"一定量"，不是指"很大量"，评论要适可而止。我的建议是对新品来说，能够上 3 ~ 5 个带 VP（Verified Purchase）的产品 Review 即可。而安全增评的方式和方法，我在其他章节里有写，读者可以查阅参考。

拥有了产品 Review 的 Listing 看起来会完美很多，弥补了没有口碑的缺陷，消除了消费者下单时的疑虑，订单转化率会有所提升。但仅此还不够，卖家需要按照订单量的增长，保持产品 Review 按比例增长，整体产品留评率不需要太高，能够达到总订单数量的 3%左右即可。所以，在整个运营过程中，如果收到客户的 Review，那最好，如果没有，还要适当增评。

随着销量增加，客户评价来了，但评价有两种：好评与差评。虽然作为卖家，我们会努力为客户提供好的产品和服务，但总免不了会发生意外。当一个差评突然来袭，Listing 的销量和排名都会大幅下降，这时候，我们该怎么办呢？卖家要对评价内容分析，联系客户和平台客服，尽量能够将差评修改或者移除。

在这个阶段，形成了新的螺旋上升：评价数量随着销量增加而增多。

（3）**站内 CPC 广告：通过站内广告导入更多精准流量，付费流量和自然流量汇总，产生更多订单，切分更多份额的市场蛋糕。**

我们必须承认，在当前的亚马逊平台中，卖家多，竞争非常激烈。在激烈的竞争下，自然流量就显得不够用，卖家要想获得更多市场份额，通过站内 CPC 广告的方式获取付费流量就成了运营中必不可少的手法。

站内广告的玩法和技巧很多，读者可参阅第 6 章，在此就不再赘述。

需要强调的是，即便站内广告前期的转化不高，ACOS 数值会偏高，但只要你想到当自己多接一个订单时，就意味着某个竞争对手少了一个订单，你们之间的差距要么缩小了，要么就是你更加靠前了，拉大了和竞争对手的差距。所以，通过站内广告为爆款增加助力就显得特别重要。

从这个层面上来说，螺旋式上升在于：销量增加，排名上升。

（4）**销量、排名、价格三位一体：三个重要参量的互动，形成螺旋式上升通道。**

基于前三个阶段的铺垫，正在打造的 Listing 开始形成如下循环：因为产品价格低，所以产生销量，销量为 Listing 带来排名。随着销量和排名上升，再加上站内广告的主动流量，Listing 获得了更多流量，于是销量增加，排名继续上升，卖家开始逐步调高价格；如果价格提升导致销量大幅下滑，卖家需要将价格稍微降低，并观察销量的变化，待销量稳定后，再进一步调价（价格的调整要"小步慢跑"，即每次小幅度调整，待销量稳定后再进行下一次的调整）。

因为螺旋式上升的爆款打造模式是基于前期用低价激活销量的，所以打造前期可能会出现亏损的情况，但在运营中，要分阶段地将价格逐步向上调整。

正常的运营节奏应该如此：设定自己期望的日销量，如果日销量从低向高达到了日预期销量，在销量增加的过程中，围绕"销量增加，上调价格，销量稳定，降价拉升销量和排名，然后再逐步恢复并上调价格，前进两步，后退一步"。

这样一轮一轮地调整之后，出现的结果是：产品售价逐步提高，直至接近预期售价的水平，产品销量稳定增加，Listing 排名逐步提升，三位一体的相互作用，Listing 沿着螺旋式上升的通道，从没有订单、没有流量、没有排名的"三没"状态，发展到销量稳定、排名稳定的喜人场面。

（5）**排名卡位：打造爆款过程中最需要关注的参量。**

上述的打造可以让一条产品成为畅销款，但要想成为爆款，让 Listing 的排名在小类目前十，甚至成为 Best Seller，上述的打法就显得不够用了。

要想打造爆款，也就是大多数卖家心向往之的 Best Seller，需要在上述方法的基础上，把排名卡位放在第一重要的地位，即所有的阶段性成果都回归到对排名高低的衡量上。

同样的价格、销量和排名三位一体打法，但核心是排名。在某些阶段，为了确保排名上升，卖家可以暂时牺牲利润，当排名到了一定程度，再逐步调整价格。在排名卡位的过程中，小类目排名第 200 名、第 100 名、第 10 名和第 5 名是重要的关口。突破一个阶段，适当稳定一下，然后继续向上冲，所有的手法都围绕推动 BSR 排名上升进行。当排名跨过一个关口，上调价格，然后观察销量，当销量稳定之后，小幅降价，冲击下一个槛。以此类推，直到排名进入小类目前 5 名。

这时候，Listing 有了相对稳定的流量，消费者对价格的敏感度下降了，你可以逐步调高价格到预期的水平。此时，你还需要确保自己的价格在 1 ~ 10 名比较有竞争力。这样，Listing 排名和销量都会相对稳定了，一个爆款 Listing 初步形成，每天少则可以给你带来几十、上百单，如果产品热门，那么每天可能会有几百单。

（6）**库存：爆款打造的必要保障。**

在螺旋式爆款打造模型中，销量是处于持续增长状态的。在这个过程中，最忌讳的就是库存没有跟上销量，导致运营中途断货。

相信有太多的卖家都经历过断货之后 Listing 销量减少、排名下降、广告成本成倍增高的情况。在亚马逊 A9 算法体系中，断货对 Listing 权重的影响是非常大的。卖家在爆款打造的过程中一定要做好销量评估，储备足够多的库存，万万不可出现断货的情况。

（7）**全力以赴：爆款打造说到底是比拼卖家在单品上投注的心力。**

每个卖家的店铺都会有各种各样的产品，而每个卖家在运营中都会把精力适当分散在各个产品上，这就意味着在运营的单品上，我们需要分心，我们并没有为某个单品倾注全部的心力。

而螺旋式爆款打造模型的操作则恰恰相反。每一个爆款打造的过程都意味着卖家在全力以赴，阶段性地将自己的全部身心投注于一款产品上，促成这款产品的销量增加、排名上升，直至其成为并稳定在 Best Seller 的位置。

在这个过程中，可以说是以自己的全力和同行们的几分之一甚至几十分之一的用心程度做竞争，胜算的概率自然要大很多。说到底，这才是打造爆款中最核心的要素。

正是沿着上面的思路和方法，我们团队在运营的过程中，屡次打造出来很多条 Best Seller，而当一个个类目 Best Seller 的产品在店铺中铺开，业绩的增长也是必然的了。如果你正在为运营发愁，不妨试试上述的方法。

9.4 运营中最重要的事，努力卡位还是精打细算

有卖家发来一份运营计划让我提建议，在运营计划中，卖家精细地列出要做多少测评、投放多少广告、进行多少 Giveaway 抽奖，以及通过站外 Deals 网站的促销引流、Youtube 网络红人视频等，卖家把以上各项细化到具体数字，然后具体到以周为单位推进，并设置了一个三个月的打造计划。然后，列出了预计投入的金额和预期效果。

在这份运营计划里，可谓是精打细算的，但如此细致的运营计划是否能够达成运营预期呢？我对此持怀疑态度。

在我看来，亚马逊运营中最重要的事情其实是卡位。当我们选品时，很多卖家首先都会关注各个类目的 Best Seller 清单，而每看到一个长期霸占 Best Seller 位置的 Listing，我们都会在心里默念，这要是自己的该有多好！

当一个产品能够排名在该类目的最前面，就意味着它每天必然有超出其他卖家的订单数量。你也许会说，人家之所以成为 Best Seller 是因为人家有那么多的销量存在呀！是的，确实是这个理儿。但作为卖家，如果我们把这个逻辑倒过来，结果会怎样呢？

因为一条 Listing 的排名在 Best Seller，所以，它每天都会有很多销量，而这么多销量可以为卖家带来不少利润。如此推算下来，卖家只需要做一件事：在打造一条 Listing 的过程中，想办法让自己的 Listing 的 BSR 排名能够保持持续上升的趋势，直至其成为 Best Seller。然后，努力维持其在 Best Seller 的位置即可。

如果能够做到这样，一个爆款就打造成功了，还何愁没有销量呢？又何愁没有利润呢？

相对于规划了运营计划的卖家在静态模拟下起草的运营计划，要想做到推动 Listing 的排位和卡位，就成了一个目标单一、动态执行的过程。

用卡位的逻辑做运营，就是要把 Listing 的 BSR 排名上升作为持续关注的对象。没有订单时，哪怕亏本也要接到订单；订单数量太少时，哪怕亏本也要让订单数量增加；随时关注订单数量增加和排名上升，如果出现停滞，即便降价也要维持订单和排名双双上升。

当然，在这个过程中，我们还要投放适当的站内广告、配合适当比例的增评、持续保证库存数量以能够满足销量的增长预期等。

如果能够保持这样的运营节奏，你会发现，Listing 的排名在一步步上升，直到上升到你期望的位置。而此时，销量趋于稳定，再加上逐步的价格调整，利润得到了保证。Listing 稳定在一个排名区间，卡位动作完成，剩下的，就是日常的维护和每天数数订单、算算利润的好心情了。

9.5 如何推动单价低的产品成为爆款

说到亚马逊爆款的打造方法，很多卖家首先都会想到站内广告。是的，站内广告流量精准，亚马逊 80%以上的订单都是由站内流量带来的，而站内广告正好起到卡位站内流量的作用，确实是个好工具。但是，对于正在运营低价产品的卖家，站内广告真的合适吗？

我们总焦虑亚马逊平台上的卖家增多了，价格战打起来了，利润稀释了，这都是实情，在这样的状况下，站内广告虽然可以获得精准的流量，但站内广告成本增高也是毫无争议的事实，而这样的现实对低价产品来说就显得更加残酷，即你的利润根本不够用来投放广告。

但即便如此，总有一些卖家，或带着试水的心态，或确实受可用资金的限制，不得不选择低价产品运营。如果选择低价产品已经是既定的客观事实，我们该怎么样推动其从没单到出单、从零星订单到稳定出单、从少量订单到成长为畅销款和爆款，变成自己运营中的现金奶牛呢？

高价产品的打造可以大量投放站内广告，可低价产品则需要换思路，需要卖家具备贴地飞行的能力，需要卖家敢于用消费者最敏感的价格因素激活销量。

低价的产品对任何卖家来说，从利润的角度都几乎一样——利润不高，从成本的角度也没有差别——成本几近相同，短兵相接勇者胜，这里的勇就是你敢于祭出超低价的大旗。绝大多数的消费者往往还是偏爱有价格优势的产品的，卖家在打造的第一步，一定要让自己的产品价格具有绝对的优势。

那么，这里的超低价究竟低到什么水平呢？别人有 30%的利润率，我只保持 10%的利润率，是超低价吗？错！如果是这样的思路，你会悲摧地发现，你根本就没有销量。

我说的低价，要低到能够出单的价格，这个价格也许需要你阶段性的亏本，也许竞争对手都觉得你精神有问题，都无妨，总之，要低到能够自然地产生订单。

也许你会说，亏本的生意我不干，但试问如果今天你投入广告而没有产生预期的销量，你有盈利吗？没有。如果今天没有销量，你亏本了吗？表面上没有，实际上有！你的时间成本，你原本可以有一定销量带来的累积优势等要素都会因为你没有销量而消失于无形。所以，没有销量也是亏本。损失了时间，消耗了信心。

相对于没有销量，即便是低价，只要有销量，都会为你的运营带来正向的力量。销量会直接拉升 Listing 的 BSR 排名，而排名上升，自然流量就会增长，流量多了，成交的机会就自然增多，一个正向的循环形成了，而最关键的是，接到第一个订单时，你的心情是欢喜的，当订单稳定增长时，你不仅有了做下去的信心，还有了更多降低成本、提升利润的空间和机会。如果不信，你敢让自己试试三个月不接单吗？看看你是否还真的能熬得住。

当一个产品因为低价产生订单，带来了 Listing 权重上升，带来了排名上升，也为你带来了运营的信心，而同时，按照市场容量守恒定律，当你抢占了更多市场份额，就意味着竞争对手们所占有的市场份额在萎缩。你在增长，竞争对手们在下降，你成功的概率必然会越来越高。

从实际运营的经验来看，我们自己运营的产品普遍单价偏低，属于很出力、很累却利润不高的产品。绝大多数产品在上架的第一天起，我们就坚守低价的原则，甚至连广告都不投放，就坚守一条，低价。在起步阶段，我们把每个订单的亏损看成投放广告的成本。随着销量的增加，我们会逐步提升价格，往往只要一两个月，就可以把一个产品推到类目的 Top 10。这时候，每天的销量稳定，而销售价格也已经恢复到了满足预期利润的水平。

9.6　什么因素影响了你的 Listing 排名

有卖家反映虽然自己每天都在监测和记录自己的 Listing 排名，可是感觉找不到规律，也不清楚排名的原理是什么，以至于也不知道该在运营上怎样有针对性地调整。

相信很多卖家都有类似的感受，当一条 Listing 排名上升时内心高兴，而 Listing 排名下降时则内心惆怅，虽然我们知道销量增加往往可以带动 Listing 排名上升，而排名上升也会带来更多流量，进而进一步带动销量增加，但有时候似乎又不尽然。那么，关于亚马逊 Listing 的排名，影响因素有哪些呢？

影响一条 Listing 排名最重要的因素就是销量。最近时间段内的销量和历史销量数据都是影响排名的参量，这个最近的时间段并不截然一致，排名越靠前，排名更新的频率越高，排名靠后的 Listing，更新的频率也相对缓慢。一般来说，排名靠前的 Listing，系统会每 2 小时更新一次，这也就是我们有时候会发现一些 Best Seller 排名清单频繁发生变化的原因。

但短时间的销量只是影响排名的重要因素，并不是唯一因素，除了当下的销量，历史销量也会成为一个参考变量，在 Listing 排名的算法中，占有一定比例的权重。

在运营的过程中，除 Listing 排名外，亚马逊系统还存在另外一个排名——关键词排名，也同样值得卖家关注。

和销量直接挂钩且随时受销量影响而变化的 Listing 排名不同，关键词排名相对稳定，很多卖家在搜索和市场调研的过程中会遇到某个产品盘踞在某个关键词搜索结果首页且长期不变的情况。很多时候，即便该 Listing 的销量和排名都下滑了，其关键词排名位置还可能依然没有变化。

在亚马逊系统中，关键词排名相对稳定，且销量不是唯一影响因素，产品的曝光量、点击量、转化率等都会影响一个产品关键词排名的变化。

关键词上首页当然好，这意味着卖家可以凭借该关键词在首页的展现而获得很多自然流量，但关键词排名是一个自然的结果。卖家只要在平台规则下，通过踏实的运营，同样可以让自己的产品展现在靠前的页面。

很多时候，我们可以看到一条 Best Seller 的产品会同样出现在搜索结果的首页，该 Listing 长期保持 Best Seller 的位置，而其关键词排名也长期维持在搜索结果的首页。从这个角度我们可以知道，Listing 的销量同样是影响关键词上首页的一个重要因素。

除了销量之外，卖家还需要关注的变量是转化率。一个关键词能够稳定地在搜索结果中排名持续上升，搜索该关键词时所带来的曝光量、点击量和转化率等要素都会起到重要的影响。曾经有卖家在运营中坚持只给核心关键词投放站内广告，以此推动关键词排名上升，直至该关键词出现在自然搜索结果的首页。这位卖家在总结中说，此方法有效，且屡试不爽。

这种真实的运营经验正好反映了通过增加对关键词的曝光、点击和转化对提升关键词排名有着重要的作用，即便你的这些曝光和流量来自广告，也同样适用。

9.7　遭遇断货之后，卖家该如何重新拉动 Listing 的销量

凡是采用 FBA 发货的卖家，几乎都有过热销产品卖断货的经历，产品热销让人兴奋，但断货对 Listing 的销量、排名和广告所带来的伤害，相信大家同样印象深刻。

有时候可能是订货交期出了问题，有时候可能是发货物流有了延误，也有可能是突然的销量猛增所致，总之，断货会真实发生在几乎每个卖家身上。断货之后，我们心情焦虑，跟催供应商，督促物流商，但这些都没有用，再多的理解和同情都解决不了亚马逊冷冰冰的规则。

一条 Listing 断货带来的直接后果就是 Listing 因缺货而自动下架，正在投放的广告由此中断，更糟糕的可能是在你断货的当口，Listing 被一些跟卖者跟卖了，你已经没货了，挣扎和反抗作用都不大，只能眼睁睁地看着被跟卖。

而当你盼星星盼月亮终于盼到了新一批货物入仓上架，可原本的 Listing 排名和销量都不在了，BSR 排名大幅下降，日销量大幅下滑，即便投放广告，广告的单次点击价格也涨了不少，这是什么原因导致的呢？原因无他，当 Listing 断货时（尤其是断货时间一周以上时），Listing 的权重发生了非常大的变化，因为断货下架期间，Listing 没有曝光、没有点击，也没有转化，各项权重都下降了，而此时市场依然存在，你原本有机会赢取的订单跑到竞争对手们那里去了，竞争对手的市场份额增长，而你的市场占有率下降，彼涨此消，销量下降也是必然。

遇到这种情况时，作为卖家的我们该怎么办呢？

按照亚马逊平台的规则，影响 Listing 权重最重要的因素包括销量、转化率、Review 星级和数量、总销售额等，要想让 Listing 的销量和排名恢复，卖家就需要从上述要素入手，展开重新打造的征程。

对于一条断货后各项权重受到重创的 Listing，补货入仓后，卖家如果发现销量没有明显的恢复，可以调低价格，用低价激活销量。在所有的要素中，低价是最敏感的要素，往往也是最有效的，价格降低，销量一般会有较大幅度的提升。

当产品的价格较低时，消费者在价格要素的调动下，购买意向会高于对高价 Listing 的意向，而销量增加在某种程度上意味着转化率的提高，转化率的权重也随之得到提升。

如果销量能够连续一周左右都保持稳定增长的态势，卖家可以适当地提高产品的售价。对于价格上调，卖家一定要坚持“小步慢跑，进二退一”的原则，每次小幅度上调（“进二”），然后观察销量变化，如果销量稳定或者增长，可以在稳定一周左右之后继续调整，当调整到某个价位销量有了明显的减少，说明价格到了一个影响销量的敏感区。此时，卖家需要将价格稍微降低（“退一”），为 Listing 的销量增加和排名上升留出一个缓冲的空间。

如此这般的调整，销量基本上沿着稳定增长的趋势发展，排名也会随着销量的增加一点点得到回升。在这个过程中，价格一直呈上调趋势，所以形成的结果是价格、销量和转化率三个变量都在增长，Listing 的各项权重逐步得到恢复，当价格、销量和排名都达到了断货前的水平，Listing 权重的恢复就完成了。

当然，在权重恢复的过程中，站内广告可能会出现阶段性的投入产出比偏高甚至不划算的情况，卖家可以量力而行，随着 Listing 各项权重的恢复，广告的成本必然会逐步降低。

另外，卖家如果能够在此过程中根据销量的增加，通过安全可靠的渠道按比例增加产品 Review，那么 Review 的星级和数量也会反过来为推动 Listing 权重和销量的恢复贡献力量。

第10章

客服与账号申诉，注重细节成就长远

本章要点：

- 日常客服
- 差评修改
- 账号申诉
- 申诉邮件

在亚马逊卖家的日常运营中，客服工作是非常重要的一项工作，按照处理的侧重点不同，大概可以分为日常客服、差评修改和账号申诉三方面。

10.1　日常客服

日常客服相对比较简单，基本上就是对客户询问的答复，没有严格的格式要求，只要能够有针对性地回复，解决客户的问题和疑虑，得到客户的认可和满意就可以了。

由于亚马逊系统屏蔽了买家的联系信息，卖家与客户的交流沟通只能通过卖家中心的 Messages（邮件）完成。

根据卖家绩效指标的标准，平台要求卖家在收到 Messages 24 小时之内处理完成 90%以上，否则将会导致 Messages 回复时效超标。

由于亚马逊平台上的客户 Messages 很少，卖家偶尔的失误就可能造成 Messages 回复时效超标。为了能够确保 Messages 回复不超标，这里给大家分享一个 Messages 回复时的小技巧。

由于亚马逊系统默认的是所有 Messages，无论是广告还是其他，都是需要卖家回复和处理的，但为了方便处理广告和其他无需回复的 Messages，亚马逊在 Messages 窗口下面添加了一个 No Response Needed（无需回复）按钮，当卖家收到垃圾 Messages 时，可以点击此按钮标识为无需回复，系统不会将该 Messages 计入统计数据。

如果卖家在日常运营中偶尔有 Messages 超时还未回复，可以在回复之前先点击 No Response Needed 按钮，然后再从 Messages 里面找出该 Messages 回复。这样的操作可以让你的 Messages 回复时效不再超标。

除 Messages 的处理技巧外，作为卖家，我们在日常与客户的沟通交流中，一定要保持积极热情的态度。我们面对的客户成千上万，每个客户的询问各不相同，但任何一封 Messages 的背后，都是一个充满期待的客户，只有我们善待客户，才能够获得客户的理解和支持，进而确保运营稳定和业绩提升。

在和客户沟通方面，我们要始终保持“以用户为中心”的理念，这既是亚马逊公司自己的企业理念，也是对卖家的基本要求。

10.2　差评修改

差评修改是在客服处理中卖家最纠结的事情。卖家满心欢喜地接到订单，之后，又突然收到差评，而差评（无论是 Review 还是 Feedback）又是影响账号绩效表现和 Listing 权重表现的重要指标，卖家在面对差评时的心情可想而知。

不管怎么样，面对差评，我们还是需要积极应对。收到差评后，卖家需要分析收到差评的缘由，然后有针对性地做出应对，具体该怎么做呢？

（1）对差评进行全面分析，包括差评的内容、客户的订单、产品的实际情况、留评价客户的地址信息和客户历史留评价记录等。通过这些信息的分析，我们可以初步判断该差评是客户对产品质量或售后服务不满所致，还是竞争对手的恶意扰乱。

（2）基于前边分析所得出的判定，主动联系客户，解决评价所涉及的问题。卖家要在收到差评后的第一时间联系客户，在联系的邮件中，卖家的态度一定要诚恳，同时针对问题给出解决方案。如果客户是对产品质量不满意，卖家可以主动提议给予客户全额退款或重新补发等解决方案，卖家的提议要围绕评价内容展开，同时要尽量提供给客户超预期的解决方案，以达到平息客户不满情绪的目的。只有让客户看到了超预期的解决方案，同时感受到了你的真诚，才有可能谅解并协助你修改差评。

（在与客户的沟通中，要注意沟通的目的是引导客户协助修改差评，只有在最短的时间内修改，对卖家才是最有利的，所以卖家要引导客户“退款改差评”。有些卖家为了减少损失，向客户提出“重发改差评”的建议，可殊不知如果重新发货的话，客户收货过程漫长，即便收到了补发的产品，是否就一定能达到客户的期望呢？即便客户对补发的产品满意，但时间已经淡化了客户的感觉，有意无意地忽略了帮你修改差评这回事，实践经验告诉我们，“重发改差评”的建议会让差评被修改为好评的可能性大大降低。）

（3）联系亚马逊客服，申请移除差评。为了达到更快速移除差评的目的，在联系买家的同时，卖家要对评价内容和买家情况分析。如果评价内容存在漏洞，不符合平台关于评价的政策，卖家可以向亚马逊提起申诉，申请由亚马逊客服协助移除差评，比如发货时效问题、客户在评价中有侮辱性语言、客户在评价中有夸大问题的嫌疑、一些恶意买家给每个订单都留差评的情况等。分析评价内容和买家情况，找出评价的漏洞，如果举证完整，经亚马逊客服核实之后，差评是有机会被移除的。

（在评价中，如果包含以下信息，是可以申请移除的：①有污言秽语，②包含个人隐私信息，如姓名、电话、邮箱等，③经由 FBA 发货的订单却被反馈说发货时效差或者派送人员服务态度恶劣等 FBA 责任事项，④在评论中有歧视性语言的，如 Chinese Garbage，⑤评论中有恶意引导性语言的，如 Don't buy from this store 等情况，都可以尝试申请移除。）

（4）产品降价，以价格这个最敏感的要素稳定销量。当差评来袭时，销量往往会减少，进而导致 Listing 排名下降，自然流量减少，订单量进一步降低。如此这般，整个运营就会进入恶性循环。为了避免这种恶性循环的发生，卖家在收到差评后可以适当降低产品售价，通过价格这一敏感要素激活销量和稳定排名。

对卖家来说，每个差评都不啻一枚炮弹，要么想办法拆掉引线，要么尽全力把危害降到最低。在运营中，卖家只有把以上方法和思路有机结合起来，有针对性地采取行动，才能够使效果最大化，为亚马逊店铺的运营保驾护航。

10.3 账号申诉

如果说“日常沟通是基础，差评修改是关键”，那么账号申诉则是直接关系账号生死安危的命脉之所在了。

当你某天早上打开电脑，登录账号，卖家中心左上角的小旗帜飘红了，点开查看，一封账号销售权限被移除的通知邮件赫然展现在你面前，瞬间就会让你的心情黯淡到极点。

面对这种情况，我们该怎么办呢？

面对账号受限，不同的卖家会有不同的表现，有的卖家漫无头绪，有的卖家开始试图找熟人关系解救账号，更多的卖家则是针对通知中的内容，对实际状况分析，然后有针对性地准备申诉材料，写邮件申诉……无论你是怎样的心态，面对销售权限被移除的情况，最有效的解决方案就是，冷静下来，认真分析问题发生的原因，然后申诉。

在进行账号申诉的过程中，申诉邮件的内容和写法，措辞的表达以及改善方案的详尽与否，都会影响卖家绩效团队的判定，影响账号能否解限。

一封优秀的申诉邮件，需要在邮件中阐述问题发生的原因，说清楚出自己下一步的改善计划，并且传递出自己的热情、诚恳和努力的态度。只有这样，才能够打动亚马逊账号绩效审核团队的成员，有利于账号快速解限。

具体来说，账号申诉过程中，我们需要注意以下事项。

10.3.1　申诉时效

一般情况下，账号受限后，亚马逊系统会给卖家预留一个申诉期限，根据不同的受限原因，有最长不超过 3 天、9 天和 17 天三种账号申诉期，这就意味着你必须在申诉期限内申诉，否则就等于放弃申诉弃置账号了。

对绝大多数卖家来说，弃置不要自然是少数，但仍然有部分卖家没有在申诉期内申诉，这是什么原因呢？因为他们根本就没有注意到系统通知，根本没有意识到账号所处的危险。在这里需要提醒卖家，每天登录卖家中心之后，应该在第一时间查看自己的账号绩效小红旗的状态，如果显示为红色提醒，那么请及时查看通知的内容并做出应对。

10.3.2　问题分析

在账号受限通知中，亚马逊一般会告知卖家导致账号受限的原因，虽然通知中未必会有详细的罗列，但卖家需要根据通知的内容，再结合自己账号的实际情况，深度分析，找出导致问题发生的诱因。

比如，产品质量和安全问题可能是某个客户投诉了货物破损或致人受伤等情况，而侵权投诉可能是自己的产品涉嫌侵犯其他权利人的商标、专利等，只有找出问题的诱因，才能有针对性地申诉，申诉的内容才会更有说服力。

10.3.3　准备行动计划

通过分析，你找出了导致账号受限的直接原因（当然，如果几经分析都无法判定什么原因所致，也可以直接给客服发邮件询问），就需要准备申诉中要用到的行动计划了。在账号受限通知中往往会有这么一句话：如果你对我们的决定有异议，如果你想重新获得销售权，请提供你的 Plan of Action（行动计划，POA），我们将根据你的行动计划重新评估是否恢复你的销售权限。在申诉中，行动计划非常重要。

在行动计划中，卖家要基于自我分析的结果，有针对性地说明将在今后的运营中做哪些改善。行动计划要具体，要针对性强，要言之有物。

一般而言，在申诉邮件中我们可以沿着五个步骤进行：在第一段中，要诚恳道歉，承认过失并表明诚意；第二部分为行动计划部分，可以包含三段内容，将产生的问题详细列出，针对各个问题给出改善方案，以强烈的语气强调改进的决心，改善方案要环环相扣，层层递进，针对当前所发生问题的改善计划，针对潜在问题的防范，以及账号解限后将如何努力成长为一名优秀的亚马逊卖家；在邮件的最后一段，要表达渴望收到回复和渴望账号解限的迫切感。

需要提醒的是，在申诉邮件中，对于亚马逊通知中没有提及的问题，卖家无需赘言。

简而言之，要想让亚马逊客服给你一次重新获得销售权限的机会，你的行动计划必须从方案内容上能够说服审核人员，从情感上还要能够打动对方，要让亚马逊认可你的计划，并相信你以后不会再犯类似的错误。

10.3.4 提交申诉

行动计划写好后，卖家在受限通知下面的申诉处直接提交，剩下的，就只能等待了。如果行动计划得到了亚马逊绩效团队的认可，可能很快就会收到账号解限的通知，那自然是可喜可贺的。但也可能由于你的行动计划不够详细、缺少说服力，亚马逊绩效团队回复说需要补充更详细的行动计划，这时就需要你对行动计划做更进一步的完善了。

如果申诉邮件提交后，没有收到任何回复，建议卖家在三天左右继续联系客服寻求帮助和解决。

不管怎么说，遇到账号受限时，卖家只有分析清楚状况，后一步的行动才能针对性更强，行动才能更有效。

10.4 申诉邮件模板

1．卖假货被移除销售权（产品确实涉嫌真实性问题时采用）

Dear Amazon Seller Performance Team,

Thank you for your concern of our account.

We received a notification today that our selling privilege has been removed due to a concern of the authenticity of our products.

We checked our listings as soon as we received this mail and we are very sorry about our ignorance. As a new seller on Amazon.com, we are not familiar with the rules and policies of the platform and on our way of learning these requirements.

For the items that mentioned in the mail from Amazon seller performance team, we did not realize this product is with its own brand, to this point we acknowledge it is our fault. We had already removed the listing and promise we won't sell it again on Amazon if we do not get the authorization. Also, we would like to compensate the customers that have purchased this product. We would fulfill their requirement as soon as they contact us.

If you can give us a chance and reinstate our account, we will conduct below to avoid similar situation occur in the future:

(1) Absolutely, we will see through all the policies and rules about selling on Amazon.com.

(2) We will check the listings in our account to see if there has some which do not meet your requirements, if it does, we will fix it immediately.

(3) We will check all the products we've been sold, any complaints or product issues we will solve them in proper way within 12h in favor of the customer's right.

(4) If any selling questions, we will consult Amazon for help.

We understand that Amazon takes customers shopping experience as the most important metric and have strict standards and rules. Following the rules and reach the standards is our sellers' obligation. We've always been a responsible seller and obeying Amazon's rules. By strictly following the Amazon selling rule, we offer the best service to every customer continually.

We would treasure the opportunity greatly if Amazon could read our appeal letter and reinstate our account. We sincerely wish to have the opportunity to work with Amazon again to satisfy customers.

Look forward to receive your reply.

Paul From XXX Company

2．侵权造成 Listing 被关闭，账号被冻结（确实有侵权行为时采用）

Dear Amazon Seller Performance Team,

Thank you very much for giving us a chance to appeal the removal of our Amazon selling privileges. Please see our following information.

Our selling privileges has been removed by Amazon due to the concern that some of our listings has violated related Amazon policies, especially infringed intellectual property rights of some rights holders.

First, we apologize to Amazon and the rights owner for this infringement. Due to our carelessness when doing the product research, we failed to confirm if the brand/trademark/outlook… patent is already exist or not.

Second, we have to apologize to all the customers that have purchased our products. Due to our incompetent management, customers may confused by the products. We would like to compensate customers that have purchased our products with full refund as soon as they contact us.

As for the violated brand/trademark/outlook patent owner ********and the affected ASINs:*******, we would stop selling the products immediately as well as create removal order to remove the inventory. We promise not to sell the product again unless we are fully authorized by the patent owner.

Furthermore, we would conduct below in order to avoid similar situation occur in the future:

(1) We will research more carefully before uploading listings.

(2) Once we have decided the products, we will conduct further research to check if the patent was registered by others, if registered, we would conduct the right holder for approval to sell, otherwise, we shall not sell the product on Amazon.com.

(3) We will have our employees better trained so that everyone in the company are competent enough.

We apologize to the rights holders and to Amazon again with our sincerity on behalf of our whole company. We promise we will correct our mistakes. Please trust us and give us a chance.

Look forward to receive your reply.

Paul From XXX Company

3. 因账号表现差被移除销售权（A-Z 投诉导致 ODR 超标）

Dear Amazon Seller Performance Team,

We understand that recently our performance as a seller on Amazon.com has fallen below both Amazon's and our own standards of quality.

We believe it is mainly because of our inadequate communication that we have recently received A-Z guarantee claims which have resulted in our ODR exceeding the performance target of <1%.

In response to the problem, we have changed the Listings Status to inactive from in order to avoid more compliant appear as well as to conduct a thoroughly examination of the affecting listing.

After our examination, we believe the A-Z claim occurs because XXXX. In order to compensate the customers, we have conducted full refund to them.

Plan of Action: We are taking the following steps to improve our performance and avoid similar problem occur next time:

(1) Review all our listings to make sure that the pictures and descriptions accurately match our products.

(2) We will complete the investigation more quickly and proactively (within12 hours) to any problems with customer orders to keep our customers more informed and help prevent A~Z guarantee claims as much as possible, then replacement or a full refund will be done within 24 hours.

(3) In addition, we will more aggressively monitor our performance metrics to assure we have reached the standards set by Amazon customer service.

We understand that Amazon takes customers shopping experience as the most important metric and have strict standards and rules. Following the rules and reach the standards is our sellers' obligation. We've always been a responsible seller and obeying Amazon's rules. By strictly following the Amazon selling rule, we offer the best service to every customer continually.

Thank you very much for considering our appeal. We would be grateful if you could reinstate our account and cherish the opportunity very much.

Look forward to receive your reply.

Paul From XXX Company

4．账号表现差导致账号冻结（回复买家不及时+产品损坏+退换货时间长）

Dear Amazon Seller Performance Team,

Thank you for your concern of our account. Before receiving the performance review notification, we were exactly working with the customers to resolve their problem.

Firstly, we're very sorry about our negligence of packaging and the incaution of collecting and transporting process of logistics company which result in the damage of one item. We have shipped the replacement to the customer but the delivery time is longer than what we expected, we feel very sorry about that.

Secondly, during the examination of the product, we unconsciously missed a part of the product. Thought the function of the product is not affected, it still gives customer an impression that the product is not complete. We had contacted the customer and shipped the missing element, we are sorry for the inconvenience.

Thirdly, due to XXX, we failed to reply the customers question in 24 hours and this give us a really bad reputation. We have hired more people running our account and arranged their duty, we believe this will not happen once again.

If we earn the chance to continue selling on Amazon, we will do as follows:

(1) We would cooperate with more trustworthy logistic company to avoid product damage during shipping and delivering.

(2) We would add an integrity examination before sending the product from factory to FBA inventory.

(3) We would further stress the importance of timely reply towards the customers.

We understand that Amazon takes customers shopping experience as the most important metric and have strict standards and rules. Following the rules and reach the standards is our sellers' obligation. We've always been a responsible seller and obeying Amazon's rules. By strictly following the Amazon selling rule, we offer the best service to every customer continually.

Look forward to receive your reply.

Paul From XXX Company

第 11 章 FBA 发货在运营中的重要作用

本章要点：

- 关于 FBA 发货
- FBA 操作中的注意事项

11.1　关于 FBA 发货

11.1.1　什么是 FBA

FBA 是 Fulfillment By Amazon 的缩写，即由亚马逊完成代发货的服务。

采用 FBA 发货的卖家，需要先在卖家中心后台创建发货计划，按照系统生成的发货计划，将货物发至亚马逊 FBA 仓储中心，由亚马逊提供仓储服务，亚马逊系统会根据卖家在仓储中心放置货物的材积、重量、时长等，收取相应的仓储费；卖家通过亚马逊平台销售这些产品，当客户下订单后，亚马逊仓储中心会自动提供货物的分拣、打包、配送、收款、客服和售后处理等相关服务，亚马逊针对每个订单，收取相应的订单处理费、分拣包装费和称重处理费等；针对在 FBA 仓库放置时间过长的产品，亚马逊还会在每年 2 月 15 日和 8 月 15 日收取长期仓储费。

11.1.2　FBA 发货对卖家的利与弊

对卖家来说，使用 FBA 发货的好处是不言而喻的，具体包括以下几点。

（1）流量和销量红利。采用 FBA 发货的 Listing，可以获得更高的产品曝光率，有助于提升 Listing 的排名。由于 Prime 在购买一个产品时会优先选择采用 FBA 发货的产品，所以 FBA 发货的 Listing 整体销量可以提升 40%以上。

（2）店铺更安全。采用 FBA 发货，意味着卖家的货物存放在亚马逊的仓库中，系统会降低对该店铺运营风险的关切，减少了对店铺的审查，可以确保店铺更安全。

（3）节省人力和运费成本。采用 FBA 发货后，卖家可以减少包货方面的人工，降低包货成本。FBA 头程发货的费用一般低于零散订单所采用的邮政小包等物流成本。

（4）竞争对手减少。虽然采用 FBA 发货的好处多多，但在亚马逊平台上依然有不少卖家因为各种原因而采用自发货的方式运营。相对于自发货的卖家而言，采用 FBA 发货的卖家天然少了不少竞争对手。

（5）产品销售价格高。在亚马逊平台上，相对于自发货产品的价格来说，采用 FBA 发货的产品价格普遍较高。一般情况下，在扣除 FBA 的各项成本之后，同一产品采用 FBA 发货的利润绝对值往往高于自发货方式的利润。

（6）客户体验好，客户满意度高。采用 FBA 发货的产品，由于是亚马逊直接处理订单发货事宜，亚马逊完善的物流体系可以确保客户在 3 天就可以收到货物，客户收货时效快，满意度就会比较高，这种高满意度体现到卖家的店铺 Feedback 和产品 Review 中，可以使店铺的运营更稳定。

（7）可以去除因 FBA 物流引起的差评。如果 FBA 物流方面的原因导致客户留了差评，卖家可以直接向亚马逊申请移除，可以减少卖家的客服成本，提升店铺的整体表现。

但凡事有一利就有一弊，采用 FBA 发货在为卖家带来好处的同时，也带来了一些卖家必须面对的不利情况。

（1）需要缴纳仓储费，尤其是长期仓储费较高。FBA 虽然为卖家节省了人工和配送成本，但仓储费用并不便宜，尤其对于一些滞销的产品，长期仓储费用就更高了，仓储费用会稀释掉卖家的一部分利润。

（2）随机分仓，可能造成 FBA 头程运费偏高。对新卖家来说，可能会因为亚马逊系统的随机分仓而造成单票货件的运费单价上涨，FBA 头程运费成本超出预期。

（3）退款率高，不良品多。由于采用 FBA 发货的产品售后客服是由平台客服直接处理的，不同的客服对产品的专业认知不同，所能够提供的售后问题解答和处理也不同，如果卖家的产品功能复杂，超出了亚马逊客服的处理范围，就容易造成退货率高，客户满意度下降，退货导致的另一个结果是不良品会增多。

（4）一旦产品被删除，库存处理不方便。对于采用 FBA 发货的卖家，如果某个产品因为被人投诉侵权、质量问题、安全问题，或者产品不符合平台政策等原因而遭到平台下架或删除，对于放置在 FBA 仓库的库存处理起来会比较麻烦，需要卖家自行撤仓，成本偏高。

综上所述，运营中采用 FBA 发货对卖家来说有利有弊，但根据平台政策和市场现状，从长期运营的角度看，卖家采用 FBA 发货是利大于弊的，建议卖家在运营中能够优先采用 FBA 发货的方式。

11.1.3 FBA 费用计算公式

FBA 费用=Fulfillment Fees（执行费）+Monthly Storage Fees（月仓储费）

+Inventory Placement Service（入库清点放置服务费）

Fulfillment Fees（执行费）=Order Handling（订单处理费）+Pick & Pack（分拣包装费）+Weight Handling（称重处理费）

11.1.4 FBA 发货注意事项

（1）在发货之前，卖家需要先将 Listing 转换成为 FBA 发货的 Listing。在转换过程中，某些 Listing 可能因为包含电池、液体、膏状物、粉尘等敏感性产品（部件），亚马逊会对其进行危险品审查。如果卖家有相应的证书，可在后台提交供平台审查，如果确定是普通产品，同时也没有可供审查的资料，卖家无需紧张，一般系统会自动处理，等待 3 天左右即可。

（2）在 FBA 发货中，系统会要求填写物品的尺寸、重量，以及包装的尺寸和重量等内容，卖家要按照实际的数据填写，如果产品的尺寸和重量填写错误，可能导致被分配到错误的 FBA 仓（比如标准尺寸的货物因为尺寸填写过大而被分配到超大物品放置仓）；而如果外箱尺寸和重量填写错误，则可能影响入仓时效（FBA 发货标准要求单箱重量不超过 50 磅①）。

（3）在 FBA 发货中，卖家需要打印产品标签和外箱标签。产品标签要贴在产品包装上，外箱标签需要贴在外包装箱上。产品标签有两种选择：Manufacturer Barcode（制造商标签）和 Amazon Barcode（亚马逊标签）。Manufacturer Barcode 是指卖家发布产品的时候使用的 UPC 码，而 Amazon Barcode 是系统自动生成的 FNSKU，建议卖家选择 Amazon Barcode 作为产品标签。

（4）在 FBA 发货中，实际发货数量要和发货计划中填写的数量一致，否则会导致入仓慢，甚至会被拒绝入仓，且如果产品发生丢失，亚马逊只会按照创建 FBA 发货计划时后台所填写的数量补偿。

11.1.5 FBA 发货的头程物流选择

采用 FBA 发货的产品，卖家需要创建 FBA 发货计划，将产品发货到 FBA 仓库，FBA 处理中心签收之后，亚马逊会完成后续的服务，包括入库盘点、上架销售、发货

① 1 磅≈0.45 千克。

给客户等。

对卖家来说，从卖家到亚马逊 FBA 仓之间的物流，我们通常称为 FBA 头程物流，头程物流处理过程复杂，会涉及清关、缴纳关税等多方面的事务，不同物流方式的运费成本不同、发货时效也不同，而不同的物流服务商提供的服务也良莠不齐。卖家在头程物流的选择上，既要考虑自己的资金周转和发货时效要求，还要衡量物流服务商资质，选择可靠的物流服务商合作。

通常可供卖家选择的 FBA 头程物流有三种：商业快递、空运和海运。

商业快递主要是指四大快递（DHL、UPS、FedEx 和 TNT）的服务，商业快递时效快、服务好，但运费单价也比较高。大部分卖家在选择商业快递时，往往首先看中的是其发货时效的优势。

空运也叫空加派（空运加派送）、专线物流等，是指一些物流公司自行和航空公司签署合约，以租赁航班舱位的方式，将货物运输到目的地机场，然后再经由物流商在本地的合作伙伴将货物送至 FBA 仓的服务。相对于商业快递来说，空运的发货方式时效稍慢，但运费价格比商业快递便宜。有一些物流公司会在目的地本地选择四大商业快递作为自己的尾程派送伙伴，所以市面上就有了一种类似于“空运+UPS 派送”的空加派模式。

海运发货的方式分为两种：散货和整柜。散货是指单个商家的货物数量有限，不足以装满一个货柜，在此情况下，物流商会将多个商家的不同货物汇总，多个商家共用一个货柜发货；如果商家的货物数量足够多，则可以选择正规的方式发货。但无论采用散货还是整柜的方式发货，运费成本都会远远低于商业快递和空运。海运发货方式的不利之处在于发货时效比较慢，以美国为例，海运一般需要 25 ~ 40 天，再加上到港后的清关和尾程派送，需要的时间就更长了，这对卖家的资金周转情况是非常大的考验。采用海运的方式发货，物流商一般会有最低货量的要求（比如某些货代会要求不低于 2 立方米），再加上单证费、提货费、打板费、派送费等，如果货量过少，对卖家来说，海运的发货方式并不划算。

卖家在实际运营中可以搭配使用以上三种发货方式，以合理的分配和搭配，既要保证发货时效，也要尽可能降低 FBA 头程的物流成本。根据实践经验，如果操作得当，FBA 头程的物流成本可以降低 30%左右，从而达到提升销售利润率的目的。

11.1.6　FBA 撤仓的三种方式对比

在使用 FBA 发货的过程中，卖家可能会因为各种原因对部分产品做撤仓处理，关于 FBA 撤仓，我们需要注意的事项有哪些呢？

通常来说，撤仓的原因有以下几种：①物品长期滞销，造成仓储费过高，通过撤仓降低仓储成本；②Listing 被移除，产品无法再销售，必须撤仓；③FBA 头程中的损坏无法销售，或客户购买后退货回来但原包装破损无法二次销售，只能撤仓。

当卖家进行撤仓操作时，亚马逊系统给了三种选择：①Ship-to address（发往某个地址）；②Dispose（弃置）；③Liquidate（清算变现）。

如果你的库存数量较多，货值较高，可以选择第一种处理方式，添加你希望撤仓的地址，然后创建移除订单即可。亚马逊通常会在你创建移除订单后 10 ~ 14 天将你申请撤仓的货品发往你填写的地址。当然，遇到 FBA 仓繁忙的时候，撤仓处理时间会变长。

如果你的库存数量不多，货值较低，觉得撤仓麻烦，甚至撤仓出来后既没有用处又无法销售，但如果将这些货品长期放置在 FBA 仓则会产生仓储费，平添额外的费用，对于这类产品，卖家可以直接选用第二种方案——弃置。如果选择弃置，卖家则无需填写撤仓地址，只需要勾选对应的产品和数量，创建移除订单即可，剩下的工作就由亚马逊 FBA 仓的工作人员处理了。

撤仓的第三种选择是亚马逊最近新增的一项服务，可以简单地理解为亚马逊赔你点钱，然后库存归亚马逊处置。需要注意的是，这个方案仅仅是针对可售库存的商品，而且只针对亚马逊精选的部分产品，并不是所有的产品都适用。另外，亚马逊不会给予太高的回收价格。

综上所述，如果你的库存数量多，最好的方案就是第一种，对于少量的不可售产品，可直接选择第二种方案弃置，如果产品可售且没有其他渠道可以处理，卖家不妨尝试第三种清算变现的方式处理。

当然，对于前两种处理方式，亚马逊都会按照标准收取一定的处理费用，而清算变现的方式则是免费的，一旦可以操作，亚马逊并不会再收取其他处理费用。

11.2 新手卖家有必要采用 FBA 发货吗

很多亚马逊新卖家提到 FBA，首先会问的就是“我是新卖家，可以采用 FBA 发货吗？”“我跟卖别人的 Listing，可以采用 FBA 发货吗？”“我现在刚起步，备不了很多货，FBA 发货有最低数量限制吗？”“FBA 是怎么收费的？费用是不是很贵呢？”等等，借着这些话题，我们聊聊 FBA 发货的相关事宜。

首先，亚马逊 FBA 服务是对所有亚马逊专业卖家开放的，只要你在亚马逊上申请了卖家账号，发布了 Listing，无论是自建的还是跟卖的，即便你是刚刚注册的账号，都可以采用 FBA 发货，只需要按照 FBA 发货的操作要求进行，这一点大家不用担心。

FBA 发货有数量限制吗？答案是否定的。卖家可以根据自己的实际情况规划每次的 FBA 发货数量。对于刚起步的新卖家，如果可用资金有限，那么每款产品备货数量可以少一些，以小批量多批次的方式发货和补货，即便你单款产品只发一个，只要你自己觉得划算，FBA 仓的签收和上架都不会有任何问题；当然，如果你的资金充裕，产品也不错，市场预期也比较乐观，预计会有较大的销量，那么多发一些也无妨。

当然，亚马逊为了避免一些卖家盲目发货，占用 FBA 仓位，对不同的卖家账号的可用仓储数量设置了上限。对新账号来说，标准尺寸以内的物品，前期的总仓位数量是 5000 件，超大尺寸物品的总仓位数量是 500PCS，这个额度会随着卖家在 FBA 仓库物品的销量变化而逐步提升。如果某个卖家销售的产品全部是超大尺寸，而 500PCS 的库容又明显不够，在这种情况下，卖家可以直接联系亚马逊客服，讲明自己的实际情况，申请提升仓容。

新卖家有必要采用 FBA 发货吗？从基本层面上来说，亚马逊并不强制要求卖家使用 FBA 发货，所以即便你不使用 FBA 也是没有问题的，但从账号维护和长期运营的角度来说，采用 FBA 发货的方式则显得非常有必要。作为使用 FBA 发货的卖家，你的货物放置在亚马逊的仓库，平台不会担心你是否会有欺诈不发货的行为，因此可以降低平台对你作为卖家可靠性的担忧，所以 FBA 发货对于维护账号安全很有帮助，可以减少账号 Under Review（被审核）的概率。同时，作为卖家，自然是以获得更多的销量为运营方向的，平台的统计数据显示，在各项指标都相似的情况下，采用 FBA 发货比自发货的卖家在销量上会有 40%以上的提升。

那么，FBA 的费用贵吗？卖家会因为采用 FBA 发货而流失利润吗？答案是否定的。

FBA 的费用大概包含仓储费、订单处理费、分拣包装费、称重处理费，以及一些其他杂费。

仓储费包括正常仓储费和长期滞销仓储费。正常仓储费几乎可以忽略不计，长期滞销仓储费随着放置仓库时间越长，单位费用也会越贵。

订单处理费按件计费。

分拣包装费和称重处理费按货物大小和实际重量计费。

其他杂费主要是一些个性化服务的费用，如转运、销毁、特殊包装等。

关于各项费用的收费标准，亚马逊卖家可以登录账号后，在卖家中心右上角的 Search（搜索）栏输入 FBA Fee Schedule（FBA 费率）查询，再结合自己产品的实际状况确认核实即可。

虽然 FBA 发货的费用相对于自发货来说，尤其是对于小件产品，费用可能贵了不少，但一般来说，采用 FBA 发货的产品售价普遍比自发货的同类产品要高出很多，抵扣了 FBA 的各项成本之后，利润往往会比自发货更高。而对超大件的产品来说，FBA 甚至显得更有优势，各项费用核算下来，卖家可能发现 FBA 成本甚至会比自发货更低，利润率更高。

所以，对卖家来说，采用 FBA 发货绝对是利大于弊的选择。

11.3　FBA 操作中的注意事项

FBA 本身就是亚马逊店铺运营非常核心的一项内容。对卖家来说，对 FBA 相关事项的考虑应该是从选品就开始的。

根据 FBA 的规定，有些产品，比如易燃易爆品，FBA 是不接受入仓的。在选品之初，一旦你确定要以 FBA 发货的方式运营，那么首先需要确定你的选品是否符合 FBA 入仓规定。

除此之外，FBA 发货也许更适用于某些比较重的产品，比如，以邮政小包的方式自发货，那么重量超过 2 千克的物品就会比较尴尬。因为超重，邮政小包不可选，快递运费又贵，所以很多卖家也许会听到一些歪理，比如不要选单品超过 2 千克的物品等，但如果你有好的产品，即便单品比较重，采用 FBA 发货，竞争优势甚至会更加明显。

除了选品时对 FBA 方面因素的考量之外，在创建 Listing 时，同样要把 FBA 相关事项考虑在内。

通常情况下，我们在创建 Listing 时，一般默认的是自发货的创建方式，创建完成后，检查 Listing 各方面细节没有问题，这时才转化为 FBA 发货的方式。但需要注意的是，对于自发货的产品，也许你可以在重量和尺寸的填写上随意一点，但对于想采用 FBA 发货的产品，在产品发布时，最好做到重量和包装尺寸填写精准，因为这会影响后续转化为 FBA 发货后的费用，重量填得太轻，体积填得太小，FBA 仓库自然会在入仓时重新核算，但如果你发布产品时粗心大意，把重量填多了，体积写大了，FBA 仓库没有做二次校对，恐怕会多收取你的费用了。我们自己的团队就曾遇到过同一产品所创建的两条不同的 Listings，因为重量填写失误，而造成 FBA 费用差别很大，如果不是发现后向亚马逊客服申诉得以退回的话，那就真的是白白造成不必要的损失了。

卖家开始安排 FBA 发货时，需要注意分仓与合仓的设置。在 FBA 发货设置中，系统默认的是分仓发货，在分仓发货的情况下，亚马逊系统会根据产品的预测销售分布情况，将你的产品分配到一个仓、两个仓，或者三个仓。这样的分仓方式，对卖家来说随机性很大，往往会出现原本打算一票件发走的货被分成三个不同的仓，目的地不同，且单批货物重量变小，会造成运费过高的情况。遇到这种情况时，卖家可以根据计划的发货数量，把分仓造成的运费增加和合仓的方式发货所产生的合仓费用对比，选择成本更低的方式。具体的合仓费率表，卖家可以通过卖家中心后台右上角的 Search 栏搜索查询。

创建 FBA 发货计划时，卖家需要打印两个标签：产品标签和外箱标签。

产品标签可以在生成 FBA 计划的过程中，按照实际发货数量打印，也可以在库存管理页面，勾选出相应的 Listing，在上面的菜单栏里选择 Print Labels 的方式打印。经由亚马逊系统打印的标签里会带有产品标题，该部分的文字可有可无，卖家可用编辑软件对标签上除了条码之外的内容排版调整。另外，由于各国海关都有货物需带原产地标签的规定，所以如果卖家的产品本身没有带原产地标签，可以在打印产品标签时，在合适的位置添加 Made in China（中国制造）字样。

在贴产品标签时，卖家还需要注意的一点是，如果你的产品原包装上已经带有其他的条码，需要在贴 FBA 产品标签时想办法把原来的条码覆盖掉，如果一个产品上出现两个条码，FBA 入库扫描上架过程中容易产生失误，甚至识别不了。

对于外箱标签，需要卖家根据实际装箱数生成并打印，外箱标签生成的过程中，会有重量和尺寸的填写框，卖家可以按照实际填写，也可以不填写，但无论填写与否，包装后的单箱重量不可以超过 50 磅，否则可能会因为超重而导致入仓延迟，甚至被拒入仓。打印出外箱标签，分别贴在每一个外箱上，发货前的准备工作就基本完成了。这里给个小小的建议，建议外箱标签可以多打印几份，分别贴在不同箱面上，这样做可以避免因外箱标签在运输途中损害而导致识别不了、入仓延误的情况发生。

采用 FBA 发货的卖家，在每次创建发货计划时，还可以把泡货和重货搭配发货，这样做可以适当降低因为体积过大而带来的额外运费支出。

11.4 采用 FBA 发货时，你该有的心理准备

当账号因为自发货时效跟不上或者有效订单追踪率不达标而导致账号受限时，卖家开始考虑采用 FBA 发货，这个大多数卖家习以为常的发货方式，对尚未开始采用的卖家来说，还是有蛮多纠结的。

首先，很多卖家会担心资金周转率的问题。FBA 发货意味着需要提前将货物备好并发至 FBA 仓，这对资金量较少的卖家来说，无疑是多了很多压力。

其次，有些卖家担心万一货发去 FBA 仓库后，如果账号受限了，或者销售不理想，货物卖不出去怎么办，对运营风险的担心制约了这些卖家采用 FBA 发货的积极性。

再次，惰性使然。有些卖家习惯性地觉得应该先采用自发货的方式销售，等到热卖之后再转为 FBA 发货，他们的逻辑是这样可以提高成功的概率。殊不知一个产品销售得好与坏，和选品有关，也和运营有关，发货方式同样会有影响，但选择最低水平的自发货方式运营，其效果肯定也难达到理想。

在当前亚马逊平台上的整个销量中，有超过一半的订单是经由 FBA 发货的，这意味着如果一个卖家采用自发货的方式运营，那么在起跑线上已经落伍了。试想，一个本已落伍的卖家，能有多少机会在竞争中取胜呢？

与其自己找借口，不如狠下心来直接以高标准要求自己，把 FBA 发货作为运营的标配。这样做运营，效果会更好一些。虽然采用 FBA 发货并不意味着可以赚得盆满钵满，但 FBA 发货的 Listing 可以获得更多的曝光、流量和订单，这却是不争的事实。详细研究后你还会发现，FBA 发货的产品，其利润一般都会高于自发货的产品，

既然所有的指向都表明 FBA 发货可以有更多的优势，还有什么理由要拒绝采用 FBA 发货呢？！

当我们选择采用 FBA 发货的方式进行亚马逊店铺的运营，我们还应该注意以下这些方面。

第一，产品不涉及侵权。这里的侵权，包括跟卖 Listing 可能涉及的商标侵权，包括自建 Listing 可能涉及的品牌侵权，还有设计专利、外观等方面的侵权。因为一旦产品涉及侵权，被投诉或者被系统检测到，轻则 Listing 被移除，造成库存滞压，库存处理不方便，重则还可能导致账号受限，得不偿失。

第二，产品品质要严格把关。对自发货的产品，当客户不满意时，卖家还可以和客户沟通，为客户提供解决方案，还可以随时暂停或者停止销售该产品，但对 FBA 发货的产品来说，由亚马逊客服直接负责处理，如果你的产品质量太差、功能太复杂、操作太麻烦，买家在向客服寻求帮助时没有得到有效的建议，那么都有可能导致客户申请退货、留差评等，造成账号绩效指标下降，影响账号的长期运营。

第三，FBA 头程发货时，卖家要注意轻重搭配，降低单位产品的物流成本。有些产品可能属于泡货，体积重大于实际重，导致发货成本很高。在这种情况下，卖家可以采取轻重搭配的方式发货，从而达到节省运费的目的。

第四，多种发货方式结合使用。快递方面可以采用 DHL, UPS, Fedex 等渠道，不同的重量段、不同的货代给出的价格会有差别，而空运相对于快递来说会便宜一些，如果采用海运发货，运费成本就可以更低。卖家在 FBA 头程发货时，要结合自身的资金周转情况和发货时效需求，把快递、空运和海运三种物流结合起来使用，从而降低物流成本，提升运营的利润率。

第12章

VAT税务相关事项

本章要点：

- 关于 VAT
- VAT 常见问题

12.1 关于 VAT

VAT（Value Added Tax，增值税）一直是困扰众多亚马逊欧洲站（以及 eBay 等其他电商平台）卖家最大的问题。

根据欧盟各国现行的法律法规，商家的所有销售，包括在网络上的销售在内，除扣取一个基本的免税额度，其他销售额都需要按照对应的税率纳税。但由于电商兴起时间较短，各国相应的法律法规不健全，在之前的运营中，很多卖家并没有严格按照税法制度进行申报和缴纳。最近两年来，欧洲各国政府（尤其是英国、德国）在 VAT 的收缴方面一直逐步完善，从针对电商销售的立法到要求电商平台共享数据和协助执行缴税等，一步步加强对电商缴税的管理和核查。

既然 VAT 税务问题迫在眉睫，我们就详细地了解一下 VAT 税务的相关事项吧。

VAT 是欧盟国家普遍征收的售后增值税，即货物售价的利润税。根据各国的现行税率，不同类目的产品收取的增值税 VAT 费率各不相同，但绝大多数的产品税率在20%左右。

销售主体要在欧盟各国销售，需要注册当地的 VAT 税号，申请到税号，卖家需要按照实际销售金额，按法律规定的时间进行税务申报。

以英国为例，英国的税法规定，VAT 需要卖家按季度申报，每个 VAT 税号每三个月需要向英国税务海关总署（HMRC）进行一次当季进口和销售情况的申报，结算本季度该 VAT 税号名下产生的所有 Import VAT（进口税）和 Sales VAT（销售税）。季度申报 VAT=销售税-进口税，销售税大于进口税则缴纳额外的销售税，反之则退返超出的进口税。

境外人士或境外公司申请的英国 VAT 税号，并不会产生当地公司税，只需申报和缴纳增值税即可。当然，如果 VAT 税务主体在英国当地产生费用，那么提供相关的单据可作为进项抵扣材料。对跨境电商卖家来说，退税主要是对冲当期的销项税。当然，退税的前提是 VAT 税号主体在清关时正确使用自己的 VAT 税号申报和清关。

如果符合退税条件，退税的形式有两种：①以支票形式；②退回到你的 VAT 账号里，当作余额留在下期需交销售税时抵扣。

卖家该如何缴纳 VAT 呢？

根据英国税务部门的规定，VAT 税号主体可以通过两种途径申请退税（进口税）

和缴税（销售税）：①使用英国税务部门的官方在线操作系统自行申报；②指定正规会计师代为操作。

之前没有缴税的卖家，按照当前的实际在 VAT 税务申报和缴纳时，税务部门会根据亚马逊平台共享的销售数据对所欠的税款追缴。所以，一个较高销售额的亚马逊店铺需补缴税款就可能非常庞大。

为了避免产生高额的税款，卖家在应对 VAT 税务方面，可以考虑以下方式。

如果是新的卖家账号，刚开始在欧洲站销售，没有污点记录，那么只需要按照上述申报要求中的方式办理税号，每季度按时申报和缴纳即可。

对于运营中的老账号、大账号，如果在之前的经营中一直严格按照税法规定缴纳税款，那自然也不受什么影响，正常进行即可。

对于已经运营很长时间却一直没有缴纳税款的账号，无论是否已经注册 VAT 税号，都要慎重考虑，卖家可以咨询自己的税务申报代理机构，核实需要补缴的税额。卖家还可以用新账号跟卖原账号中 Listing，依照新账号销售额的多少，按照法定的税务申报和缴纳要求，申报和纳税。

不管怎么说，VAT 的缴纳已是在所难免，计划长期坚守亚马逊欧洲站运营的卖家，且尚未申请 VAT 税号的，需要尽快行动（税号申请通常需要 2 ~ 4 周）；而已经申请了 VAT 税号的卖家，要及时添加 VAT 税号到亚马逊账号后台，并按照法律的规定申报和缴纳，以免被系统误伤，造成不必要的麻烦。

12.2 VAT 事务中的常见问题

为了便于大家能够更好地理解欧洲 VAT 税务问题，下面关于 VAT 事务的常见问答，供大家参考。

（1）卖家不添加 VAT 税号，不缴纳 VAT 后果会怎样？

答：根据英国税法规定，所有在亚马逊英国站运营的账号都必须添加 VAT 税号，并且必须进行真实、及时、准确的税务申报。如果故意延误，错误或虚假申报，都可能受到 HMRC 包括货物查封、罚款，以及向平台举报查封账号在内的不同程度的处罚。

（2）可以使用其他公司的 VAT 税号申报吗？可以多个账号添加同一个税号吗？

答：每个 VAT 税号都是唯一的，对应唯一的申报主体。作为卖家，应该申请属于自己的 VAT 税号。只有真实的 VAT 税号才是长期安全运营的基础保障，滥用或在多个账号中重复使用 VAT 税号会导致税务申报不清，容易受到税务部门的审查。多个账号添加同一个 VAT 税号，会导致亚马逊系统认为这些账号属于同一个经营主体，会造成账号关联，导致关联账号受限。

（3）使用货代的 VAT 税号清关有什么风险？

答：多个客户共用同一个 VAT 税号清关，会导致清关主体和自己不符，在随后的税务申报和缴纳时无法抵扣，即便当期销售税额小于进口所缴的 VAT 税额，也无法申请退税；另外，由于某些货代在税务申报时会有低申报等情况，如果被海关稽查，容易导致货物扣关等情况。

（4）我是一个小卖家，可以不注册 VAT 税号、不做税务申报吗？

答：不可以。按照英国现行的税法要求，凡是从事网上销售的商家，无论规模大小，无论销售主体是谁，都需要依法申请 VAT 税号并按季度申报和缴纳 VAT。

（5）若公司名称变更，可以继续使用原注册的 VAT 税号吗？

答：如果只是公司名称变更，而公司商业登记证等代码不变，卖家可以继续使用原 VAT 号码，卖家只需要提供新的公司名称以及营业执照，经由代理通知 HMRC 对该 VAT 税号做公司名称变更；如果是重新注册公司，公司商业登记证号码发生改变，此时需要重新注册新的 VAT 号码。

（6）注册后，每个季度都要交税，如果销售很少，每个季度都做零申报可以吗？不交税会有什么影响呢？

答：关于注册 VAT 税号后的申报与缴纳，卖家可以参考如下几种情况：①申请注册 VAT 税号后，即便没有销售，也需要每季度定期做税务申报，卖家可选择由代理代为申报或自行申报；②如果没有销售额，但当期有进口清关并产生进口税金单，税号主体需要做非零申报，税务部门会根据申报情况有退税项；③如果没有销售额，当期也无进口清关，可以做零申报；④如果有销售额，且当期有进口清关并产生进口税金单，做非零申报，进口税金单可抵扣，其中进>销，有退税；进<销，需补缴抵扣多出的销售税；⑤如果有销售额，但当期无进口清关，或有进口清关但无进口税金单产生，需做零申报，并缴销售税；⑥若申报后需要缴纳一定的税费，卖家需务必在申报回执下来后 7 个工作日内交税完毕，若延迟交税，HMRC 会在延迟日起按当期税额的 3%每日计算利息，超过 30 天后 HMRC 将出示法庭信件，后果严重的会起诉该纳税人。

（7）每个季度的 VAT 申报，需要卖家准备哪些材料呢？

答：季度税务申报所需的材料有以下几种。①进项单据，即进口增值税纳税文件；②C79 文件或物流公司提供的账单；③销项单据，即开具给客人的账单、PayPal 销售数据，或银行月度账单；④采购及销售数据，货品采购单据；⑤其他费用单据，即在英国当地产生的费用单据等。总之，材料的准备，越详细越好。

（8）有了英国 VAT 税号后，是否可以使用其他欧盟国家海外仓和 FBA 呢？

答：首先要强调的是，英国 VAT 税号是可以在其他欧盟国家清关的。但这种税务设计的前提是货物要转到英国仓储和销售。按照欧盟的税法规定，货物仓储在哪里就要注册当地的 VAT 税号。也就是说，一家中国公司注册的英国 VAT 税号并不能"合法的"使用欧洲其他地区的海外仓。

但让一家中国企业在欧洲各国分别注册 VAT 税号显然是不可能的，该怎么解决才好呢？最常见办法是 Distance Sales（距离销售）。比如，使用英国的海外仓，把货物快递到欧盟其他国家的消费者手里。

当然，这个销售额并不是无限的，每个国家的具体要求也有所不同，比如法国 2016 年为 35000 欧元，德国为 100000 欧元，超过限额还是需要在当地注册 VAT 税号。

（9）采用国内自发货直邮的方式可以避税吗？

答：根据欧盟的规定，货值低于 15 英镑和 22 欧元的货物入关时，免交 VAT。但并非单笔销售低于这个金额就免税，对于通过网络销售并邮寄通关的订单，包裹上不可避免地会出现客户的联系方式和地址，如果海关抽查并和收件人核对，则可能因为申报价值和实物价值不符而导致包裹被扣并被要求补缴 VAT。

（10）VAT 税号申请之前的税务是否应当补缴？

答：在申请英国 VAT 税号时，你应当诚实地向英国税务部门披露其所需的信息，并按照英国税务部门的要求，及时向英国税务部门缴纳 VAT 申请之前符合其 VAT 规定的应缴税额。

VAT 税务问题虽然来势凶猛，一些卖家的账号甚至因此而被移除销售权限，但该来的终究是要到来的。在新形势下，卖家如果能够调整思维定式，在法律的框架下，合法合规地运营，说不定可以把门槛变成发展的契机，获得更大的发展。

第 13 章

亚马逊店铺运营手记

本章要点：

- 前期选品
- 产品发布
- 广告与优化
- 差评应对
- 乌龙事件
- 精进运营

本章是以我们团队一个真实亚马逊店铺运营案例为基础做的记录和讲述。在本书出版时，我根据当前亚马逊平台的新政策、新规则和新情况，结合当前平台上卖家常用的一些新的运营手法，对部分内容作了修正和补充。

运营手记围绕亚马逊运营的关键节点，除了不便于透露的商业信息之外，我尽量做到真实呈现运营的方法、技巧，以及卖家在运营中应该具备的思维逻辑。希望本章，能够给你的亚马逊运营带来实用的参考和指导。

13.1　运营开始

我们自己的电商团队共有十多个亚马逊账号，本运营手记记录的是一个店铺从零开始运营打造的过程。

我带队两名新员工，拿出一个新店铺，从零基础、新卖家的状态出发，开始了运营之路。我需要强调的是，负责该账号的团队是新的，两名员工也是毕业不久的新人，除了会一些基础的亚马逊后台操作之外，没有实操经验。如果一定要说我们和一般的运营团队有什么不同的话，那就是作为这个团队的 Team Leader，我有着多年的亚马逊运营经验。

当然，在后面的记录中，有些成果是运营起初就可以预期的，而有些情况则是不可预知的突发情况，以及我们团队在面对这些情况时做出的应对策略和方法。为了能够帮助大家更好地理解一个亚马逊店铺运营过程中的各种细节，我尽量把我们打造过程中所做的各种事项及背后的思考真实呈现给大家，也期望能够给大家带来一些运营上的启发。

店铺状况：一个运营了半年左右的小店铺，月销售总金额徘徊在 2000 美元上下，店铺里有 5 款产品，产品是先前的员工凭感觉选择的，未经严格的市场调研，所有产品都是采用 FBA 发货。因为两名员工都是新人，只会基本的操作，尚未形成运营思维，更多的还处在客服工作的思维模式。

当前配置的两名员工，都还有其他的事情安排，在此店铺的运营中只是部分参与，我自己也有其他很多日常事务要处理，所以也只有部分时间和精力用于本店铺的运营。打理一个刚起步的亚马逊店铺，我认为一个专职的运营人员就足够了，由于我们的团队都属于兼职，但三个人各自分工，也可以满足当前的运营。

店铺运营思路：第一，坚持以自建 Listing 的销售方式，不跟卖；第二，从长期运营的角度进行全新类目的选品，因为当前店铺里的产品上架时并没有经过甄选，销量低、利润低，所以打算在新品上架后，逐步淘汰当前的产品；第三，结合当前平台上有一半以上的订单都是经由 FBA 发货的实际情况，自发货有先天不足的缺陷，在平台的各项排名中权重低，所以本店铺将全部采用 FBA 发货；第四，在产品品类确定后，将注册商标并做 GCID 商标备案，以使后期销售中不被别的卖家跟卖；第五，初步准备的店铺运营资金为 5 万元人民币。

一件事情成功与否，执行力是最重要的。基于上面的运营思路，我和团队成员开会商定，因为店铺运营的基础是选品，重点也在选品，所以我要求在刚开始阶段，团队三人组全部都参与到选品中。

因为是全新的打造，为了确保后续运营中所选的产品能够既有足够多的销量，又有足够大的利润空间支撑后期投放广告的成本，我给出的要求是，从亚马逊平台上的热卖产品中选择，产品价格区间以当前平台上售价在区间 10 ~ 30 美元最好（因为要尽可能控制在 5 万元的运营资金范围，如果单价太高，运营开始后容易出现断货的情况，或者需要补充资金）。

我要求两名助理每天挑选出不少于三款产品给我过目，然后团队开个简短的选品讨论会。因为定位于从零开始，在选品方面我没有做品类方面的限制和要求，因为一旦做了要求，可能束缚了团队成员的思维。我的想法是经过几轮选品讨论之后再确定店铺的类目方向，当前要做的是让每个人接触尽可能多的类目和产品。

在选品上，我自己花费了大概四个小时，查看了 10 多家店铺，看了大概 30 款产品。晚上下班前收到助理们发来的选品清单，我又做了进一步的筛选。

一名助理选择的是航模类产品，虽然当前平台上有卖家销售得挺好，但这一系列的产品潜在问题较多，就我们现有的资源来看，供应链资源不具有优势，考虑到后期还要做店铺的品牌，而这一系列的产品品牌相对固定，对非专业类卖家来说，操作不方便，所以直接舍弃。当然，舍弃的原因还包括航模类产品体积大，属于泡货，运费所占的成本会比较高，另外，航模类产品操作相对复杂，零件、配件较多，复杂的产品往往更容易出现各种纠纷和差评，不利于店铺的绩效表现。

另一名助理的选品和我的选品方向一致——家居类目，我们团队之前并没有涉及这类产品的销售，但该类产品属于消费者日常刚需产品，大部分消费者对此类产品品牌意识不强，更多的是在意产品的功能。当前平台上家居类目是一个不错的类目，市场容量比较大，发展空间大，天花板高。

初步选定三款产品，根据对竞品的 Review 总数量和近期 Review 数量分析，并且通过添加购物车测试销量，再根据店铺最近 30 天 Feedback 数量的反向推算，我评估这些产品的销量还不错，BSR 排名前十的卖家日销量大概在 200 单左右，基本上符合我们运营的预期。

选品的方向确定，品类也确定了，安排助理联系了商标代理机构，确定了商标和品类，签合同，汇款，下午六点，完成了商标注册前段的事项。

为了赶进度，我们无形中对执行力的要求就更高一些。一旦决定就快速行动，行动可以不完美，但不能不完成，这是我给团队成员反复强调的。

用了两天时间，在阿里上找了十多家供应商，逐一询问和比较，并且还实地考察了一家距离比较近的供应商。和供应商洽谈了丝印 Logo 的相关事项，在 1688 上拍下了首批确定的三款产品，一款需要定制，另外两款选用供应商有现货的产品。对现货的公模产品，我打算在产品的合适位置贴我们自己的 Logo 和别的卖家做区分。

需要说明的是，两天选三款产品的速度确实有点快，但由于我们的计划安排，为了赶上进度，前期的推进就得稍微快点。另外，虽然说是零基础，但凭借在行业沉浸 10 年的经验，对产品的直觉还是让我比小白卖家要多一些优势。

运营第一阶段，为了首批三款产品的筛选，我先后耗时约 12 个小时，这还不包括助理们的投入。选品工作真是一件非常耗时的事，因为决定到后期运营的成败，一定要认真对待，多方论证。

13.2　选品进行时

虽然经过前一阶段的海量选品评估后，我们确定了经营的类目，也初步选定了几款产品，但选品工作是贯穿运营始终的重要模块，我和两名助理，在后续的运营中，从来没有停止过。

关于选品，我想说的是，对中小卖家来说，我建议最好以结果为导向进行选品。我这里说的结果是指亚马逊平台上现有的销量状况。如果一个产品当前在平台上销量好，可以优先纳入你的选品范围，而如果别的卖家销量都不太好，那就直接过滤掉吧。我不建议卖家用所谓的“听说张三卖某产品赚了很多钱，所以我也打算卖”的思路，相对于道听途说，平台的销量数据更有说服力。

有些卖家担心所谓的竞争，这个产品竞争激烈，所以我不选，我要找一个竞争热度低的产品，如此等等。说实话，每个人都想找冷门产品，每个卖家都想开发蓝海市场，可是在当前如此开放的平台上，信息几乎零障碍传播，任何一个卖得好的产品，可能瞬间就传遍了卖家圈，想找到冷门爆款产品，谈何容易？！

初步确定产品只是运营的第一步，作为卖家你必须明白，亚马逊平台对产品品质的要求非常严格，一条 Listing 如果被客户投诉品质不好，很容易就会被下架，甚至被删除，那就意味着你前期投入的精力和资金都白白浪费了，已经发到 FBA 仓的库存也不能再继续为你带来利润，反而成了硬生生的滞销成本和无穷无尽的麻烦事。所以，产品品质是选品后要重点把关的第一要务。

为了做好品质的把控，我拜访了最近的供应商，结合产品的实际，对品质做了一个初步评估，对于无法亲自参观工厂的，我们分别下了样品订单，需要看到样品之后再做决定。

在整个店铺中我们计划打造十款不同的产品，产品之间会有相关，但彼此也截然不同。同时，基于资金量方面的考虑，我们也会尽量避免选择多属性产品，如果产品有多色可供选择，我们只会选择最热卖的颜色销售。任何事物的发展都具有“二八定律”效应，抓住关键的 20%很重要。有多色可选的产品，一般只是其中某一两个颜色销量较好，即便 Anker 最热销的唇膏款式的移动电源都是如此，我们又何必要面面俱到为不热卖的颜色占压更多的资金成本呢？

“百鸟在林，不如一鸟在手”，我觉得对小卖家来说，必须集中资金于一点，打造出自己独特的优势，而我现在，正是一个小卖家的身份。

因为总共要选出十款左右的产品，所以这段时间精力基本都放在选品上，感谢两位同事在选品中不拘泥于固有产品线的束缚，虽然选出来的产品未必每个都适合，但他们的选品确实带给我不少新思路。

几乎每一款产品的确定，我们都研究了不少于十个同行卖家，包括竞品的 Listing 详情、店铺规模、卖家体量、产品好评率，通过最近两个月的产品 Review 数量评估了该产品近期的销量，还通过添加购物车的方式进一步评估了竞品的日均销量等。这些内容写下来就这么几句话，但要想在实际运营中确认清楚，却是既烦琐又耗时的，需要做大量的工作。

任何细节评估不到位都可能造成评估数据与实际市场状况的巨大偏差，大的偏差会导致运营失败，所以在选品过程中，我们要尽一切可能还原接近于准确的数据。

上面我讲到的关于对市场容量和销量的评估方法，我在很多场合分享过，可是很多人觉得操作起来太烦琐，总想找捷径。可成功哪有捷径，如果一定说捷径，那就是当别人都在热衷找捷径的时候，你更专注地把细节做到极致。

选品还在继续。订购的样品陆续到货，下一步需要对每个样品的品质评估，也许在看到产品实物的那一刻，你会有新的思考，对产品的认识会发生巨大的变化。是的，选品的实际就是这样，不到最后一刻，没有定数。

一切都在按部就班地推进，我知道只有大量的行动才能追上先行者，才能把现阶段旗鼓相当的卖家甩到身后。大量行动！

13.3　产品发布准备

最近一周，样品陆续到货，在对样品进一步筛选的基础上，批量采购的产品也有几款到货，注册的商标已经可以在美国商标局网站上查询到，前期工作进行了一半。

在批量采购的产品中，有直接丝印 Logo 的，也有产品因为采购数量较少，达不到供应商的定制标准而未能丝印 Logo，所以我们订制了独立的 Logo 标签，针对不同的产品贴标。

产品上印制 Logo 和注册商标一样，在当下阶段只是为了和别的卖家的产品做区分，避免销售过程中被人跟卖，而对于贴 Logo 标签的产品，虽然不是完美方案，但也是当前可选的能够有效实现产品差异化的方案了，中小卖家在前期都可以这样操作。

美工拍照和处理图片还在进行中。

对于已经确定的产品，眼下需要做的就是产品发布前的准备工作，也就是 Listing 的前期编写和优化。

通常来说，发布产品前，亚马逊运营需要做好以下几方面的工作：产品类目确认（是否进行分类审核）、产品图片（1 张主图+6 张副图）、Listing 标题撰写（关键词+美感修饰词）、价格制订（标准价+折扣价）、库存数量、五行特性（Bullet Point）和产品描述的草拟、关键词的收集与整理等，常规的 Listing 优化的内容在产品发布前都要准备好，一个都不能少。

产品类目确认是为了选择合适的类目，不至于因为使用不当的类目而影响 Listing 的表现，发布类目错误甚至还会被平台视为违规。在发布产品前，做类目确认，也是为了知道自己的产品是否需要做分类审核，毕竟有些类目（如美妆类产品），产品上架之前是需要做类目审核的。这些工作，已经交由同事确认了，当前所选的产品都不需要做分类审核，倒也省去了一项麻烦。在产品类目确认的过程中，还需要进行的一项工作是下载对应类目的批量上传库存模板，不同类目的产品上传所使用的库存模板不一样。所以，这也需要提前准备。

网上购物一直被认为是“看图购物”，产品图片的重要意义不言而喻。我们选取了当前同类产品中卖得比较好的几条 Listing 的图片做参照，把图片样板发给美工参考，能够拔尖的就拔尖突破，无法突破的至少也不能低于竞争对手的图片水平和视觉效果。关于产品图片，最忌讳的是闭门造车，仅凭想象的完美图片往往会导致销售过程中的被动，所以，我对同事的要求是，图片拍摄和后期美工一定要在参照和对比同行的基础上进行。

Listing 标题设置方面相对来说是比较花费心思的。一个产品之所以能够出现在消费者的搜索结果中，然后吸引客户点击，Listing 的标题起到相当大的作用。Listing 标题首先需要包含产品关键词，以便系统可以抓取到。标题不能仅仅是关键词的堆砌，一定要在关键词之外，能够突出产品特色、独特的亮点和差异化的卖点。另外，标题读起来要有美感，要能够朗朗上口，要比竞争对手的标题更有吸引力。

我一直觉得，竞争对手才是最好的老师。我们的做法是，选取当前卖得最好的十条 Listing 的标题，全部复制下来，放在一份文档中，先提取产品的核心关键词。然后，逐个过滤发掘它们的独特之处，同时考虑自己的产品是否具备同样的特性，有的保留，没有的删除。最后，反复查阅对比各个标题，看哪种结构更好。通过上述对比，我知道自己提炼出来的标题至少会是中等偏上的水平。如果随后在实际销售过程中发现标题写得不够好，我们还会做适当的优化调整。

虽然有些卖家会找英语当地人士协助做标题和产品描述的撰写工作，但我的理解是，当地人士虽然懂语言，但未必懂产品，最懂产品的，一定是你自己。所以，在 Listing 内容的撰写上，一定要自己先来，如果正好有熟识的英美当地的朋友，可以让他们在自己撰写的基础上稍做修正。卖家自己撰写可以确保专业，英语当地人士可完成地道。

关于价格的设置，虽然亚马逊系统可以设置 MSRP、Price 和 Sale Price（折扣价）三个价格，但一般而言，设置 Price 和 Sale Price 即可，折扣价格的设置，让价格显得更有节奏感，同时也满足了消费者期望打折的心理。当然，作为新建的 Listing，我深知价格这个最能触及消费者心理要素的重要性，所以我们的 Sale Price 还是比较有竞争力的。

关于库存数量，因为要 FBA 发货，最终展示的数量就是 FBA 实际入仓数量了。一般来说，数量太少会影响产品排名，所以建议单次发货数量不要太少。

五行特性：我采取的是通过参考同行的 Listing 和相似 Listing 的买家评论，提炼出五个特性点，同时每个特性再抓取三个单词作为核心卖点，以核心卖点词语作为每个特性的开头，每个特性点的字数在两行半左右，这样的搭配，从页面上看有美感，易于消费者阅读，从内容层面来说，也抓住了消费者的关切点，直击消费者的内心，可以提高消费者购买的可能性。

产品描述：相同的产品，大部分的产品描述是相同的，所以竞争对手已经提供了很多的产品描述模板可供参考。当然，不同的卖家英语水平有差别，在借鉴的同时我们做了甄选和修正，这里就不再多说了。需要强调的一点是，为了让产品描述显得整齐大气，粗体和换行这两个 HTML 标签一定要用好。

我一直觉得，ST 关键词是除了标题之外 Listing 优化中非常重要的一个模块。但关键词是隐性的，我们无法查看竞争对手的设置（当然，借助于某些付费的第三方工具是可以查看到竞争对手们的 ST 关键词的，我在本书最后的章节列举了卖家的常用工具）。这不是难题，在我们团队对数十条 Listings 的剖析中，早已对产品相关的各个细节了如指掌，关键词的收集和筛选自然不是问题。

就关键词的设置来说，提供两点建议供大家参考使用：第一，尽量不要或者少重复，包括不要和标题中的关键词重复，以及不要在关键词之间彼此重复；第二，尽可能包含多一些词语，比如精准关键词、宽泛关键词、长尾关键词，以及一些趋势性的词语。

这是我们在产品发布前做的准备工作，把上述内容提炼出来，用一个文档整理好，自己可以反复阅读，多次修正，让 Listing 的内容全面且具有吸引力。另外，也可以把自己写好的内容给身边的同事帮忙检查，根据同事的建议，做出调整和补充。

我不知道别的卖家在 Listing 发布和优化是怎么做的，但至少，我不建议卖家直到发布产品时才开始这些工作，那样的话很难提炼出一个优秀的产品信息。虽然Listing页面的优化没有绝对统一的标准，也没有谁能达到所有人眼中的完美，但只有用心准备，才能做得更好。

13.4 优化应在发布前

曾经听一个网友讲述自己的日常工作安排，老板要求他每天开发并发布不少于十款产品。此话真让我瞠目结舌，但细想之后，似乎能理解该老板的用心良苦。

在亚马逊平台上，有不少卖家，尤其是从其他电商平台转型到亚马逊的贸易商卖家，经常会选择多SKU铺货的方式运营，在这部分卖家的认知中，只要发布的产品足够多，东边不亮西边亮，总有卖得好的产品，即便每个SKU销量不多，加总起来，店铺的销量应该很可观了。

但亚马逊平台还真不同于其他平台，多SKU铺货且能够做得好的店铺，是非常鲜见的，亚马逊的运营更倾向于少SKU的精品化打造，我们经常可以看到一些专精于一个品类进行专卖运营的店铺，凭借其“小而美，专而精”，反而做出了不错的业绩。

回到开头提到的那位老板，应该代表着转型中的企业主，自己可能并不懂跨境电商，至少是不懂亚马逊平台。那么，对员工的指导和引导就会有限，为了追求业绩，就按照固有的思维要求员工大量铺货，但这恰恰步入了误区，员工辛苦劳累，业绩却未必会有太大的起色。

与之对应的是，在亚马逊平台上还有另外一些卖家，他们从制造商转型过来做跨境业务，他们拥有品质优良的产品。同时，由于生产转型不便，成本高，干脆就专注于自己的产品，反而能够运营得很好。

我就遇到过拥有实体工厂的学员向我展示他们的销售业绩报表，参加完课程后才开始注册账号做亚马逊，从零基础开始运营，中间也遭遇过各种烦琐事情的困扰，但一步步向前，经过短短几个月的运营，销售额已经达到了日均1万美元以上，而他们经营的正是自己工厂生产的产品。因为没有其他选择，只能铁了心地往前做，心无旁骛，反而更容易取得成绩。

很多成功的卖家都非常认可一种观点：选品制胜。

选品的好坏，在很大程度上会影响一个店铺运营的好坏，而选品确定后，产品发布前的细节准备则成了至关重要的工作。

在亚马逊运营中，相信很多卖家都会为产品发布一段时间后无法再优化编辑而苦恼，也会为某次 Listing 调整后产品的流量、销量和排名纷纷下降而懊恼，是的，亚马逊平台会对产品编辑权限锁定，所以你无法做到随时都可以进行 Listing 编辑调整，而已经上架的产品，每次调整都还可能因为 Listing 权重下降而导致排名下滑，所以卖家也不应该高频次的调整。既然如此，何不在产品发布前，把优化工作做得尽可能完善呢？

对很多经验丰富的亚马逊运营来说，在新品开发阶段所花费的时间和精力都非常大，一个月只能够开发一两款产品，从产品选择到产品页面内容的编辑，每一步都进行得非常慢，因为他们深知：慢工出细活！

在 13.3 节中，我讲到了为产品发布所做的准备工作，但那些工作都不是可以一次性完成的。在选品和上架阶段，几乎每天，我都会针对一款产品，查阅不少于十家竞品的 Listing 页面，对所有卖家的产品图片进行比较，然后向美工反馈各种诉求，对 Listing 标题反复筛选，对五行特性做出核对，对产品描述梳理规划，对关键词也要归纳整理，不一而足。

可以这么说，产品没有发布之前，我们已经对产品做了不下几十次的优化，有时候看一遍下来，修改的仅仅是一个标点符号，有时候读一遍下来，调整的仅仅是一个单词的顺序，即便如此也未必能达到完美，但所有的付出都是为了在能力范围内做到最好。

运营经历了 20 多天，产品还没上线，似乎进展有点慢，但前期的慢是为了后期的快。值得庆幸的一点是，我们在同时推进四五款产品，多任务并行是一种加快工作进度的方式，对当前的运营来说，算是在时间上的一种争取吧。

13.5　产品发布中的注意事项

正如前文所说，在产品发布的准备过程中，我们团队进行了大量的筛选，做了细致的准备工作，尽可能地做好每个细节。虽然 Listing 优化是一个持续的过程，需要贯穿运营的始终，但如果前期准备仓促，后期的优化充其量只是修修补补，这就好比在地基不牢的情况下搭建的房子，修补必然有限，所以我更相信前期充分准备的价值。

经过前期反复的优化调整，美工那边图片也做好了，运营这边 Listing 发布的内容也调整完成了，发布前的准备工作完成，开始准备发布产品。

亚马逊上的产品发布通常有两种方式：后台单个上架和表格批量发布。

后台单个上架的发布方式，虽然简单直接、易于操作，但缺点是某些产品不能找到精准匹配的类目路径，这样会造成 Listing 分类不够准确，可能影响后期的流量和排名。后台单个发布的产品，因为无法将 Listing 信息下载下来，也会给后期的工作造成不便。

表格批量发布可以解决后台单个产品上架中类目路径不精准的问题，能够匹配到你的产品所对应的精准细分类目，从而确保产品可以获得更多的曝光和流量，便于产品信息保存，后期想批量编辑或者下载都比较方便。

当然，对新卖家来说，由于库存表格模板的内容看起来复杂，表单填写过于琐碎，多多少少还是蛮让人不爽的。但不管怎么说，为了后期的便利，我建议卖家还是应该尽量采用表格的方式发布产品。

两种产品上架方式各有优劣，新的亚马逊卖家不妨用两种方式分别发布几条，自己对比一下，同时也熟悉一下两种上架方式的差别，毕竟，这也是作为一个亚马逊运营应该具备的基本功。

用表格批量发布产品时，我们把产品图片放置在 Photobucket 上，也有网友使用百度云、网易相册，或者用自有服务器的图片空间存储图片，都是可以的。还曾听一位朋友说，他们的图片是存储在 PushAuction 上的，听到此信息时，我是真心觉得耳目一新，不过再细想，也只是自己之前没有意识到 PushAuction 可以用作此番用途罢了，对于做过 eBay 的卖家，应该知道 PushAuction，在此我就不赘述了。

当然，产品发布过程中，为了产品描述美观大方，我们还使用了加粗和换行标签，相信很多卖家对此都很熟悉，在此也就不多说了。不懂的卖家，可以百度搜索学习，毕竟这也是在亚马逊运营中必不可少的技能。

产品发布的过程并不复杂，表格编辑完成，在卖家中心后台上传，根据一次发布 Listing 数量的多少，十分钟左右就可以知道上传结果了。上传成功的，在库存管理页面可以看到产品信息；上传不成功的，可以下载报表，对错误之处做出修改后重新上传。

当然，如果发布完成之后又发现产品信息填写失误或者页面不美观，那就重新回到编辑和优化的环节吧。

13.6　FBA 发货

发布产品的时候，首批选定的四款产品已经到货了，但产品发布之后，我们并没有急切地采用 FBA 发货。在前面的文章中我曾经写过，在产品发布前，我们已经做了比较细致的准备工作，并且对产品信息、标题、关键词等内容都做了多次优化，但即便如此，我并不能确保产品信息准确无误。

产品发布后，我们又用了几天时间，对产品信息进行了逐字的核对，包括图片是否美观、页面是否完整、标题是否个性突出、五行特性和产品描述的表现如何、打折促销价格的设置是否到位等。这些信息虽然说起来简单，但都需要精准表达和展示细节，如果前期马虎造成信息错误，在产品发布一段时间后被亚马逊系统锁定了编辑权，那么修改起来会比较麻烦，而如果采用 FBA 发货后发现产品描述和实际参数不符，就容易收到差评和产生纠纷。

所以，在发货前，我们重新对产品实物和产品页面信息做了核对，确保所有信息都准确无误。在反复核对中，我们又对产品页面进行了一些细微的调整，一切就显得比较让人满意和放心了。

一切完成后，把 Listing 转化成 FBA Listing。然后，根据现有的库存数量安排发货、生成 FBA 发货订单、打印产品标签和外箱标签，这些都是正常的 FBA 发货流程，不再赘述。

关于当前发货的这几条 Listings 的状况，我再做两点说明。

第一，正如我在前文所讲，当前运营的是一个基本全新的店铺，所以这几条 Listings 创建之后并没有立刻就有 Buy Box（购物车），但我并不担心购物车的问题，一般来说，FBA 发货的货物入仓后，以促销的方式，设置较低的价格，短时间内就会有订单，只要有了订单，只要账号表现良好，购物车很快就可以有的。

第二，关于商标，我们确认了选品方向后，已经在第一时间注册了商标，在首批确定的四款产品中，有一款是定制的，采购数量 1000 只，产品上直接丝印了 Logo，另外三款分别采购了 50 ~ 200 只，根据单价和销售预期，采购数量不等，因为采购数量小，厂家无法提供丝印 Logo，所以我们采用了定制标签贴到产品上的方式以达到产品的独特性。当然，我知道这样的方式和期望的产品标准还有一定的距离，但眼下来说，这是比较便利和低成本的一种方式。

谈完 FBA 发货的准备工作，我们接着谈谈产品品质检验方面的事情。

亚马逊卖家一定要对产品品质做出比较严格的把控。亚马逊平台的消费者对产品品质的高期望值要求卖家只有提供高品质的产品才能赢得未来，所以，在品质方面，卖家一定不要有凑合的心态，你的凑合和低标准，会遭到客户的投诉或者顾客直接留差评，品质方面的投诉会导致 Listing 被 Blocked 掉，而差评会让 Listing 排名降低、销量减少，这样造成的损失是巨大的。

我们要求仓库的同事对产品进行全检，无论是外观瑕疵还是功能缺陷，一律剔除出来，以严格的品质检验流程，把潜在的品质问题降到最低。

FBA 头程发货有很多方式可选：专线（空运+派送）、商业快递（UPS, DHL, FedEx）、海运等，卖家可以对比选择（读者可参阅第 11 章）。因为首批货量不多，我们选择的是商业快递的方式，又因为我们的产品比较小和轻，我们就直接以系统默认的分仓方式发货了。

关于 FBA 头程物流，我没有太多的建议，当前市面上货代公司有很多，良莠不齐，不能一概而论说哪个货代绝对好或者绝对差，服务好的货代可能价格比较高，而价格低的货代可能服务一般，所以建议卖家在选择货代时多接触几家，询问价格，比较服务，选择一家性价比较高的货代合作最好。

13.7 GCID 商标备案

在通常的商业活动中，注册商标多是为了品牌沉淀，但对大部分的亚马逊卖家来说，注册美国商标更多是为了做亚马逊 GCID 商标备案，保护自己的产品不被不良卖家跟卖。我在前文中写到，在选品前，我们就提前申请注册了美国商标，就是为了现在要进行的 GCID 商标备案。

坦白来说，和大多数卖家一样，我们并没有打造百年老店的想法。当前开发的这一系列产品，更多的是希望通过全面的准备，能够保证账号运营正常，能够实现盈利，而不至于因为选品粗糙、产品品质差而被投诉或差评，导致账号挂掉。同时，注册商标做 GCID 备案，是为了避免自己的热销产品被跟卖，导致竞争激烈、利润下降。

说到 GCID 商标备案，就不得不讲一讲商标注册的事情。

经常有网友提到，在某网站发现了多么便宜的商标中介报价。我理解确实有些中介的报价很便宜，也确实很快在美国商标局官网上查到商标注册的相关信息，但商标注册过程漫长，一般要十个月左右，提交注册申请只是第一步，还有一系列的工作需要跟进，比如提交信息时选择的分类是否精准，如果经验不丰富，未必能够做出准确的选择，又比如注册申请提交后，公示期内若有第三方发起异议，商标注册人就需要回应并补充提交资料，再比如即便没有人发起异议，商标局同样可能要求你补充提交资料等，这些工作，无疑都需要一家专业、正规的商标代理机构跟进和完成。

为什么要提这个醒，因为有网友向我反馈，在某网站上找人注册的商标，当因商标问题再次联系代理人时，发觉代理中介的店铺已经关闭了，用 QQ 联系，也被直接拉黑。

因为注册商标的进程会影响整个店铺的运营，我建议卖家选择正规的商标注册代理机构。至于价格，我坚信一分价格一分货，即便有些报价贵一点，你出了十二分的价格最后拿到自己需要的十分的货，远比前期出五分的价格，最后发觉商标没有注册下来竹篮打水一场空要好得多。然后，还要从头再来一遍。

GCID 备案在商标受理书下来后就可以进行了（按照 2017 年 5 月亚马逊商标备案的新政策，现在必须在拿到注册证书之后才能做备案），我们之所以没有把 GCID 备案放在前边做，首先是因为新建的 Listing 本身没有流量和销量，一般不会有什么人跟卖。其次，我们所有的 Listing 都是 FBA 发货，在货物入 FBA 仓之前，Listing 是不可售（Inactive）状态，所以备案与否无关紧要。

但现在货在途中，距离 Listing 上线越来越近，除了进一步选品之外，自然要把 GCID 备案完成了。

要做 GCID 备案，需要做好以下的资料准备：商标注册受理书（当前的要求是已拿到注册证书的商标），以商标为域名的企业网站，以商标域名为后缀的企业邮箱，带 Logo 的产品图片和包装图片等。你会发现，亚马逊要求卖家提交的这些资料其实就是为了证实你确实拥有这个商标，并且已经以此商标生产了产品。

准备好资料，在卖家中心后台直接搜索 Amazon Brand Registry，按照提示提交相关的资料，GCID 备案的在线申请流程就算完成了。通常两个工作日内就可以收到亚马逊的邮件，要么是恭喜你备案成功，要么是因为你提交的资料不完整而要求你补充资料。一次性通过固然可喜，但如果第一次申请没有通过，也不要沮丧，根据要求补充和提交资料就是了。

因为准备充分，我们一次性通过了 GCID 备案。通过备案后，拥有了一个专属的 GCID 号码，以后发布产品时，就可以省去购买 UPC 码的费用了。

13.8 投放站内 CPC 广告

首批发货的 4 款产品终于抵达 FBA 仓库了。

对于运营的进展，有网友说是不是太慢了啊？怎么说呢，运营本来就是一个错综复杂的过程，在开发产品的各个环节中，会有很多意想不到的状况，当问题出现时，你必须想办法应对，要么解决，要么放弃。整个选品的过程，要经历市场评估、初步挑选、下样品单、实物对比筛选、定款、美工拍图、产品发布、批量采购、入库质检、产品贴标等一系列的工作，如果再往上延伸，涉及产品研发或者改款升级，那就更是遥遥无期了。从选品开始，能够 45 天发货到 FBA 仓库，已经算是比较快的节奏了。

本来没有购物车的 Listing，在产品入 FBA 仓后直接就有 Buy Box 了，也算是一份惊喜。当然，这也提醒卖家朋友们，在亚马逊平台上运营，一定要听平台的话，才可能获得平台更多的资源支持。既然平台提倡 FBA 发货，那就一定要把 FBA 发货作为自己的运营首选。不管怎么说，有了 Buy Box，后面的运营主动权会多了不少，可操作的空间大了许多。

初期我们挑选的这些产品都是在细分类目竞争不太激烈的产品，销量未必有多么大，但也希望能够打造出一些有稳定销量的小爆款，所以产品入库后我首先考虑的就是站内 CPC 广告。

很多卖家都对站内 CPC 广告有误解，认为 CPC 广告单次点击价格高、成本高、转化不理想，所以内心抵触，不愿意尝试。我倒是觉得卖家应该正确理解亚马逊站内广告，站内广告实际上是一种投资。

站内广告可以直接高效地把你的产品推到搜索结果靠前的页面，原本排名几千、几万名的 Listing，消费者几乎看不到，可如果投放站内广告，瞬间就可以展示在众多消费者面前，而亚马逊有意淡化广告 Listing 和自然搜索 Listing 的区别，减少客户对广告的排斥感，大大提高广告的点击率，客户点击了你的产品，只要 Listing 详情页面优化到位、产品价格适中，是可以有不错的转化率的。

当然，与站内广告对应的自然是站外引流了，很多人言必及站外引流，总以为站外引流成本低。其实，与其投入大量的精力，引来一堆不精准的流量，倒不如投入站内广告来得实际有效。

有点扯远了。说说我们在站内广告上的一些设置吧。

因为我们初期选择的几款产品是同一大类目下彼此不相干的产品，又因为这些产品在各自的细分类目都卖得不错，我的计划是每个产品分别打造，所以，在创建广告计划时，我对每款产品都分别设置了独立的广告计划。当然，如果你的产品中有多个 SKU，是同一产品的不同款式、颜色，比如手机外壳，那就从中挑选最热卖、最符合大多数人审美的 SKU 投放，没必要每个 SKU 分别投放。

每个产品我们都同时投放了自动广告和手动广告两种方式。自动广告设置简单，主要是广告的出价，我的出价参考了产品利润，初期是以产品毛利润的 1/10 做参考，后期根据转化率优化；手动广告的设置主要集中在关键词的设置上，我们参考系统推荐的一些关键词，又根据对产品的理解，自己添加了一些精准关键词和长尾关键词，单个产品设置的关键词在 20 个左右，其中一款产品因为关键词太少，干脆就只设置了一个关键词。有些卖家每每投放广告都会选择成百上千的关键词，这样的设置方式，既不精准，也不可能有精力顾及全部，肯定会造成不小的广告浪费，与其粗放，不如精准。

广告设置了，但这只是开始，我将会在一周之后，根据广告报表中的曝光量、点击量、投入产出比等数据，重新对广告优化。

13.9 我是这样做广告优化的

站内广告投放第一周，出了点差错，注册账号时使用的是别人的信用卡，开始做广告后才发现信用卡无效，因为扣款不成功，卖家中心后台登录受限，后台页面提示要更新信用卡信息。

悲摧的是，手头上能够使用的信用卡都已经用了，我果断地挂失掉一张信用卡，向银行申请补卡，因为补卡时卡号是会变更的，可以作为新卡重新使用，不会导致亚马逊账号的关联。

更新了信用卡信息，账号恢复正常，好事多磨，广告正式开始。

在初期的广告设置中，因为没有太多可参考的信息，我们的关键词单次点击出价设置在 0.6 美元（毛利润的 1/10 左右）。经过一周的运行，根据数据报表，我把曝光量少、无点击的关键词直接删除，同时补充了新的关键词进去，单次点击价格也根据广告报表做了调整，有的关键词出价提升，有的则降低。

关于广告中关键词的单次出价和坑位排序，影响因素很多，不能一概而论，必须在实际操作中观察总结后调整。也许刚起步的卖家可能会觉得单次点击价格 0.6 美元左右挺高，但正如我一直讲的，站内广告是投资，不要单纯地把它当作成本。既然是投资，就一定会给你带来产出的，如果产出不理想，找到原因优化调整就是了。有卖家反馈说自己的广告单次点击出价在 1.7 美元，依然有着不错的利润，所以，只要能带来较高的转化率，产生足够多的订单，广告就是划算的。有人曾把亚马逊站内广告称为合法刷单——在平台认可的基础上人工干预产品展示位，吸引用户点击进而带来更多的订单，广告的意义可见一斑。

关于广告中的关键词设置，我想说的是，因为广告系统和 Listing 优化是两项不同的工作，互相补充但又彼此独立。所以，站内广告投放时广告关键词的选取一定不要错过你在 Listing 优化过程中筛选出来的精准关键词。只有关键词精准，引入的流量才更精准，转化率才会高。

有读者询问，能否把宽泛关键词、精准关键词和长尾关键词都用在广告中。对此，我的建议是，广告中的关键词最好以精准关键词为主，适当搭配长尾关键词。宽泛关键词虽然可以带来更多的曝光，但因为转化率较低，反而会拉低整体转化率，影响广告的表现，建议卖家还是酌情把握吧。

举个例子，你打算买一件衣服，此时，“衣服”是一个宽泛关键词，在你搜索购买的过程中，你往往不会以“衣服”作为搜索词，因为能够搜索到的结果太多了，万千个结果并不能给你带来有效的需求匹配，消费者往往会使用“男士夹克”“男士西装”“女式风衣”等相对精准的词语搜索。所以，这些词才是你应该考虑用于广告中的词语。当然，考虑到会有人使用诸如“李孝利同款卫衣”等类似的长尾词语搜索，你也可以考虑把一些具有受众基础的长尾关键词添加在广告关键词列表中。归根结底，关键词的设置，因产品而异。

在广告投放过程中，当你要判断是否使用一个词语时，先问自己一句，如果购买该产品，我会用这个词搜索吗？把你会用到的词语整理出来，这就是你需要重视的关键词。如果你说不知道使用什么词语搜索自己的产品，那就是基本功的问题了，先回去把产品弄熟了，想卖好一款产品，先试着让自己成为产品专家吧！

广告投放初见成效，每天开始陆续有订单，一周下来，产生了 26 个订单，从报表看，广告作为主要流量入口，占据了大部分的订单，也有自然流量带来的转化。

13.10　遭遇差评及应对

本来打算接着广告优化的话题谈一谈转化率的，偏偏正在打造的几条 Listing 中突然收到一个差评，下面就先聊一聊差评的处理吧。

说实话，看到客户留的一星 Review，心里是很难受的。虽然作为卖家，不可避免地会因为各种情况而遭遇差评，但当你满怀信心正在全力打造一条 Listing 时，偏偏来的第一个 Review 就是差评，那种挫败感是不言而喻的。

先说说差评对 Listing 销量和排名的影响吧，在前面一周的广告带动下，该 Listing 的销量稳中有升，每天平均有十个订单左右。高峰时，这条 Listing 的排名已经到了小类目的第 57 名，但一个差评，导致销量减少，日均订单数量降到只有一两个。同时，排名也直接被甩到 200 名以外。当然，因为我选择的产品分类较小，所以我这里不是想说销量与排名之间的关系，而是想说明差评对销量和排名的影响巨大，对此我想很多卖家都有过切身体会。有卖家告诉我，因为一个差评，导致日销量从 100 多单直接下降到个位数字。

差评猛于虎。收到差评后，无论如何卖家都应该且必须想办法联系买家，试着和买家协商，请求买家修改评价。虽然亚马逊禁止利诱顾客留评价，但对于差评的修改，平台不是严格禁止的，只要能够恰当的表达，只要能够和顾客协商一致，差评还是有机会修改过来的。

在联系客户之前，我们详细分析了评价的内容，同时查看了买家的信息。客户在评价中表达对产品的大小不满意，感觉比预期的小一些。但我们在产品标题和描述中已经清晰地写明了产品的尺寸。在查阅客户的所有评价记录中，我们发现这个客户对购买的低价值的产品留了不少差评，可见客户要么是吹毛求疵，要么是爱占小便宜。不管怎么说，先分析评价内容和客户本人的情况，才能做到有的放矢。

对于联系修改差评，我们一般采取的是以诚挚道歉和全额退款换取客户的理解和修改评价。

我安排客服先试着写了一封联系邮件，阅读之后感觉通篇内容只是在平铺直叙，缺少能够引起客户共鸣的点，于是决定自己亲自写这封邮件。在写邮件的过程中，我给客服讲解了写邮件应该注意的事项。

邮件只是工具，沟通才是目的，所以一定不能脱离了沟通这个基础，和日常生活中人与人的沟通交流一样，只有让对方感觉到面对面和具体化，在交流中才能得到更积极和有效的回应。

同样的，差评修改类的邮件，一定要有很强的针对性，即便是模板邮件，也要制造出一种让客户觉得邮件是写给他一个人的语境，所以，邮件内容的针对性和唯一性就显得非常重要。除此之外，邮件语言所体现出的礼貌友好和诚恳态度是非常关键的。当然，既然是为了改差评，邮件中还要为客户提供足够诱人的利益。只有这样，才可能换得客户的回复，只要客户回复，单向的表达就成了双向的交流，就有机会说服客户把评价修改过来。否则，客户没有感受到共鸣点，对邮件置之不理，后续的跟进就会越来越被动。所以，第一封邮件举足轻重。

基于以上的思路，我对邮件做了梳理，最后拟定的邮件如下。

Dear XXX,

I see you ordered a XXX from our store, from your review, I understand that you are not satisfied with the product, I'm really sorry for that.

As a reliable seller on Amazon, we always do our best to provide good quality products as well as excellent service to our customers. So when I see your review, I feel very sad.

Here I contact you want to do something to make up for you. Our company policy is 100% refund for any unsatisfied order or customer, so if you agree, we'd like to give you a full refund for it, do hope this shopping experience don't make you too much uneasy feeling.

As a new seller, we respect every customer with thanking, we cherish every review, and do hope you can help us update the review after you received the refund, is that ok?

Besides, we also will update the product description about the size clearly in future.

Look forward to your reply.

With best regards,

Paul from XXX Team

在邮件中，我强调了向客户的道歉，也陈述了关于全额退款的原则，在退款的表达上，我用了“if you agree, we'd like to give you a full refund”，我需要让这句话和后面提议客户“update review…is that ok?”相结合，这样写，只要客户回复说 OK，基本上就意味着退款改评价的共识达成。

当然，我在邮件中没有使用 Change Feedback 或 Remove Review 之类的表达，是因为对亚马逊的规则有所避讳。在亚马逊运营中，在与客户的沟通中，当你希望对方能够协助你修改差评时，我建议大家用“update”表达。

在写完邮件后，我询问客服，你知道我最后一句“We also will update the product description about the size clearly”是什么意思吗？客服回答，是告诉客户我们会更新产品信息啊，我说，产品信息我们已经在标题和描述中写得很清楚了，我也不会做什么修改，我这么写只是想提醒客户，其实责任并不在我们，但我们还是在努力让你满意。

第一封邮件发出后，客户没有回复。我又交代客服做了跟进，客户回复了，接受退款改差评的提议，差评修改的事基本解决。

13.11 广告优化和选品反思

后面一段时间的运营中还是发生了不少故事，好的是诚如 13.10 节中所写，在和留了一星 Review 的客户沟通后，客户删除了评价，虽然相对于改成好评效果差一点，但终究比第一个评价就是赤裸裸的差评效果要好很多。

差评移除后，销量逐步回升，为春节期间备货的 200 个产品，在正月初三就售罄了，销售速度比预期要快一些，但另外三款产品的销量却不尽如人意，其中一款销量有 20 多只，另外两款只有不到 10 只的销量。

春节放假期间回家过年，只留了值班回复邮件的同事，推广方面的事情也就暂停。年后回来，一方面赶快联系供应商订货补货，另一方面，我们重新对销售状况不好的三款产品做了分析评估。

这三款产品因为售价偏低，前期我们只采用了手动广告的方式，在关键词的设置上，主要选取了精准关键词投放，由于产品的特殊性，这三款产品都未能设置太多的关键词，再加上售价不高，设置的单次点击出价低于系统评估的首页展示价格，所以，产生的广告费用并不多，从报表可以看出，经由站内广告导入的流量非常有限。流量少，直接的结果就是销量也不会多。

考虑到亚马逊强大的关联推荐功能，我们对广告计划做了调整，在原有的手动广告的基础上，分别为这三款产品增加了自动广告计划。自动广告计划的创建简单，不需要筛选关键词，系统会自动按照与用户匹配的原则将广告展示在需求匹配一致的用户面前。每个产品都单独设置自动、手动广告计划，可以对比广告报表的曝光量、点击量、单次点击费用以及转化率等参数，从而思考制订更有效的推广方案。

总结这四款产品的销售过程，售价最低的产品虽然采购成本低，但利润绝对值太低，没有太多的可以用于主动营销的利润，反观高价值的产品，因为利润空间足够大，无论是进行站内广告还是前期促销打折，都很容易让转化率更高，销量更好。

基于这些考虑，我开始思考，后期在选品方向上应该做出一些调整了。

工厂基本上都开工了，“一年之计在于春”，继续选品将是我们下一步运营中重中之重的工作。

13.12　再谈选品

我一直认为，一个亚马逊店铺运营得好与坏，关键在于选品；一个店铺能否打造出爆款，同样在于选品。选品选得好，爆款打造才有了根基；选品选得不好，打造爆款也只能是空谈。所以，对一个亚马逊店铺的运营人员来说，选品应该是一项贯穿运营始终的重要事项。

在前期的销售过程中，我们的选品工作一直没有停止过，我们团队的选品是分两个步骤进行的。第一步是由负责账号日常事务的客服完成的，即根据该账号所定位的品类初步选品，每天完成三个选品任务。第二步，我自己会亲自对客服选出的产品评估过滤，从中选出或者直接舍弃，为了能够促进大家对选品的理解，无论是选中还是舍弃，我们都会在业务会议上对每个选品点评。

在客服选品阶段，我给出的选品要求如下。

第一，搜索结果适中，不要太多，也不要太少，一般以 20000 个搜索结果为宜，我没有期望打造出所谓的日出千单的爆款，也并不打算在一个竞争非常激烈的产品上纠缠。

第二，选择的产品一定是刚需品，即用户的直接需求在先，产品本身没有太多属性差异（如颜色、尺码、容量等）。对这类产品，用户一般只关注功能上的满足，而不太在意属性上的差异，这样的产品便于单款打造。

第三，现有搜索结果中有多个卖家销量都很好，多个卖家都有不少带有真实购买标志（Verified Purchase）的 Review。

第四，多数搜索结果的 Review 的平均星级在 4.3 星以上，如果某个产品的 Review 星级普遍低于 4 星，说明产品本身有不可克服的缺陷，直接舍弃。

第五，选品过程中尽量避免选同款产品，要选择更优的产品，一个产品销量好意味着该产品满足消费者的某种需求，具有相似或更优功能的产品可以用来进行差异化打造。

除以上五点外，客服需要做的工作还包括根据选品标准筛选出符合标准的产品并记录 ASIN、在阿里巴巴上找到对应的货源链接、产品标题草拟、关键词整理提炼以及选品理由简述等。

货源的考量包括既不选只有一家供应商的产品，也不选没有任何销售记录的供应商（只有一家供应商的产品可能导致后期产品断货时缺少备用供应商，而没有任何销售记录的供应商通常不具备现货/准现货和小批量生产和供货的能力）；产品标题的草拟可以让客服参照多个热卖 Listing 标题提炼总结，从而充分理解产品特点，抓住产品特性，而不至于只拷贝一个干巴巴的标题了事；关键词整理提炼同样是让客服熟悉产品的有效方法，毕竟不是对每个产品都了如指掌，有些产品可能是第一次接触，关键词整理的过程可以加深客服对产品的理解；选品理由简述则便于后期评估时可以对产品把握得更全面。

对每天选出的产品，我们会一起开会讨论、分析讲解，既反观现有选品思路和方法中的不足，同时也是对最终确定产品的一个论证。在每周的 15 款选品中，我们会在反复筛选中确定 3 ~ 5 款产品采购样品，在收到样品后会根据实际产品再次评估，最终确定 3 款左右产品进入采购试销。至此，整个选品过程完成了初期阶段。

所以，在整个选品过程中，前期大概需要评估 20 款产品后初选 3 款产品，大概会在总共评估 100 款产品后最终确定三款产品进入实际销售。

我不知道别的卖家的选品过程会是怎样的，但当某一天听到一个网友向我讲述他的老板给出的选品要求是“每天选品 10 款并发布上架”时，我真的替这位网友感到委屈。

13.13 日常运营那些事

在亚马逊店铺的日常运营中，并不会发生很多惊心动魄的事情，很多亚马逊运营或者客服都会觉得日常工作很平淡，甚至会有很多空闲，但如果询问其业绩，也多是基本平稳、稳中有升，或者略有下降。

只有变化才是亘古不变的，所以，一个好的亚马逊运营，首先应该做的是关注变化，用心做好每一个日常工作的细节，让自己能够跟得上变化的节奏。

1. 选品

在前文中，我谈了选品以及安排员工做选品的一些感受和做法。选品时，我们会安排一些稍微拔高的操作，比如遇到合适的工厂，对有潜质的产品改版升级等，很多中小卖家可能会觉得这些动作对只有很少资金运作的卖家不现实，这其实是个误区。当前很多工厂已经了解和接受了跨境电商的运作模式，只要你与供应商足够熟，无论大卖家还是小卖家，改版升级和专款定制都是有可能的。

举个例子吧，当得知深圳的某个大卖家和我们是同一供应商时，我就向供应商询问其大概的采购数量，面对供应商告知的数量，我感觉数量太小不太可信，随后经过核算评估，觉得该数字也基本真实，当我告诉供应商该卖家的规模时，供应商大吃一惊，这么大的卖家为什么只采购这么一点点？原因很简单，该卖家虽然总的体量庞大，但那是依靠十多万个 SKU 铺货出来的，我们虽然是小卖家，但就单品的采购量来说，完全秒杀了他们。

所以，小卖家无需惧怕因为体量小而不能引起供应商的重视，亚马逊“单品制胜，爆款为王”的模式往往给了中小卖家更多崛起的机会，努力建立好供应商关系，努力打造出有销量的单品，以此为基础，你的意见和要求，都会得到供应商的重视。

2. 客服

客服在日常工作中通常需要处理以下几方面内容：Message，A-to-Z/Return Request，Negative Feedback/Review。

对邮件（Message）的处理，我的建议是采取邮件模板+针对性回复相结合的处理方式，邮件模板用来处理简单的常规性提问，以此提高工作效率，针对性的邮件回复用来处理具体事件和棘手问题，但无论是模板邮件还是针对性回复，都要做到让买家在阅读时觉得你的内容是用心的、独一的、非模板化的，只有让客户在邮件中感受到你的用心和真诚，才能够接受和认可你的解释，从而达到解决问题、化解矛盾的目的。

在纠纷（A-to-Z/Return Request）处理中，我觉得作为卖家，无需过多纠结于讲道理，一切应以简化处理流程、降低潜在损失为宜。客户在开启纠纷时，已经是不满意的了，如果能够处理得当，可以在一定程度上减少客户的不满意度。如果订单金额不高，可以首先发邮件向客户道歉，同时提议为客户提供全额退款或补发，以此缓解客户的不满情绪，虽然对卖家来说，这样的处理方式可能会有损失，甚至会觉得憋屈，但毕竟利润是靠赚来的，不是靠据理力争就能得来。在生意上，也许你可以赢得道理，但往往会同时失去客户，对亚马逊卖家来说，以牺牲账号绩效表现为代价博得一时的快感就更不划算了。

在差评（Negative Feedback/Review）处理方面，很多卖家往往会觉得棘手，不知所措。在差评处理过程中学会换位思考很重要，首先忘记自己的卖家身份，站在客户的立场看待和思考收到差评的缘由。然后，给客户提供超出其预期的解决方案，以此方式处理，大部分差评都可以得到满意的解决。

13.14 设置促销的注意事项

在亚马逊运营中，往往会用到两个工具：站内广告（Campaign）和促销（Promotion）。站内广告可以为店铺引入站内的精准流量（我在前边的章节中已经讲过，在此不做赘述），而促销则可以鼓励客户购买更多数量或种类的产品，拉升销售额，如果运用得当，还可以形成关联流量，带动店铺里面其他相关产品的销量。

常规的促销方式有四种：Free Shipping（包邮）、Percentage Off（满立减）、Buy One Get One（买一送一）、Giveaway（免费样品）。不同的促销方式可以带来不一样的效果，但有一点是相同的，那就是都可以在一定程度上提高店铺的销量。

常规的促销设置比较简单，我这里要讲的设置技巧，是指当卖家想设置高折扣促销给特定人群时的注意事项。在实际运营中，经常听到卖家说因为促销设置失误而造成巨额损失，我们自己的业务团队也曾发生过因为促销设置错误，被买家白白捡了便宜的情况。

我在这里把高折扣促销的详细步骤归纳如下，供读者参考。

进入促销页面，如果想设置一个高折扣比例的促销，Percentage Off 的方式是最合适的。在设置 Percentage Off 之前，需要首先创建一个促销产品组，点击 Creat a new product selection（创建促销产品组）。可以根据自己偏好创建促销产品组，选择 SKU, ASIN 等，而促销产品组中的 Product Selection Name（产品组名称）和 Internal Description（内部描述）都是可以任意设置的，以方便自己查看。

促销产品组设置完成，回到 Percentage Off 设置页面，做出对应的设置，比如客户购买促销产品组的 10 个产品可以给予 90%的折扣等，折扣比例由自己根据促销目的而定，我在此就不详细讲述。

在促销设置的第二步关于促销时间的设置处，由于系统默认的时间周期只有一天，这就需要我们根据实际需要的时间周期做一个较长时间的设置了。

关键的设置在于第三步的 Additional Options（额外选项）处：在 Claim Code（促销码）栏勾选 Single-use（单独使用）；勾选 One redemption per customer（单个客户只能使用一次促销优惠码）；在 Claim Code Combinability（优惠码类型）栏勾选 Exclusive（排他型）；然后，点击 Review（预览），点击 Submit（提交）。

正常的促销设置到此就算完成了，可是当你要设置给一个特定人群的高折扣促销时，后面一步的设置非常重要。

进入 Manage Your Promotions，点击 All 查看所有促销，或点击 Pending 查看尚未开始的促销计划，找到你刚刚设置的促销计划，点击促销计划名称，进入促销详情页面。

在促销详情页面，可以看到 Manage claim code（管理促销码）按钮，在 Group Name 中输入便于自己识别的名称，在 Quantity 中，输入你计划送出用来做测评的产品数量。然后，点击 Create 按钮。

到此时，页面下边会出现你刚刚设置的 Claim Code Group，点击右边的 Download 下载，打开下载的文件，里面会有对应于刚刚设置的数量的一个长串促销码，此时所生成的就是一次性的促销码。你可以把这些促销码发送给接受邀请的顾客，而不用担心设置错误造成巨额损失的情况。

13.15　更多产品，更高价格

一个亚马逊店铺的运营并非易事，虽然成功的故事听起来很美好，可是只有经历的人才知道过程是多么苦，就像听到一个做得不错的学员讲自己的创业故事，“我有一年多的时间没有见过美女，每天熬到凌晨三四点睡觉，十点左右起床，每天两顿饭，总是定点在一家快餐店，甚至连换换口味都没有，吃完了，接着回来干活。”

我们经常会听到亚马逊运营就是需要打造爆款的说法，但如果你仅凭一款产品，没有经过市场检验，就期望能够将其打造成爆款，实现财务自由等，这种想法还是蛮害人的。很多时候，当我们看到某个店铺几款产品都是 Best Seller，核算之下知道它们销量多么巨大、利润多么可观而羡慕时，不要忘了人家也许早已经历了千锤百炼、千挑万选。在运营中，我还是觉得前期的选品应该多一些才好。

我这里谈得关于选品的“多”，不是指要求卖家发布几百甚至几千条 Listing，而是指相对于你偷懒意识中的数量，你应该更努力一点。经常会有一些读者表示，看了你文章中写要打造精品、打造爆款，我选定了一款产品，采用 FBA 发货了，我期望能够打造成爆款……类似的表态，我觉得更多的是偷懒和投机心理作怪。

任何事情的成功，量大都是制胜的关键。在选品上只有做到足够多的量，才能够有筛选的余地，仅凭一款产品就想打造爆款，结果往往并不能如愿。

在当前店铺的运营中，我们从未停止过优化调整。在选品方面，基本上确定的 Listing 数量在 30 ~ 50 款产品，期望能够基于这样的数量，打造出 3 ~ 5 条接近 Best Seller 的产品，10 款左右日均 50 单左右的产品，而剩下的产品，则根据实际销售状况，维持或舍弃。

在确定开发产品数量的同时，我们对选品的单价做一些调整，前期选择的是售价 15 美元左右的产品，单价低，利润空间有限，制约了一些运营打造方法的使用。所以，基于前段的经验，我们调整了选品方向，开始选择单价较高的产品，但价格太高，销量往往也会有限，根据纺锤型的消费结构，一般 50 美元左右的产品，受众群体基数大，销量相对比较多，我们把选品的价格区间定在 30 ~ 50 美元。

确定了选品数量，确定了价格区间，有目标的运营一般不会太迷茫，直接负责账号的同事很努力，产品发布、Listing 优化、FBA 发货、广告设置和优化等各方面工作都在实践中不断得到锻炼，运营技能有了蛮多提升，一切都在按部就班地进行。

在这个销售淡季，店铺的整体运营保持着稳定上升，相信经过淡季的努力和积累，旺季来临时，必将可以取得一个较丰硕的成果。

13.16 谈谈资金周转率

在前一篇中，我谈到将以更多产品和更高价格的选品方式打造店铺，于是有读者就提出疑问："这还是你当初提到的五万元打造店铺的节奏吗？"对于提出这样问题的读者，我不知道他们当前的具体情况，但我想，他可能仅仅是站在局外看戏的观众，并没有自己亲身运营亚马逊店铺。

所以，下面我谈谈关于资金周转率和使用率的问题。

我不否认，对大部分中小卖家来说，资金都是软肋——很少的钱，要做很多的事。面对这样一种矛盾，卖家该怎样做呢？最好的方式就是提高资金周转率，加快资金周转次数。

众所周知，资金周转率是反映资金周转速度的指标，如果能够提高资金周转率，等量的钱可以有更多次的循环，每次循环的产出和利润都可以为后续的发展储备更多的可用资金。

中小卖家资金有限，如果能够在资金周转率方面下功夫，其资金困境也许能够得到缓解。举例来说吧，我在 2009 年刚开始做 eBay 时，所有可用资金只有 400 元人民币，怎么办呢？唯有加快资金周转，在当时，周转的方式无非是对销售额的快速提现和向供应商赊账，所以，我在向供应商争取更长结算周期的同时，很多次都是两三百美元就提现。做过 eBay 的人都知道，每次提现是要收取 45 美元银行手续费的，但也没办法，为了周转，我必须承担这些成本，但看似高昂的成本，让我原本几乎无法周转的一潭死水变成了循环往返的活水，有了现金流，虽然提现成本吞噬了一部分利润，但我的生意还是更快地发展起来。

当然，因为亚马逊平台上 14 天是一个放款周期，对卖家来说，加快提款速度不太现实，但我们同样可以通过其他方式降低成本，同时加快资金周转。比如，卡好订货时间，收到货物后既要保证能尽快发货又要尽可能每次多发一点，通过较高的单次发货重量降低发货成本。因为我们的发货安排不是特别匆忙，所以采用的是空加派的专线方式发货，通过这样的发货方式，我们的单位运费可能相比某些新卖家要便宜几元钱。另外，我们的店铺经过一段时间的 FBA 发货后，FBA 发货时已经被亚马逊锁仓了，固定地发往一个仓，不需要分仓，减少了因为分仓而带来的额外成本，我们采用的收款方式是 PingPong 收款，费率较低，提现时到款时效快，加快了资金周转率。

除了自身方面的因素，我们从工厂争取到某些产品一定的账期，物流方面也同样争取了一定的账期，比如我们有的货物是按月结算，有的货代也是按月结算，如此一来，通过销售利润补充进运营再循环，通过争取到账期，在业务增长的同时，资金需求量并没有成倍增长。我们有了更多的可用资金，虽然称不上资金完全充裕，但对当前的运营来说，是足以良性周转的。

所以，对很多刚起步的卖家来说，不要总觉得资金是大问题，只要你往前走，你会有利润补充进来，只要你努力争取，供应商和供应链伙伴也会给予你支持，对于努力的人，你一定会越来越相信“自助者天助”的道理。

13.17 遭遇无良跟卖

在店铺运营中，一直在经历着一些让人不太愉悦的情节。有的选品失败，别人销量挺好的产品，在我们的店铺里几乎没有销量，只能清货；而另外的产品，因为销售速度超过预期，遭遇多次断货，同样让人揪心；有的产品，在选品过程中评估失误，产品重量过重，造成运费过高，利润几乎被稀释为无，只能放弃；还经历了客户留差评后联系客户修改遭拒的情况……不一而足，今天将要写到的，则是和无良跟卖卖家斗智斗勇的过程。

店铺里面有几款产品销量还不错，在小类目的排名可以排在 300 名左右，不高不低，有了一定的稳定销量，就是这样排名的产品，也成了跟卖者眼中的猎物。我们团队晚上是没有加班的，本来吧，我觉得亚马逊的运营，不需要也不至于要忙到加班到深夜的。对我们团队的每个成员来说，利用白天上班的时间，做好日常工作，回复客户邮件，解决纠纷差评，处理好突发事件，安排好 FBA 发货以及进行新品开发等事项，下班时间到，安心下班休息就是了，所以，我们从来不安排加班，如果当天的事情下班时没有处理完，自行安排加班处理就可以了。

虽然不安排加班，但我要求团队的成员每天必须查看销售数据报表，从销售数据看，热卖的几款产品销量下滑，购物车比率也下降到 70%左右，而这期间，我们并没有出现 FBA 断货的情况，Listing 也没有收到差评，这样的数据，只能说明一个问题——Listing 被跟卖了。

因为初期的选品基本上都是公模产品，我们只是在产品 Logo 和包装上做了少许改动，如果谁用心去找的话，是很容易找到同款产品的，所以跟卖似乎是不可避免。但我们店铺从运营之初就注册了商标，并且已经做了品牌备案，虽然亚马逊的政策规定，即便做了品牌备案，也同样允许别的卖家销售，但这样的销售是仅限于完全相同的产品，这是其一，其二是，无论是否做了品牌保护，对于影响我们销量的跟卖者，还是得想尽一切办法果断驱逐的。面对潜在的跟卖者，我们决定先找出其店，然后再采取对策。

经过几个晚上的观察，跟卖者总是在凌晨一点多出现，在早上八点之前全线撤离，同时我也发现，跟卖者的店铺里面所有的产品都是跟卖，产品不多，大概有 30 款左右，我大概做了估算，如此一番操作，每天大概可以出到 150 单左右，不算大，但对依靠跟卖为生来说，也是一笔不错的生意。

在观察中我还发现，跟卖者并不是用同一个账号跟卖，而是有多个账号，以排序的方式轮番上场跟卖，每个账号都是跟卖一天就撤走了，第二天跟卖的账号又是一个全新的账号，唯一能够判定这些账号之间关联的因素就是他跟卖的产品几乎相同，如此的操作，就增大了投诉和驱赶的难度。

但无论怎么说，既然想驱逐，就得找出他的把柄。在观察并得出结论之后，我同时对几个账号发起邮件警告，当然，我没有写英文邮件，而是直接用中文邮件发送。在邮件中，我告诉他，我已经观察了很久，他的系列账号如此疯狂地跟卖我的产品已经影响了我的正常运营。我在邮件中对他的系列账号进行了罗列，同时告诉他，如果在 24 小时之内不停止对我的 Listing 跟卖，我将向亚马逊举报他的恶意跟卖行为，同时投诉他的系列账号属于关联账号。

在邮件的最后，我也罗列了如果对方不停止跟卖行为我将采取的一系列行动，包括多账号轮番拍卖、对账号留差评摧毁他的账号、将通过人脉关系打听他的联系方式、通过技术手段追踪他的 IP 等。当然，我在邮件中，只是罗列了在赶不走的情况下我将要采取的行动，在邮件的最后，我写了一句，跟卖只是一个投机的行为，但如果因为投机而导致账号挂掉，就得不偿失了。

邮件发出后的第二天，再观察时，幽灵般的跟卖不见了，Listing 的销量开始恢复。

对于被跟卖的情况，我相信大部分卖家都会遇到，这说明你的销量还可以了，不用太焦虑，要有针对性地分析，然后采取能够触及对方关切点的行动方案。很多卖家说，遇到跟卖就 Test Buy，然后投诉呗，我理解这是驱赶跟卖的一种方式，但绝对不是最好的方式。用心发掘，也许你会发现更快速、更有效的驱赶方法。

13.18 如何规避运营中的潜在风险

在和卖家交流中，我遇到最多的询问就是账号收到了亚马逊卖家绩效团队的通知，因为存在潜在侵权或客户投诉产品品质不好（或假货），账号被移除了销售权限，该怎么办呢？众多收到通知邮件的卖家觉得委屈，却又不得不思忖申诉的对策。

就我自己的运营经历来看，除了在最初的一两年里，有账号因为侵权等因素被移除销售权限外，在最近的几年里，就再也没有出现过因侵权而导致账号受限的情况发生。具体到运营手记中的店铺，运营至今，虽然出现过各种细枝末节的问题，但整个账号一直运营正常，没有发生过被平台暂停销售权限的情况。

那么，对刚接触亚马逊不久的卖家来说，在运营中该如何规避各种风险呢？

第一，慎重选品，拒绝任何侵权产品和潜在侵权产品。

我在前边的章节中曾提到，我们在选品上花费了相当大的精力，虽然每个卖家可能会因为经验和资源的不同，在选品的进展上会有差别，但对每个卖家来说，在选品过程中对侵权要素的把握都容不得偷懒。可能在大家的观念中，选品就是选择销量大利润高的产品，可是除此之外，我们在选品上确确实实把侵权因素作为一个重要的衡量指标，只要涉嫌侵权的产品，我们一律不碰。

侵权要素既包括商标方面的要素，也包括各种知识产权方面的要素。商标侵权一般可以通过商标检索网站查询确认，但知识产权方面的侵权要素相对来说比较难以判定，要么你需要知道知识产权名称，要么你需要知道知识产权号码，要么你需要知道知识产权权利人的信息，如果都不知道，那就只能凭借经验了。为了避免在运营中遭遇侵权问题，我们在选品阶段就假定产品是有设计专利的，然后再一步步倒推，通过在搜索引擎上查询、和供应商核实确认、向有经验的人请教等，把侵权风险降到最低。

在选品过程中，我们从来不抱任何侥幸和投机心理，只要产品存在侵权的可能，就坚决舍弃，这也是账号自运营以来从来没有发生过侵权被投诉事件的原因。

第二，自建 Listing，自己拍产品图，注册商标，做 GCID 备案，做到全方位保护。

在运营中，我们没有跟卖过别人的产品。虽然亚马逊平台有允许跟卖的政策，但从长期运营和精品化打造的角度考虑，跟卖是完全没有必要的下下策。

选品确认后，我们一律自建 Listing，且图片均由自己的美工拍摄，由于图片在整个购物体验中的重要作用，我们会在图片拍摄前做大量的调研工作，比照同行的图片，从 Best Seller 的图片中找灵感，并把图片拍摄的建议反馈给美工，以便美工能够准确地把握产品的特点、突出产品特色和两点，让客户在看到图片的一瞬间就能够被吸引住。

商标注册和 GCID 备案这些也都是运营之初就已经进行的基础工作，在前面的篇章里已经做了详细的记录，在此就不再赘述。

第三，严格的品质把控和 FBA 发货，避免爆发大规模的售后问题。

因为考虑到亚马逊用户对产品品质要求的严苛，品质把控一直是我们运营中非常重视的一项工作，虽然没有谁能够保证做到 100%品质优良，但用心和不用心，认真和不认真，反馈到客户的体验上，差别还是会非常大。在给供应商制订了较高的品质要求的同时，我们自己仓库的同事在发货前会对产品进行全检，以最大可能地把不良品率降到最低。

在亚马逊运营中，一条热卖的 Listing 往往会因为买家投诉品质问题而被亚马逊禁售，“千里之堤，毁于蚁穴”，运营中任何小失误都可能导致大风险，所以在品质方面，卖家一定要小心谨慎。

和很多新卖家前期采用自发货试销的方式不同，我们所有的产品均采用 FBA 发货。原因很简单，平台提倡的，就是我们作为卖家应该积极响应的。至于有些卖家提出的自发货卖好了再改为 FBA 发货的意见，我是不赞同的，自发货具有先天劣势，几乎没有卖好的可能性。

第四，优质的客服——快速、礼貌、友善的回复和妥善的售后处理方案。

作为依赖于平台生存的第三方卖家，我给团队传递的理念非常简单，要和平台的服务理念一致，为客户提供 100% 的满意。客户没有收到货，退款；客户收到的货物破损，退款；货物与客户的预期不符，退款；即便是遇到骗子卖家，我们依然真诚道歉然后退款！是的，在售后客服方面，我们不与客户争辩，更不会和客户发生争执，我们努力把激化问题的可能性降到最低，因为我知道，发生退款的订单终究是少数，是在可以接受范围之内的，既然是可以接受的，又何必争执和气愤呢？计入运营中的正常损耗，接受就是了。

在客服邮件方面，我要求同事尽量避免使用模板邮件，争取让每个客户读到邮件时都能够感觉到自己是被重视的，回复是针对自己的。同时，我们团队的每封邮件都尽可能做到最快速回复，邮件的语言尽量做到礼貌、友善、得体。礼貌待人不会产生额外的成本，却会带给你出乎意料的收获。

13.19　乌龙事件：贴错 FBA 产品标签

运营中并不都是业绩持续增长的欢乐，会遭遇到各种不理想的状况，比如流量下滑、单量下降，遭遇不良卖家的躲猫猫式跟卖等，有些情况是不可预知的，但不可预知并不意味着没有解决方案，面对无论怎么糟糕的情况，卖家都需要积极面对，努力想办法解决才是上策。毕竟，这个世界上唯一不变的就是变化，既然所有的事情都是如此，面对问题时我们只管随机应变地解决就是了。

今天，我想写的不是外部因素导致的对店铺运营的影响，而是想讲讲最近我们在账号运营中犯的一个小错误——贴错 FBA 产品标签。

新近发布的几款新产品，在产品开发、产品发布、美工拍照等环节都进展顺利，但 FBA 发货时，由于同事操作上的疏忽，居然贴错了 FBA 产品标签。

之前曾经有卖家询问过我贴错标签怎么办，面对他们的询问我还觉得挺不理解，为什么犯如此低级的错误？一个小小的疏忽，这样的事情就发生在我们自己的运营中。

发现问题是在客户发邮件询问时，这时产品已经卖出了一些，只能采取补救措施。对发邮件的顾客，和客户沟通后，快速给客户补发货。同时，在收到客户反馈的第一时间暂停销售贴错标签的产品。

即便这样，还是有客户没有和我们做任何沟通就直接留了差评，我相信很多卖家都曾经遇到过这种情况，没有沟通，直接差评，有些卖家觉得客户不可理喻，但我倒是觉得，这是合情合理的事情，我买了 A 产品，收到的却是完全不一样的 B 产品，凭什么一定要和你沟通？凭什么不可以留差评？

面对客户的差评，我们的客服又回到和客户联系、给客户解释、向客户道歉、请求客户修改差评的循环中了，暂且不表。我举这个例子，是想和大家分享，在销售过程中，卖家一定要在产品的一致性、产品品质、发货速度、售后客服等方面尽可能做到极致，避免客户不满意带来的差评和账号绩效表现下降。低分的 Feedback 可能影响店铺的安全，而一个低分的 Review 则可能直接导致该 Listing 的销量大幅缩水。

接着说说 FBA 产品标签的事。

很多卖家在初次 FBA 发货时都会遇到不少困惑，系统生成的 FBA 标签格式是每一页 24 张标签，但实际上你会发现，即便买到一些所谓的专门用来打印 FBA 产品标签的 A4 大小的标签纸，也同样会出现打印错位的情况。结合经验，我想给大家的建议是，FBA 产品标签尽量使用条码打印机打印，至于打印格式，咨询一下打印机的卖家，商家会给你专门的标签打印编辑软件，并且会教会你如何编辑，学会一招，轻松搞定。

另外，系统生成的产品标签是带有产品标题的，而产品标题是无需打印出来的，所以，在编辑调整的过程中，可以直接去掉产品标题。调整之后，根据实际发货数量打印或者打印一批放着备用，一个产品的产品标签是不会变更的，所以不需要每次发货时反反复复打印，浪费时间拉低效率。当然，如果产品销量大，在大批量生产时，卖家不妨直接把产品标签印制在包装盒上，这样可以减少贴标之苦，节省成本，提高效率。

FBA 发货时，最重要的就是产品标签不要贴错了。如果贴错，有可能两个甚至多个产品同时都贴错标签。如此一来，客户不满意留差评，影响账号表现是一方面，产品撤仓换标，既可能错过了销售时机，还会产生不必要的费用。

一颗马蹄钉亡了一个帝国，对亚马逊店铺运营来说，同样如此，粗心大意，产生的额外成本支出和导致效率降低都是不可估量的。用心，才能把事情做好。

13.20 永不停息的亚马逊运营

一系列的亚马逊运营手记因为其他的事项而中断更新了，但该店铺的运营还在继续着，店铺在一步步成长，不时会有新的产品补充进来，也会有销量低、转化率低的产品被淘汰，同事们随着店铺的成长而成长，无论是 Listing 优化、FBA 发货、站内广告投放和优化，还是售后客服处理差评，这些所有卖家日常运营中需要进行的事项，我们的团队也一个不曾落下。

在日常的运营中，我们有伤心，也有欢笑，有业绩增长时的快乐，也有业绩下滑时的悲伤，但亚马逊的运营就是这样，平台持续更新，不会因为你松懈平台就等待你成长，也不会因为你努力平台就给你更多的宽恕。

在亚马逊相对公平的规则下，每个卖家都必须时刻努力，因为从你步入亚马逊的那一刻起，就注定了你将面对一场永不停息的旅程。

第 14 章

常用邮箱列表及工具推荐

本章要点：

- 亚马逊邮箱大全
- 常用工具

14.1 亚马逊卖家常用邮箱列表

对亚马逊卖家来说，在运营中可能会遭遇各种情况，需要联系亚马逊客服，或者向对应职能的团队求助，只有针对性地联系，才能让我们的问题得到更快、更有效的解决，下面我们整理了亚马逊卖家运营中可能会用到的邮箱列表，供大家参考使用。

（1）亚马逊官方邮箱。

notice@amazon.com

seller-evaluation@amazon.com

pq-review@amazon.com

account-confirmation@amazon.com

cn-seller-verification-enquiry@amazon.co.uk

亚马逊总裁贝索斯的邮箱：jeff@amazon.com（真实的邮箱，有人处理，有人回复，不到万不得已不要用！）

（2）卖家绩效团队邮箱（卖家最常用的邮箱，主要用来联系、跟进和处理因为账号绩效问题导致账号受限，比如 ODR 超标、侵权、虚假发货等，联系时要用英语或所在站点语言，表达要诚恳，要用注册账号时使用的邮箱联系）。

US: seller-performance@amazon.com

CA: seller-performance@amazon.ca

UK: seller-performance@amazon.co.uk

FR: performance-vendeur@amazon.fr

DE: verkaeufer-performance@amazon.de

ES: performance-vendedor@amazon.es

IT: performance-venditore@amazon.it

JP: alliance@amazon.co.jp

（3）产品品质相关的申诉邮箱（在产品质量被投诉、产品被抽查、产品被下架等情况时联系和申诉的邮箱）。

US: pq-review@amazon.com

US: seller-performance-policy@amazon.com

UK: seller-performance-policy@amazon.co.uk

FR: politique-performance-vendeur@amazon.fr

DE: verkaeufer-performance-richtlinie@amazon.de

IT: performance-venditore-politiche-di-condotta@amazon.it

ES: politicas-performance-vendedor@amazon.es

IN: seller-performance-policy@amazon.in

MX: politicas-performance-vendedor@amazon.com.mx

（4）店铺被冻结和关闭，跟进账号放款的申诉邮箱（账号被冻结后跟进账号余额处理的联系邮箱，也可以在账号被关闭后无法登录时申请 FBA 库存撤仓时使用）。

US: merchant-reserve-inquiry@amazon.com

US: payments-investigate@amazon.com

US: payments-funds@amazon.com

CA: payments-investigate@amazon.ca

UK: payments-investigate@amazon.co.uk

FR: investigation-amzpayments@amazon.fr

DE: payments-nachforschungen@amazon.de

IT: payments-investigate@amazon.it

ES: investigacion-pagos@amazon.es

IN: payments-investigate@amazon.in

MX:payments-funds@amazon.com.mx

（5）知识产权相关问题得到解决后的撤诉邮箱。

US: notice@amazon.com

UK: notice@amazon.co.uk

FR: notification@amazon.fr

DE: benachrichtigung@amazon.de

IT: notifica@amazon.it

ES: aviso@amazon.es

IN: notice@amazon.in

MX: notice@amazon.com.mx

除了上述邮箱，在运营中如果遭遇被跟卖，卖家还可以通过下面的链接投诉。投诉跟卖的入口：

（1）从亚马逊卖家中心后台的 Contact Seller Support 开 Case 投诉，Report a violation：https://sellercentral.amazon.com/hz/contact-us。

（2）以权利人身份投诉侵权：https://www.amazon.com/gp/help/reports/infringement。

（3）以买家身份 Test Buy 之后投诉：http://www.amazon.com/gp/help/reports/contact-us。

14.2 亚马逊常用工具推荐

1. 赛乐跨境导航（www.seller123.net）

中国最大的跨境电商导航网站，亚马逊卖家最常用的导航门户，集成了亚马逊卖家运营中需要用到的各种工具，是亚马逊卖家的万能助手。

2. Google Keywords Planner（免费）

Google 作为全球最大的搜索引擎，其关键词规划师可以为卖家提供很好的关键词参考，卖家可以根据亚马逊平台内关键词和 Google 关键词规划师所提供的关键词搜索数据做比对，以便更精准地把握关键词的整理和筛选。

3. Long Tail Pro（付费）

Long Tail Pro 原本是一款用于网站建设的工具软件，以研究长尾关键词而闻名。

Long Tail Pro 是关键词研究领域的一支新军，亚马逊卖家可以和 Google 关键词规划师结合起来使用。

4．Merchant Words（付费）

Merchant Words 是一款针对亚马逊卖家的关键词研究工具，收费不贵，因为提供的数据直接来源于亚马逊平台，所以非常适合亚马逊卖家使用。当然，由于亚马逊数据并不完全对外公开，Merchant Words 上提供的数据并不全面，并且有一定的滞后性，所以卖家仅参考使用即可。

5．Camel Camel Camel（免费）

Camel Camel Camel（三只骆驼）是非常实用的一个工具，可以帮助卖家查看亚马逊 ASIN 的价格历史（Price History）和销售排名（Sales Rank）等信息，为选品和评估销售走势提供非常好的参考。

6．Google Trends（免费）

Google Trends 和 Google 其他的工具一脉相承，为卖家提供了关于产品趋势的工具，便于卖家根据历史数据，对后期的销售有趋势性的把握。

7．Jungle Scout（付费）

Jungle Scout 同样是一款针对亚马逊卖家的工具，可以帮助卖家对一个产品在亚马逊上的销售情况，包括价格、销量、关键词、趋势等有一个参考性的把握。

8．Trendsamazon（付费）

Trendsamazon 中包括热卖产品数据、历史价格更新、评价增加信息、产品信息分析等内容，为卖家的选品和运营提供了有效的参考。

9．Terapeak（付费）

Terapeak 是一款针对 eBay，Amazon，Shopify 等网站销售情况的分析工具，卖家可以通过这个工具，发掘出各个平台上的热卖产品。

10．Sellerslab（付费）

Sellerslab 作为一款亚马逊配套专用工具，为卖家提供了销售历史统计、关键词研究等方面资源，是亚马逊运营中不错的辅助。

11．Bqool（付费）

Bqool 是卖家比较熟悉的一款工具，主要为亚马逊卖家提供智能调价、卖家反馈、商品评论和产品调研等几方面的内容。Bqool 旗下的 BigTracker 也是当前比较好用的选品和市场调研工具。

12．Keepa

Keepa 同样是一款关于亚马逊商品价格的查询工具，卖家可以查询某个 ASIN 在一段时间内的历史价格，分析其价格波动趋势，还可以设置价格提醒、对产品价格追踪。